REFORMA TRABALHISTA:
Flexibilização das Normas Sociais do Trabalho

1ª edição — agosto, 2017
2ª edição — 2ª tiragem, agosto, 2017

MARCELO BRAGHINI

Advogado trabalhista com 15 (quinze) anos de experiência e Professor Universitário. Pós-graduado em Direito do Trabalho pela PUC e Mestre em Direitos Coletivos pela Unaerp. Professor de Direito do Trabalho e Processo do Trabalho pela Unaerp. Autor de obras jurídicas na área do trabalho.

REFORMA TRABALHISTA:
Flexibilização das Normas Sociais do Trabalho

EDITORA LTDA.
© Todos os direitos reservados

Rua Jaguaribe, 571
CEP 01224-003
São Paulo, SP — Brasil
Fone (11) 2167-1101
www.ltr.com.br
Agosto, 2017

Produção Gráfica e Editoração Eletrônica: R. P. TIEZZI
Projeto de Capa: FABIO GIGLIO
Impressão: ORGRAFIC

Versão impressa — LTr 5856.6 — ISBN 978-85-361-9355-7
Versão digital — LTr 9212.0 — ISBN 978-85-361-9356-4

Dados Internacionais de Catalogação na Publicação (CIP)
(Câmara Brasileira do Livro, SP, Brasil)

Braghini, Marcelo

Reforma trabalhista : flexibilização das normas sociais do trabalho / Marcelo Braghini. — São Paulo : LTr, 2017.

Bibliografia.

1. Direito do trabalho — Brasil 2. Direitos fundamentais 3. Reforma constitucional —Brasil 4. Sindicatos 5. Terceirização 6. Trabalho e classes trabalhadoras — Brasil I. Título.

17-06781   CDU-34:331.001.73(81)

Índice para catálogo sistemático:

1. Brasil : Reforma trabalhista : Direito do trabalho 34:331.001.73(81)

SUMÁRIO

Introdução 7

Capítulo I — Construção da Legislação Protetiva e a Teoria dos Direitos Fundamentais 13

1.1. Sociedade industrial 18

1.2. Liberalismo econômico 20

1.3. Doutrina social da Igreja Católica 24

1.4. Dirigismo contratual 26

1.5. Constitucionalismo social e os limites da Reforma Trabalhista 36

1.6. Função social da propriedade 49

1.7. Teoria da hipossuficiência 55

1.8. Pontos de vulnerabilidade na Reforma Trabalhista 59

Capítulo II — Fundamentos do Direito do Trabalho 63

2.1. O discurso da modernização do Direito do Trabalho 63

2.2. Economia disruptiva no contexto da 4ª Revolução Industrial — uberização 68

2.3. Redefinição do objeto do Direito do Trabalho 82

2.4. Perspectivas do modelo justrabalhista 91

2.5. Natureza jurídica das disposições normativas 93

2.6. Releitura dos princípios do Direito do Trabalho 95

2.7. Crise no conceito da subordinação 98

2.8. Função contemporânea do Direito do Trabalho 104

Capítulo III — Flexibilização da Norma Trabalhista 108

3.1. Desregulamentação do *Welfare State* 109

3.2. Neoliberalismo econômico na ótica trabalhista 112

3.3. Papel dos sindicatos na sociedade da informação 115
3.4. Reforma sindical 119
3.5. Hipóteses de flexibilização e a posição do STF 126
3.6. Novo marco jurídico da flexibilização autônoma da norma trabalhista no Brasil 131
3.7. Programa de Seguro-Emprego (PSE) — MP n. 761/16 133
3.8. Comitê empresarial 137

Capítulo IV   Terceirização 141
4.1. Eficiência econômica e a terceirização 141
4.2. Distinção entre *outsourcing* e *offshoring* 144
4.3. Histórico da terceirização no Brasil 146
4.4. Marco regulatório da terceirização 148
4.5. Liberação da atividade-fim? 155
4.6. Princípio da livre-iniciativa e a posição do STF 158
4.7. Princípio do não retrocesso social e o regime constitucional do emprego socialmente protegido 161
4.8. Terceirização e a Reforma Trabalhista 162

Referências Bibliográficas 163

Introdução

Não obstante a reforma da legislação trabalhista tenha sido retomada em período de grande turbulência econômica e política, pelo governo do Presidente Michel Temer, inegável a importância desta discussão no contexto das demais reformas estruturais do Estado[1], uma minirreforma, pretensão inicial do Projeto de Lei n. 6.787/16, posteriormente desfigurado na Câmara dos Deputados por meio de uma ampla reforma, não representa uma panaceia a todos os males, de qualquer modo, a almejada **modernização do direito do trabalho** por meio de uma **agenda pró-mercado** não deve representar a negação de uma regulamentação social adequada, que não seja um entrave aos níveis adequados de produtividade e ganho de escala, permitindo um melhor reposicionamento do país no cenário mundial.

A contextualização atual do direito do trabalho denota a necessidade de novas soluções para uma regulamentação mais eficiente da relação de poder estabelecida entre capital e trabalho, em especial pela crescente e inexorável **informalidade do mercado do trabalho**, estando atônitos os corpos intermediários entre o Estado e a sociedade civil, responsáveis pela indução das normas jurídicas de regulamentação do trabalho, a exemplo dos Sindicatos, por não haver articulação institucional suficiente a evitar os níveis de ocupação que decorrem do **desemprego estrutural**, sem deixar de considerar um movimento tecnológico sem precedentes com reflexos profundos nas estruturas econômicas já tradicionais, modelos de negócios que tradicionalmente sempre empregaram grandes continentes de trabalhadores, e que passam a estar com os dias contados, dentro da dinâmica apresentada por uma economia disruptiva no contexto de uma 4ª Revolução Industrial.

No plano político, com o fim da Guerra Fria, não há mais a polarização ideológica entre o socialismo e o capitalismo, e uma tendência neoliberal pode ser notada a partir dos reincidentes desequilíbrios orçamentários provocados pelo *Welfare State*, ganhando força a tentativa de **desarticulação do direito do trabalho** por meio da tese da desregulamentação do Estado do bem-estar social, havendo a necessidade de Estado suficientemente forte para fazer prevalecer os direitos mínimos de proteção do trabalho, atrelados a fundamentalidade principiológica e valorativa construídos ao entorno da dignidade da pessoa humana, sem descuidar da força normativa dos princípios constitucionais.

Com o sepultamente da tese socialista, e como corolário direto da função social da propriedade, há o **triunfo da socialidade**, prevalência dos interesses sociais da coletividade sobre aqueles mera-

---

(1) Segundo a reportagem: A batalha das reformas. *Revista Exame*, edição n. 1.135, de 12.4.2017, a respeito da Reforma Trabalhista: "O governo quer colocar essa mudança em votação antes da previdenciária, ainda no primeiro semestre, por ser uma lei que requer maioria simples no Congresso. Seria uma forma de testar a base e cobrar os votos necessários para atingir a 'reforma das reformas': a da Previdência".

mente individuais, possibilitando, dentro de alguns limites, a ampliação do espaço da negociação coletiva no sentido da **privatização do direito do trabalho**, passando a exigir uma conduta ética no ambiente corporativo, que perpassa pela **Teoria dos** *Stakeholders*, e no Brasil, pela **Teoria da Nova Empresarialidade**, alinhada com uma maior responsabilidade social das empresas quanto ao equilíbrio da relação de trabalho, apresentando novas diretrizes que rompem com a **tendência paternalista** decorrente da **hipertrofia da legislação Estatal** de proteção social do trabalhador, o que para alguns permitiria uma reformulação dogmática pela **disfuncionalidade do sistema de proteção**, permitindo uma releitura da teoria da hipossuficiência, com a maior aproximação ao modelo de regulamentação justrabalhista autônoma.

É inegável que o maior espaço à negociação coletiva permite que os próprios atores sociais passem a ser os protagonistas na gestão da norma jurídica hábil a regulamentação das relações laborais, orientadas pelo **princípio da adequação setorial negociada**[2], uma normatividade apta a evitar as distorções e inconsistências de uma legislação geral incompatível com dinâmica própria de cada um dos ramos da atividade econômica, permitindo a atualização de uma legislação pensada a partir da 1ª Revolução Industrial, uma sociedade industrial totalmente dissociada do florescimento da prestação do serviço e da inovação tecnológica sem precedentes, vivenciada nos dias de hoje —, pilares essenciais de uma sociedade da informação.

Devemos observar as modernas concepções do direito empresarial sob o aspecto conceitual da empresa, analisada pela perspectiva de uma célula econômica de sustentação social, dissociada, neste ponto, do personalismo da figura jurídica do empresário, franqueando-a uma proteção especial do ordenamento jurídico por meio do regime especial da recuperação judicial, que prescreve no art. 47 da Lei n. 11.101/05, o **princípio da preservação da empresa**[3], que em certa medida reafirma a necessidade da coordenação dos interesses convergentes entre capital e trabalho, havendo um descompasso diante da inação do Partido dos Trabalhadores que não foi capaz em 13 anos de governo (Lula e Dilma) de promover a modernização da legislação trabalhista da Era Vargas (1943) e reforma Sindical, indispensável à sustentabilidade da guinada pretendida em relação à prevalência do negociado sobre o legislado, conforme proposição da nova redação do art. 611-A pelo Projeto de Lei n. 6.768/16, reformulado na Câmara dos Deputados por meio da apresentação de um substitutivo, com a sua complementação pelo art. 611-B, seguindo ao Senado Federal por meio do PLC n. 38/17.

Neste passo, devemos destacar o posicionamento de Nelson Barbosa (Ministro do Planejamento no governo Dilma), em sua coluna no Jornal *Folha de S. Paulo*, de 9 de junho de 2017, para quem a modernização da CLT é uma medida necessária para aumentar a produtividade e melhorar o funcionamento da economia, permitindo a adaptação dos contratos a uma nova realidade tecnológica e globalizada da economia, e a discussão da "Reforma Trabalhista" é antiga no Brasil, ao ponto do Governo Lula ter criado o Fórum Nacional do Trabalho que não apresentou efeitos práticos, responsabilidade sintetizada ao entorno da seguinte ideia: *"Quando a esquerda não faz a reforma necessária no tempo correto, ela acontece além do necessário no momento errado"*.

---

(2) A nova redação do art. 620 da CLT absorve o princípio da adequação setorial negociada invertendo, a partir da redação original, a precedência das disposições previstas no ACT sobre aquelas disciplinadas em CCT, por atender de modo específico as condições de trabalho compatíveis com a atividade econômica desenvolvida no âmbito da empresa. Nova redação: *"As condições estabelecidas em acordo coletivo de trabalho sempre prevalecerão sobre as estipuladas em convenção coletiva de trabalho"*. Redação Anterior: *"As condições estabelecidas em Convenção quando mais favoráveis, prevalecerão sôbre as estipuladas em Acôrdo"*.

(3) Art. 47. A recuperação judicial tem por objetivo viabilizar a superação da situação de crise econômico-financeira do devedor, a fim de permitir a **manutenção da fonte produtora, do emprego dos trabalhadores** e dos interesses dos credores, promovendo, assim, a **preservação da empresa, sua função social e o estímulo à atividade econômica**.

Nos dias atuais, identificamos uma **sociedade de consumo de massas** exigindo uma elevação constante dos níveis de produtividade das empresas, uma realidade para nós inexorável, acompanhado de ciclos econômicos de maior brevidade compatíveis com um novo modelo de produção de bens e serviços, cenário este que, alinhado com uma organização empresarial horizontal e flexível nos moldes toyotistas, representando um redimensionamento da hierarquia inerente ao modelo Fordista de produção e a descentralização das atividades secundárias da empresa, sendo que a maximização do grau de especialização esteja na essência do ideal da terceirização, sustentação ideológica da aprovação do Projeto de Lei n. 4.302/98 convertido na Lei n. 13.429/17, não obstante as expectativas da comunidade jurídica ao entorno do Projeto de Lei n. 4.330/04, alterando o texto da Lei n. 6.019/74, passa a admitir a terceirização das atividades fins, evidente subproduto do processo de globalização, que não deve ser negado, mas reconhecido para que os seus efeitos indesejáveis no mercado de trabalho possam ser minimizados por meio da adoção de instrumentos eficientes da gestão da força de trabalho de terceiro, construção de uma jurisprudência consistente no âmbito dos Tribunais Regionais do Trabalho e Tribunal Superior do Trabalho que não permitam o mero retrocesso social, acompanhados, de uma coerente Política Pública de Estado.

Todavia, não devemos nos descuidar da perspectiva histórica responsável pela construção do nosso atual modelo de proteção social, refletir a respeito dos erros e acertos, e compreender o próprio processo cultural responsável pela construção de nosso tecido social, não há fórmula mágica a ser imposta por organismos internacionais dentro da **perspectiva neoliberal do consenso de *Washington*** (equilíbrio orçamentário, direito do trabalho mínimo, privatizações, regimes previdenciários autossustentáveis etc.), devemos promover uma reforma capaz de assegurar a efetividade dos direitos fundamentais de segunda dimensão, em especial pela visão pós-positivista, bem como captar a essência da reforma do Código Civil de 2002, admitindo a construção doutrinária do Direito Civil Constitucional, uma vez que a guinada promovida nesta seara dos direitos esteve sustentada nos preceitos da eticidade, da socialidade e da operabilidade.

Em nossa ótica, uma reforma trabalhista consistente deve reafirmar os valores essenciais do *caput* do art. 170 da CF/88, preservando na ordem econômica as dimensões do capitalismo idealizado no contexto do Estado Social, percepções admitidas no sentido de que a ação interventiva do Estado na seara da livre-iniciativa deve ir até o ponto de resguardar as condições mínimas de trabalho digno, e pelo viés do moderno Direito Econômico, devemos abandonar por completo a visão obtusa de que um progresso social represente um obstáculo, um entrave, ao desenvolvimento econômico, devemos admitir o avanço deste sem o preço de anularmos o primeiro.

Estas são as diretrizes do modelo constitucional a ser preservado: "A **ordem econômica**, fundada na **valorização do trabalho humano** e na **livre-iniciativa**, tem por fim assegurar a todos a existência digna, conforme os ditames da **justiça social** [...]".

Diante da exigência prática da **intervenção do Estado no campo social**, revelada pela regra constitucional acima citada, e segundo as reflexões de Arnaldo Süssekind (2004, p. 28), atualíssimas para o momento histórico de reforma trabalhista que vivenciamos, devemos refletir a respeito da **intensidade da ação**, para alcançarmos o modelo de regulamentação social, e por via de consequência de organização comunitária, adequado ao modelo de sociedade que intencionamos para nós e novas gerações, vejamos: *"A maior ou menor intervenção do Estado nas relações do trabalho depende tanto do sistema econômico adotado pelo respectivo regime jurídico-político quanto da possibilidade real de os sindicatos de trabalhadores conseguirem, pela negociação coletiva, a estipulação de condições de trabalho adequadas, ou a complementação das fixadas por Lei"*.

Diante da premência da preservação dos **direitos fundamentais**, ou seja, o **mínimo existencial** reconhecido e elencado no rol art. 7º da CF, para ficarmos com a terminologia de Edson Fachin, hoje Ministro do Supremo Tribunal Federal, acrescido do **ativismo judicial** das Cortes Superiores a partir do pós-positivismo, haverá um debate árduo diante dos Tribunais do Trabalho a respeito dos contornos constitucionais da reforma trabalhista, espera-se pelo perfeito funcionamento do sistema de freios e contrapesos preconizado pelo art. 2º da CF, especialmente diante da amplitude do relatório apresentado pelo Deputado Rogério Marinho à Comissão Especial instalada na Câmara dos Deputados, como fórum de debate da reforma trabalhista, em 12 de abril de 2017, apresentando 100 pontos de alteração da CLT, e desfigurando o Projeto de Lei n. 6.787/16 apresentado pelo Poder Executivo, em regime de urgência, que convergem em alguns pontos, com o documento denominado "101 Propostas para a Modernização Trabalhista" apresentada pela Confederação Nacional da Indústria (CNI)[4], tudo isso, acompanhado da **articulação política** ao entorno do **enfraquecimento da Justiça do Trabalho**.

Neste ponto, estar-se-á por aguardar o perfeito funcionamento do sistema de freios e contrapesos, que ganha novos contornos no acirrado debate, com o ajuizamento da ADIN n. 5.735 pelo Procurador Geral da República Rodrigo Janot, em 27 de junho de 2017, questionando a inconstitucionalidade da Lei n. 13.429/17, que autoriza a terceirização da atividade-fim, seja pela perspectiva formal diante dos vícios apresentados na tramitação do Projeto de Lei n. 4.302/98, apresentado pelo Presidente Fernando Henrique Cardoso, com a retirada da proposição em tramitação pelo Presidente Lula por meio da Mensagem Presidencial n. 389/03, seja pela ampliação desarrazoada do regime de locação de mão de obra para atender demandas complementares dos núcleos empresariais, violando o "regime constitucional do emprego socialmente protegido", com o esvaziamento da eficácia dos direitos fundamentais sociais dos trabalhadores, já que o art. 7º, inciso I, da CF prescreve: *"Art. 7º São direitos dos trabalhadores urbanos e rurais, **além de outros que visem à melhoria de sua condição social**: I — relação de emprego protegida contra despedida arbitrária ou sem justa causa, nos termos de lei complementar, que preverá indenização compensatória, dentre outros direitos".*

Ademais, o novo delineamento dos instrumentos de negociação coletiva, admitidos como **fontes alternativas de positivação de norma jurídica**, exige uma nova adaptação à hierarquia plástica da norma mais favorável, com evidente **preterimento da norma jurídica legislada sobre a negociada**, o que pode representar o recrudescendo do nível de proteção social, considerando neste contexto contemporâneo, os **precedentes paradigmáticos do Supremo Tribunal Federal por meio do RE n. 590.415 e RE n. 895.759**, que antecederam a própria minirreforma trabalhista, ou melhor, ampla reforma trabalhista aprovada pelo Congresso Nacional, que careceu de uma reedição do pacto republicano travado entre os diversos poderes nos moldes da reforma do Poder Judiciário (EC n. 45/04), capaz de, legitimamente, tirar o país da estagnação econômica representada pelos 14 milhões de desempregados legados pelo governo da Presidente Dilma Rousseff. Certamente, ter-se-á por trincheira de batalha dos excessos promovidos no âmbito da Reforma Trabalhista, a construção de uma jurisprudência sólida perante os Tribunais Trabalhistas que tenham por fundamento as Convenções da Organização Internacional do Trabalho ratificadas pelo Brasil, com eficácia sustentada nos §§ 1º e 2º do art. 5º da CF, delimitando inclusive os limites da autonomia coletiva da vontade revitalizada diante da nova tese da prevalência do negociado sobre o legislado.

O discurso da prevalência do negociado sobre o legislado encontra eco em diversos setores da sociedade civil organizada, inclusive com representantes de peso dentro do próprio Judiciário Trabalhista. Este traço fica evidente no discurso de posse do Presidente do Tribunal Superior do Trabalho, Ministro Ives Gandra Martins Filho, para o biênio 2016/2018, ao destacar a **subsidiariedade da intervenção Estatal na questão social do trabalho**, uma negação da construção histórica

---

(4) Disponível em: <http://www.abinee.org.br/informac/arquivos/cniprop.pdf>. Acesso em: 18.4.2017.

do próprio direito do trabalho, destacando a necessidade premente da **valorização da negociação coletiva**, de forma a consagrar o espírito do art. 766 da CLT: "nos dissídios sobre estipulação de salários, serão estabelecidas **condições** que, **assegurando justos salários aos trabalhadores**, permitam também **justa retribuição às empresas interessadas**", permitindo que a dignificação do trabalho humano perpasse pela **manutenção da empregabilidade**, intrinsecamente atada a **sustentabilidade da empresa**.

Cabe a nós torcermos para que o resultado final da modernização do direito do trabalho, intencionada pelo Governo Temer, venha a representar efetivamente no incremento de novos postos de trabalho, permitindo ambiente econômico interno pujante que não represente a negação dos ideais de justiça social idealizados no plano constitucional, uma vez que as recentes propostas que tinha o mesmo *slogan* não alcançaram resultados satisfatórios, em especial diante do agravamento do **desequilíbrio orçamentário** representado pela **tese desenvolvimentista da desoneração da folha de pagamento**, defendidas pela indústria como forma de revertermos o chamado **"Custo Brasil"**, custo indireto dos encargos sociais incidentes sobre a folha de pagamento, aquela foi autorizada no art. 195, § 13, da CF pela EC n. 42/03, e concebida no contexto do plano Brasil Maior (MP n. 563/12, convertida na Lei n. 12.546/11, e alterada posteriormente pela Lei n. 13.161/15 em alguns pontos). Registramos que, por meio da MP n. 774/17, o Ministro da Fazenda Henrique Meirelles propôs a revogação da adoção da medida desonerativa em questão.

A Ex-Presidente Dilma Rousseff concedeu, no dia 13 de abril de 2017, uma entrevista ao Jornal *New York Times* durante sua participação no *Brazil Conference at Harvard and MIT*, na qual reconhece entre alguns erros a extensão das medidas de desoneração da folha de pagamentos sob a crença da criação de empregos, o que efetivamente não se concretizou, havendo apenas o aumento dos lucros na indústria, vejamos o trecho original: *"Unfortunately we cannot turn back the hand of time. But I can answer in a theoretical way. One thing I would not have done is approve extensive tax cuts. I did that based on the belief that companies would then invest more and generate more jobs. But that was not what happened: The companies increased their profits without investing more"*.

Utilizamo-nos das reflexões de Tércio Sampaio Ferraz Junior (2003, p. 352) a respeito do sentido de justiça, aqui para nós traduzidos em **justiça social**, estaria na justificativa de uma adequação da normatividade às exigências sociais modernas sem representar retrocesso social, talvez este venha a ser o gosto amargo da Reforma Trabalhista deixado às próximas gerações, uma vez que o seu descompasso representa um elemento de **desagregação social**, um **esgarçamento do tecido social** propiciado pela legitimidade dos movimentos operários de reivindicações: *"Ou seja, a perda ou ausência do sentido de justiça é, por assim dizer, o máximo denominador comum de todas as formas de perturbação existencial, pois o homem ou a sociedade, cujo senso de justiça foi destruído, não resiste mais às circunstâncias e perde, de resto, o sentido do dever-ser do comportamento"*.

Por fim, a eufemisticamente proposta inicial de minirreforma trabalhista, com ares de reforma geral, pode ser representada pela tramitação do Projeto de Lei n. 4.302/98, que veio autorizar em definitivo a terceirização da atividade-fim por meio da promulgação da Lei n. 13.429/17, que altera as disposições do trabalho temporário, disciplinadas na Lei n. 6.019/74, acrescido da Medida Provisória n. 761/16 que prorroga o Programa de Proteção ao Emprego autorizado pela Lei n. 13.189/15, complementado pela aprovação do Projeto de Lei n. 6.787/16 (PLC n. 38/17 no Senado Federal), que no seu conjunto apresenta as reformas pró-mercado dentro de uma agenda propositiva de profilaxia da estagnação econômica, que no discurso oficial tenham a finalidade de assegurar uma maior eficiência econômica com saltos qualitativos de produtividade a partir da reformulação do mercado de trabalho, e que talvez venha acarretar como subproduto à mera **precarização das condições de trabalho** alcançadas ao longo dos últimos tempos. A efetiva concretização da reforma trabalhista veio com a promulgação da Lei n. 13.467, em 13 de julho de 2017.

CAPITULO I

CONSTRUÇÃO DA LEGISLAÇÃO PROTETIVA E A TEORIA DOS DIREITOS FUNDAMENTAIS

Não há como compreender por completo o contexto, as intenções e limites de uma ampla reforma da legislação trabalhista sem refletir a respeito da construção do direito do trabalho ao longo da história, que tem origem na **fórmula inovadora** utilizada à época para a inserção do trabalhador no sistema produtivo, por meio da **relação de emprego**, razão pela qual inexistiam traços do próprio direito do trabalho nos antecedentes históricos, uma vez que durante o período escravagista, o escravo não era considerado como sujeito de direito, havia na verdade a "coisificação" do ser humano, submissão plena do fraco ao forte sem qualquer traço de liberdade inerente ao alicerce que garante a construção do próprio direito do trabalho, permitindo uma transição paulatina aos modelos subsequentes, não obstante o golpe de misericórdia tenha sido a Revolução Francesa em 1789, o qual veio a proclamar a indignidade da escravidão, bem como no Brasil a Lei Áurea em 1888, reconhecida por parte da doutrina como a lei mais importante de direito do trabalho já promulgada em "terras tupiniquins".

No momento seguinte, surge o regime de servidão com a abolição da escravatura e a indiferença do Estado a respeito da regulamentação do trabalho, os escravos alforriados procuravam meios de sobrevivência, na idade média, com os proprietários da terra (época do feudalismo), responsabilizando-se pelo trabalho nas plantações das terras de propriedade destes em troca de um pequeno percentual do eventual resultado da produção, evidenciado uma sociedade eminentemente rural, bem como pela proteção pessoal do trabalhador e sua família, dando origem, inclusive, a pactuação do trabalho doméstico.

Ainda, e nos estertores da **fase artesanal**, merece destaque para as corporações de ofício, associações com origem no **processo de urbanização** decorrente do movimento de massas que permitiu a transposição da população rural para as cidades, representando a gênese do trabalho livre dos companheiros e aprendizes, decorrente da própria necessidade de sobrevivência dos mesmos, em especial dos companheiros, recém-chegados aos novéis centros urbanos, passando ambos a estarem reunidos ao entorno dos Mestres, que organizavam as incipientes atividades econômicas, ainda de caráter artesanal, pela identidade de profissão, garantido a si próprio o **monopólio da exploração da atividade**, reconhecido por suas Associações.

Estas associações franqueavam-lhes direitos e prerrogativas, e foram abolidas pela disposição do art. 1º da Lei de Chapelier de 1791 — *"A eliminação de toda a espécie de corporação de cidadãos do mesmo estado ou profissão é uma das bases essenciais da Constituição Francesa, ficando proibido o seu restabelecimento sob qualquer pretexto ou forma"* — promulgada no contexto da Revolução Francesa, e com suporte teórico no **liberalismo** (*laissez faire, laissez passer, laissez aller*), que promove a liberdade individual, sem a existência de corpos intermediários entre o indivíduo e o Estado que possam controlar o mercado e a concorrência.

A **renascença** no século XV, como um movimento humanista, é o marco que traça os princípios que permitiram a **transição para a era moderna**, propiciando um **novo sistema de valores**, decorrente de um movimento inovador no campo das artes, filosofia, literatura, política, e em especial da ciência (perseguição de Nicolau Copérnico pela Igreja Católica a partir da proposição da Teoria Heliocêntrica, o sol como o centro do universo, afastando o protagonismo do homem e da terra, como referência estacionária do centro do universo), permitindo a crescente valorização do homem.

A Revolução Francesa em 1789, no contexto do liberalismo político (a burguesia passa a ser a detentora da violência física e poder de tributar) e econômico (liberdade dos agentes econômicos), fundamentada no **princípio da autonomia da vontade**, não intervenção do Estado nas relações privadas, movimento histórico e cultural com suporte teórico nas lições de Adam Smith que revela e fomenta o espírito liberal-individualista, decorrência direta da Declaração Universal dos Direito do Homem e do Cidadão 1789 — segundo o seu art. 1º *"Os **homens** nascem e **são livres** e iguais em direitos. As distinções sociais só podem fundar-se na utilidade comum"* — **igualdade formal** perante a lei, valendo ressaltar o papel das declarações de diretos, revelado a partir dos raros documentos sobre os quais há um consenso unânime, permitindo a construção de uma "consciência universal" com o viés de universalidade.

José Afonso da Silva (2015, p. 166), citando Dalmo de Abreu Dallari, destaca os três objetivos fundamentais das Declarações de direitos: *"a certeza dos direitos, exigindo que haja uma fixação prévia e clara dos direitos e deveres, para que os indivíduos possam gozar dos direitos ou sofrer imposições; a segurança dos direitos, impondo uma série de normas tendentes a garantir que, em qualquer circunstância, os direitos fundamentais serão respeitados; a possibilidade dos direitos, exigindo que se procure assegurar a todos os indivíduos os meios necessários à fruição dos direitos, não se permanecendo no formalismo cínico e mentiroso da afirmação de igualdade dos direitos, onde, grande parte do povo vive em condições subumanas"*, contudo, as Declarações Universais ressentem de um aparato institucional próprio que lhe assegure a efetiva aplicabilidade.

Para Norberto Bobbio (1992, p. 26), na obra *A era dos direitos*, a Declaração dos Direito do Homem resta assentada no consenso geral a respeito de sua validade, os valores sedimentados em suas disposições encontra suporte na evidência de uma verdade capaz de ser legitimada circunstancialmente em determinado período histórico, sua força está no seu fundamento, no seu alicerce, sendo que seus postulados serão proporcionalmente *"mais fundado quanto mais é aceito"*.

Segundo Amauri Mascaro Nascimento (2011, p. 54), embora a Revolução Francesa tenha sido a base para o florescimento do direito do trabalho, pela indispensabilidade do trabalho livre no seu processo de construção legal e doutrinária, a Revolução Francesa por si só não favorece o direito do trabalho em relação aos níveis de proteção intencionados, este movimento mundial teve por fundamento a ideia de liberdade absoluta do homem na procura do seu próprio interesse, sem a interferência do Estado.

Pelo fato do **direito** consistir em uma **realidade histórico-cultural** é de extrema importância a exata compreensão do desenvolvimento do direito do trabalho no curso da história, permitindo uma visão crítica quanto à tentativa de **desarticulação do direito do trabalho**, sob a justificativa de ter produzido **níveis de proteção** quiçá **anacrônicos**, ante as exigências contemporâneas de uma competição global direcionada à preservação dos mercados de consumo das empresas transnacionais, atrelada ao indesejável subproduto do capitalismo, o **desemprego estrutural**.

Inegável a natureza tuitiva do direito do trabalho com o escopo de assegurar **melhores condições de trabalho** ao empregado, termo técnico utilizado para descrever o trabalho prestado com vínculo empregatício, objeto de estudo do Direito do Trabalho, traduzido pelo modo de inserção do empregado no sistema produtivo, com origem na Revolução Industrial do século XVIII, verificada principalmente na Inglaterra, momento a partir do qual a burguesia passa a ser detentora dos meios de produção.

Diversas alterações passam a ocorrer ao longo dos anos, razão pela qual podemos identificar a transformação deste ramo ao longo da conceituação sociológica da sociedade industrial, e da sociedade pós-industrial, conhecida esta última como **sociedade da informação**, transição retratada por Alain Touraine (2011, p. 32) que identifica no processo de globalização (nas palavras do referido autor: "mundialização") uma massificação cultural dos padrões reinantes do Ocidente, com o esvaziamento da questão social, passando a construção de uma nova concepção de sociedade, pautadas em um novo patamar de conhecimento, induzindo a reformulação das relações sociais, e indiretamente, a revolução da organização do trabalho nos moldes até então conhecidos.

Neste ponto, faz-se necessário destacar os momentos sociais, econômicos e culturais aptos a exigir, cada qual, a seu modo, adequados padrões de proteção, em um primeiro momento identificamos a existência de uma **sociedade artesanal**, na qual o trabalho parcialmente livre era prestado individualmente como fonte de subsistência, inexistência de um setor produtivo vibrante alinhado com as estruturas e métodos empresariais hoje disseminados mundo afora, seja pela **especialização das tarefas repetitivas**, adoção das linhas de montagem, ou aplicação industrial da força artificial provindas das máquinas.

Posteriormente, vivenciamos a transição para a **sociedade industrial**, que passa a ser identificada pela maior produtividade e eficiência decorrente dos próprios **métodos de trabalho** utilizados, a exemplo da concepção liberal da **divisão do trabalho** — como ferramenta de racionalização do sistema de produção — proposta por Adam Smith na célebre obra *A Riqueza das Nações* (2012, p. 8)[5], permitindo o alcance de uma maior produtividade por meio da **especialização de tarefas**, tornando-as deveras simplificada que não ocasione a perda de tempo e amplie a destreza do trabalhador, evitando a troca de atividade relacionada com a manufatura de um mesmo produto — tarefa complexa subdividida em diversas etapas mais simples — pedra angular da estruturação do sistema produtivo com o emprego maciço de máquinas.

---

(5) Vejamos a descrição mencionada: "Tomemos, pois, como exemplo uma manufatura muito trivial, mas na qual a divisão do trabalho tem sido frequentemente notada, a forja de alfinetes; um trabalhador não treinado para essa atividade (que a divisão do trabalho tornou uma ocupação distinta) e que não estivesse familiarizado com as máquinas nela utilizadas (para cuja invenção a divisão do trabalho provavelmente contribuiu) dificilmente poderia, ainda que com a máxima diligência, produzir um alfinete por dia, e com certeza não seria capaz de produzir vinte. Mas, da maneira como esta atividade é atualmente realizada, não só o conjunto do trabalho constitui uma ocupação específica, como a maior parte das tarefas em que o trabalho está subdividido consiste, igualmente, em ocupações especializadas. Em todos os ofícios e manufaturas, os efeitos da divisão do trabalho são semelhantes aos que se verificam nessa manufatura tão trivial, embora em muitas delas o trabalho não possa ser subdividido, nem reduzido a uma simplicidade tão grande de operações".

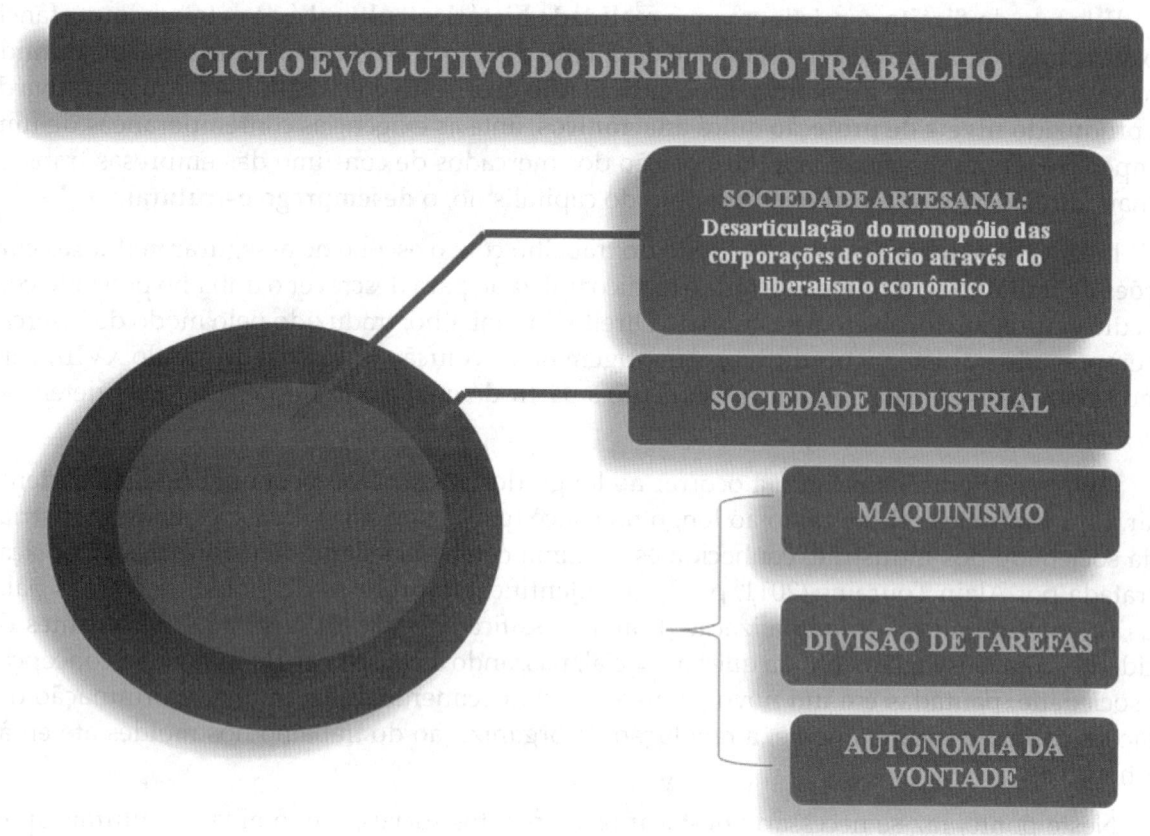

Francis Fukuyama (2014, p. 44), na obra *Political Order and Political Decay: from the Industrial Revolution to the Globalization of Democracy*, destaca o impacto da divisão do trabalho na sociedade industrial[6], como fundamento econômico do vertiginoso crescimento vivenciado a partir da sociedade industrial, o que foi possível por meio da especialização de tarefas na sociedade artesanal, realizada por único homem, aumentando sensivelmente a produtividade das fábricas de manufaturados, que a partir de Henry Ford permite a incorporação da produção em massa, como notórios ganhos de escala.

Ainda sem grande consenso, a respeito da denominação usual, a etapa posterior, ora vivenciada, estaria por revelar uma efetiva **sociedade da informação** representada pela **globalização da economia**, sociedade de massas e impacto na economia do setor (terciário) da **prestação dos serviços**, com aplicação de ferramentas tecnológicas que suplantam a necessidade da utilização maciça de mão de obra, com a consequente perda do poder de barganha dos empregados, uma vez que a sistemática da divisão do trabalho alinhada com o emprego da tecnologia passa a exigir mão de obra menos qualificada. Por estes motivos, Domenico de Masi (2013, p. 50) destaca na **sociedade pós-industrial** a transição do mercado de trabalho por meio da concentração dos postos de trabalho no setor terciário de serviços, e um **recrudescimento do protagonismo** exercido pelos **Sindicatos** como atores sociais, sujeitos sociais coletivos intermediários entre o Estado e a sociedade civil, que no passado recente concentravam-se na indução de melhores condições de trabalho, e

---

(6) *"The sudden shift to a higher level of growth had a huge effect on societies and expanding division of labor. The third chapter of Adam Smith´s Wealth of Nations is titled 'The Division of Labor is Limited by the Extent of the Market'. Smith began the book with his famous description of a pin factory. Instead of a single craftsman pulling, cutting, and sharpening individual pins, each task is given to a specialized worker, which vastly increases the factory´s productivity."*

atualmente atônitos com o discurso da preservação dos níveis de emprego, ante a flexibilidade do mundo globalizado, podendo a manufatura ser produzida em qualquer canto do globo que ofereça menores custos aos fatores de produção, aqui em destaque o preço da mão de obra.

Não obstante o aspecto **paternalista** refletido na lei trabalhista ao longo dos anos, não podemos deixar de sublinhar, como o fez Mozart Victor Russomano (1997, p. 42), que o **sindicalismo** é: "*o mais impressionante movimento associativo registrado no curso da história da civilização*".

Não por acaso que Daron Acemoglu e James A. Robinson (2012, p. 102), na obra *Why nations fail: the origins of Power, posperity, and poverty*[7], reconhece que a **Revolução Industrial** encontra solo fértil na **Inglaterra**, a Revolução Gloriosa, de 1651, foi indispensável neste sentido, eis que a limitação dos poderes do Rei permitiu o florescimento de uma sociedade pluralista a partir da ascensão da burguesia em relação aos meios de produção, com o fomento e implantação de uma série de instituições econômicas indispensáveis aos avanços absorvidos pelo setor produtivo, com destaque para a **proteção dos direitos de propriedade**, via regime de exploração das patentes das invenções, incentivando James Watt na criação das máquinas a vapor, novas oportunidade que surgiam com a inovação[8] aptas a franquear uma maior lucratividade.

O **maquinismo**, responsável direto pela maior incidência de acidentes laborais, consiste na substituição da força de trabalho especializada e artesanal, pela utilização da força propulsora das máquinas, com aumento de produtividade e utilização de mão de obra não qualificada, a exemplo do tear mecânico criado por Edmund Cartwright (1784), ou mesmo, a invenção do lampião a gás por Willian Murdock (1792), ampliando as jornadas no período noturno por meio da iluminação artificial.

Não apenas a invenção da máquina a vapor, mas a sua aplicação na indústria, revela o marco histórico que permite a identificação da transição da economia artesanal para a industrial, acarretando a revolução nos métodos de trabalho empregados pela Grande Indústria que passou a exigir um grande contingente de operários, com um aumento da produtividade e consequente redução

---

(7) "*Understanding how history and critical junctures shape the path of economic and political institutions enables us to have a more complete theory of the origins of differences in poverty and prosperity. In addition, it enables us to account for the lay of the land today and why some nations make the transition to inclusive economic and political institutions while others do not*" [...] "*The Glorious Revolution limited the power of the King and the executive, and relocated to Parliament the power determine economic institutions. At the same time, it opened up the political system to a broad cross section of society, who was able to exert considerable influence over the way the state functioned. The Glorious Revolution was the foundation for creating a pluralist society, and it built on and accelerated a process of political centralization. It created the world's first set of inclusive political institution*". [...] *This changed after the Glorious Revolution. The government adopted a set of economic institutions that provided incentives for investment, trade, and innovation. It steadfastly enforced property rights, including patents granting property rights for ideas, thereby providing a major stimulus to innovation. It protected law and order. Arbitrary taxation ceased, and monopolies were abolished almost completely*" [...] "*It is not coincidence that the Industrial Revolution started in England a few decades following the Glorious Revolution. The great inventors such as James Watt (perfected of the steam engine) [...] were able to take up the economic opportunities generated by their ideas, were confident that their property rights would be respected, and had access to markets where their innovations could be profitably sold and used*".

(8) Por este motivo, na entrevista concedida ao Jornal *Folha de S. Paulo*, de 1º.7.2017, Ernest Moniz, ex-secretário de energia no governo do Presidente Obama, minimiza os efeitos da não assinatura do Acordo de Paris, pelo Presidente Donald Trump, que por sua vez pretende introduzir políticas de emprego em setores com forte regulamentação ambiental, como o carvão; contudo, o controle climático será capitaneado pelas próprias empresas que não ficarão de fora dos investimentos em inovações atreladas às energias limpas, que certamente irão garantir melhores e maiores salários no futuro: "Os presidentes das grandes empresas pensam a longo prazo e sabem das oportunidade bilionárias na nova economia de baixo carbono [...] A maioria das minas de carvão e termelétricas foi fechada por razões de mercado, não por decisão política. A perda desses empregos aconteceu nos últimos trinta anos pela mecanização, por novas tecnologias, por custos, não por regulamentação ambiental [...]. O que destrói empregos é não se preparar para a inovação. A eficiência energética cria empregos no futuro [...]. A indústria do carvão encolheu 60% entre 1985 e 2016, com o desaparecimento de 140 mil emprego".

do valor unitário dos produtos, pressionando o patamar dos salários pagos à época, destituídos da barreira contemporânea do mínimo vital.

1.1. Sociedade industrial

A construção do conceito de **sociedade industrial**, especialmente em relação à 1ª Revolução Industrial, confunde-se com a própria origem do direito do trabalho, pois este é visto como uma **reação** ao "estado de coisas" vivenciado no início da Revolução Industrial do Século XVIII, principalmente pelas condições de trabalho degradantes ao qual o trabalhador estava submetido, vide as jornadas de trabalho com duração ditada pelo máximo da resistência física e mental do indivíduo, e o aviltamento dos salários na exata proporção da concorrência de mercado imposta ao trabalho braçal.

A situação de superexploração do trabalhador atingia principalmente as crianças e mulheres, denominados de **"meias-forças dóceis"**, e o termo **proletário** cunhado à época da Revolução Industrial passava a designar o trabalhador submetido a jornadas extenuantes, sem a oportunidade do desenvolvimento intelectual, com ambiente laboral degradante, bem como habitação em condições subumanas nas adjacências da **"Grande Indústria"**, desumanização e despersonalização do trabalhador, processo de massificação que afasta qualquer traço dos ideais de fraternidade (solidariedade) propostos pela Revolução Francesa, um contrassenso entre as próprias proposições do movimento, talvez, tenhamos no excesso de liberdade a antítese da igualdade e fraternidade.

Neste momento ter-se-á a gênese do Direito do Trabalho que o **trabalho livre** tem por seu **pressuposto histórico-material**, a burguesia passa a ser a detentora dos meios de produção, e a inserção do trabalhador no sistema produtivo dar-se-á pelo arquétipo padrão da prestação de serviço subordinada, e o trabalho livre passa ser um postulado do Estado Moderno.

O **iluminismo**, pensamento político-ideológico que fundamenta a Revolução Francesa, é o movimento capaz de identificar com precisão a transição da Idade Média para a Idade Moderna, pautado em um novo sistema de valores propondo o rompimento com o modelo então vigente, com a superação dos valores culturais e ideológicos que dão sustentação à estrutura institucional existente, um novo **"sopro de legitimidade"**, construído a partir de novas bases estruturais, a exigir a quebra institucional por meio das manifestações de cunho revolucionário, gestadas no seio da sociedade civil, e representadas por seus atores sociais e órgãos intermediários.

Segundo Fritjof Capra (1997, p. 64), as ideias disseminadas por John Locke sustentaram o sistema de valores que constituiu a base do Iluminismo, promovendo o **individualismo** por meio do reconhecimento absoluto do direito de propriedade atrelado ao **mercado livre**, fundamentos que contribuíram significativamente para o pensamento de Thomas Jefferson refletidos na Declaração de Independência e na Constituição Americana.

Referido momento de **transição**, entre a **sociedade artesanal e a industrial** teve sustentáculo nos aspectos econômicos, políticos, jurídicos e sociais, indispensáveis ao surgimento do próprio direito do trabalho, e em primeiro lugar, o aspecto econômico decorre da própria revolução industrial, permitindo a formatação do conceito da Grande Indústria, exigindo um grande contingente de trabalhador livre e assalariado, com a aplicação da força das máquinas no sistema produtivo.

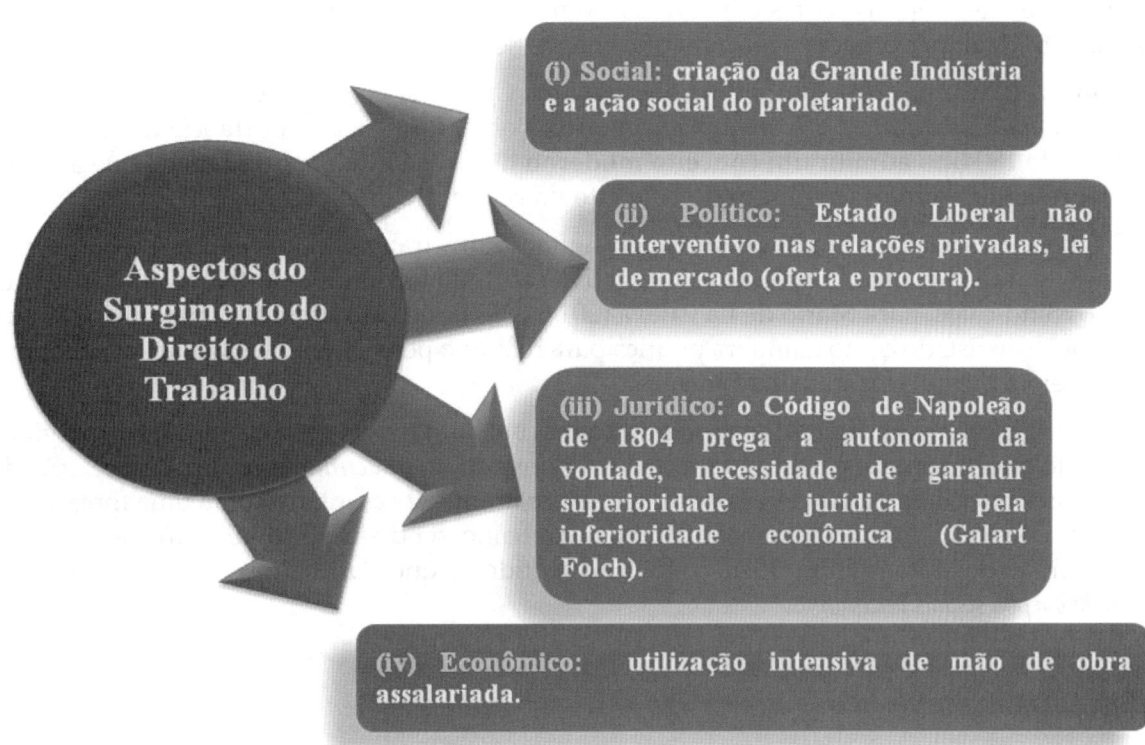

Como suporte desta nova metodologia fabril, no campo político, nota-se a ascensão do **liberalismo econômico** estruturado a partir do princípio da **liberdade de contratação**, independentemente da interferência do Estado, admitindo a imposição de condições de trabalho degradantes, que passam a exigir a **intervenção paulatina do Estado** em seu contexto Social, de forma a contingenciar a liberdade das partes no âmbito do contrato de trabalho, diante da desigualdade econômica entre elas, que permitiu a construção da **teoria da hipossuficiência** do trabalhador subordinado.

A partir da análise da perspectiva jurídica dever-se-á levar em consideração o contexto histórico-social ressaltado por Maurício Godinho Delgado (2014, p. 91), uma vez que o direito vigorante à época estava fundamentado no **direito civil de formação liberal-individualista**, sem a possibilidade de prover uma resposta jurídica adequada ao fato novo, ou seja, a matriz civilista clássica tendia a reduzir todas as questões surgidas no interior da relação de emprego a questões típicas do velho modelo do contrato bilateral.

Neste momento o contrato de trabalho passa a ser construído sobre novas bases, e mesmo o contrato civil passa por uma reformulação que lhe permita uma maior adequação ao mundo contemporâneo, atrelada a construção da teoria da função social do contrato, restringindo a ampla liberdade individual dos contratantes, para preservar o próprio interesse social apto a exigir uma contratação mais equânime.

Alice Monteiro de Barros (2013, p. 53) destaca o **individualismo** latente do Código de Napoleão de 1804, que dispõe no seu art. 1.134 que: *"As convenções têm força de lei para os que as celebraram"*, e a partir desta gênese houve a necessidade de uma intervenção do Estado nas relações privadas, denominada de **dirigismo contratual**, que passa a ter uma variação de **intensidade** de acordo com a época e as contingências internas de cada povo.

Ainda, em relação ao referido Código de Leis, Amauri Mascaro Nascimento (2011, p. 54) esclarece que a disseminação do signo de liberdade intencionava promover o equilíbrio contratual pelo interesse das próprias partes envolvidas, com fundamento no **princípio da autonomia da vontade**, sem qualquer preocupação com o problema social.

Francis Fukuyama (2014, p. 16)[9], na obra *Political Order and Political Decay: from the Industrial Revolution to the Globalization of Democracy*, em outra ponta, destaca a importância do Código de Napoleão, de 1804, ao admitir um **conceito moderno de fruição da propriedade**, o que à época veio a representar a própria evolução do **conceito da economia de mercado**.

Os aspectos sociais foram traduzidos pela agitação dos trabalhadores em prol de melhores condições de trabalho, uma incipiente ação coletiva capaz de formatar o perfil orgânico e institucional dos Sindicatos, para Mário de La Cueva (2014, p. 91) estes movimentos operários atraíram a intervenção do Estado como manobra política para refrear o pensamento socialista, que ganhava corpo no seio da união dos trabalhadores.

Em sua gênese, os Sindicatos foram identificados como um movimento clandestino e marginal, reconhecido oficialmente, a partir de 1871, pelo movimento do *tradeunionismo*, uma associação de trabalhadores instituída para a defesa dos interesses comuns, apresentado como uma força social modeladora dos contornos protetivos do direito do trabalho, sendo importante a expressão cunhada por Evaristo de Moraes Filho (1978, p. 103), no sentido de que: *"os sindicatos são a exteriorização jurídica de corpos sociais autônomos"*.

1.2. Liberalismo econômico

Imbuído dos ideais da Revolução Francesa e centrado no plano teórico sobre a **liberdade de contratação**, o Estado de índole liberal portava-se como um mero espectador do desenrolar e desenvolvimento das relações privadas em geral, inspirado na fórmula de Vicent Gournay no *laissez-faire, laissez-passer*, com função de garantir apenas a ordem social e política, e assegurando aos particulares uma ampla liberdade de ação econômica.

A partir deste momento histórico, presenciamos a construção do **princípio do *rule of law***, com a finalidade de limitar o poder político do Monarca, que passava a submeter-se às mesmas regras de conduta aplicáveis aos seus súditos, e para Francis Fukuyama (2014, p. 16)[10] na obra *Political Order and Political Decay: from the Industrial Revolution to the Globalization of Democracy*, o referido princípio teve origem na religião, uma vez que as autoridades religiosas em muitas culturas eram responsáveis pela interpretação dos textos sagrados, introduzindo as sanções morais sobre toda a sociedade, com a capacidade de criar regras de condutas respeitadas pelos próprios guerreiros.

---

(9) Segue o texto original: "The new Civil Code enshrined modern concepts of property rights: 'the right to enjoy and dispose of one's property in the most absolute fashion, provided that it is not used in a manner prohibited by law'. Land was freed of feudal and customary entails, opening the way for development of a market economy".

(10) Vejamos o texto original: "The rule of law, understood as rules that are binding even on the most politically powerful actors in given society, has origin in religion. It is only religious authority that was capable of creating rules that warriors needed to respect. Religious institutions in many cultures were essentially legal bodies responsible for interpreting a set of sacred texts and giving them moral sanction over the rest of society. [...] The rule of law was most deeply institutionalized in Western Europe due to the role of the Roman Catholic Church. [...] The central event marking the autonomy of the church was investiture conflict that began in the eleventh century. This clash pitted the church against the Holy Roman Emperor, over the question of the latter's interference in religious matters. In the end, the church won the right to appoint its own priests and bishops, and emerged as the guardian of a revived Roman law based on the sixth-century *Corpus Juris Civilis* or *Justinian Code*. England developed an equally strong but different legal tradition: the Common Law emerged after Norman Conquest out of the law of the King's court. [...] (2016, p. 23). The rule of law has many possible definitions, including simple law and order, property rights and contract enforcement, or the modern Western understanding of human rights, which includes equal rights for women and racial and ethnic minorities".

O *rule of law* foi institucionalizado na Europa Ocidental por meio do papel desempenhado pela Igreja Católica que teve a prerrogativa da revisão do Direito Romano lastreado no instrumento do *Corpus Juris Civilis* de Justiniano, que na Inglaterra encontra uma tradição legal sustentada nos precedentes do *Common Law*, para o autor: *"The rule of law has many possible definitions, including simple law and order, property rights and contract enforcement, or the modern Western understanding of human rights, which includes equal rights for women and racial and ethnic minorities"*.

Nota-se a evidente **decadência do sistema liberal** ao assegurar uma igualdade jurídica meramente formal, perante a lei, para regular uma relação social inserida em contexto de notória **desigualdade econômica**, a liberdade de contratar não sofria quaisquer restrições pelo Estado a pretexto da **autonomia da vontade** em matéria contratual, uma igualdade jurídica insubsistente diante da desigualdade econômica.

Neste contexto histórico, o **individualismo** entranhado nos fundamentos do direito clássico estava umbilicalmente ligado à **proteção irrestrita da propriedade**, centrado na proteção patrimonial dos bens materiais ao arrepio das concepções humanistas desenvolvidas a partir da essência do ser humano, que permita a existência, ao lado dos direitos patrimoniais, dos direitos de personalidade, de conteúdo moral, e alinhados com a importância alcançada pela dignidade da pessoa humana como substrato cultural sociedade contemporânea.

Segundo Eros Roberto Grau (2013, p. 194), a consagração constitucional do **princípio da dignidade da pessoa humana**, de profunda relevância, colocando o **aspecto humanitário como epicentro do ordenamento jurídico**, assume a maior relevância ao comprometer o exercício da atividade econômica, delineada a partir da perspectiva da promoção da existência digna, independentemente dos interesses individuais dos agentes econômicos que passam a desempenhar suas funções no mercado.

A partir desta realidade social e política, Segadas Vianna (1997, p. 38) citando Orlando Gomes, esclarece quanto à necessidade de uma nova fórmula de regulamentação das relações de emprego, identificando aqui a crise do direito vivenciada à época, incapaz de entender os fenômenos econômicos e sociais e, ao mesmo tempo, franquear uma solução justa e equilibrada que pudesse contemplar as reivindicações operárias por melhores condições de trabalho, talvez o mesmo que vivenciamos na atualidade em relação à ampliação da parassubordinação, com efeitos diretos na crescente informalidade do mercado de trabalho.

Utilizamo-nos das reflexões de Tércio Sampaio Ferraz Junior (2003, p. 352) a respeito do sentido de justiça, aqui para nós traduzidos em justiça social, para justificar a necessidade de adequação da normatividade às exigências sociais modernas, uma vez que o seu descompasso representa um elemento de **desagregação social**, um **esgarçamento do tecido social** propiciado pela legitimidade dos movimentos operários de reivindicações: *"Ou seja, a perda ou ausência do sentido de justiça é, por assim dizer, o máximo denominador comum de todas as formas de perturbação existencial, pois o homem ou a sociedade, cujo senso de justiça foi destruído, não resiste mais às circunstâncias e perde, de resto, o sentido do dever-ser do comportamento".*

Devemos frisar que o **contraponto ao liberalismo** surge de suas próprias entranhas, uma releitura lastreada no seu próprio **instinto de sobrevivência**, especialmente no momento que o Chanceler Alemão Bismarck compreende que a proteção ao trabalhador, por indução e interferência Estatal, passa a ser uma preocupação constante do próprio Capitalismo, diante do desenvolvimento impetuoso do **pensamento socialista** vivenciado à época, havendo por meio do contrato de trabalho, um discurso conservador, uma função ideológica no sentido da manutenção do *status quo*, do *establishment*, assegurando um resultado estável e duradouro na **organização social** da qual depende a **sobrevivência do capitalismo**.

Como contraponto ideológico, a doutrina Marxista expõe crítica ferrenha a este estado de coisas, promove a união dos trabalhadores para a construção da ditadura do proletariado com a supressão do capital, por meio da apropriação pelo Estado dos bens de produção, com a sistematização do coletivismo por meio da obra *O Capital*, na qual Karl Marx e Friedrich Engels permitem a inserção do homem no conceito gregário reinante, por meio do fomento da expressão coletiva, disseminando a existência de uma personalidade/identidade coletiva ao entorno da causa operária.

Charles Adams, na obra intitulada *For Good and Evil: The Impact of Taxes on the Course of Civilization* (1999, p. 154)[11], destaca que as condições de trabalho analisadas no aspecto ambiental e pós-revolução industrial, sob severas críticas por Marx, são sobejamente superiores àquelas vivenciadas nos satélites soviéticos da Europa Oriental em plena consecução da **ideologia socialista**, não havendo proposição de uma alternativa viável ao Capitalismo para além do discurso utópico, incapaz de romper a barreira do plano teórico.

O liberalismo pela perspectiva do direito social pode ser sintetizado na frase cunhada por *Lacordaire*, e proferida na Conferência de Notre-Dame em 1948 (VIANNA, 1997, p. 92): *"Entre o forte e o fraco, entre o rico e o pobre, é a liberdade que escraviza, é a lei que liberta"*. Certamente a liberdade excessiva das "economias de mercado" teve por subproduto as condições sociais degradantes vivenciadas no transcorrer da Revolução Industrial, tornando necessário o desenvolvimento progressivo de uma legislação social de caráter protetivo, que possa arrefecer **a dinâmica socialmente injusta**, regida de forma exclusiva pela **lei da oferta e da procura**.

Por este motivo, Eros Roberto Grau (2013, p. 29) destaca que o **mercado** é uma **instituição jurídica**, submetido à regulamentação do próprio Estado, consistindo em uma **ordem** no **sentido da**

---

(11) Texto original: "In most industrial countries poverty has been greatly reduced, and in some countries it is nonexistent. Marxist claims that capitalism would increasingly oppress workers — that child labor, starvation wages, longer working hours, and unsafe working conditions would get worse — have not come to pass. Today, such predictions are so much nonsense. Workers in industrial capitalist states have living standards far in excess of the best of former communist states, as the Eastern Europeans realized. Capitalist nations have corrected the defects in their nineteenth — century system without the necessity of remaking the social order".

regularidade e previsibilidade de comportamentos, seu funcionamento pressupõe a obediência, pelos agentes privados que nele atuam, de determinadas condutas, e esta mesma uniformidade de condutas permite a cada um desses agentes desenvolverem cálculos para a tomada de decisão, de parte deles, no dinamismo do mercado.

Por meio da **Conferência de Berlim** realizada em 1890, começa a disseminar à ideia de **internacionalização das normas fundamentais de proteção social** do trabalho, como meio de nivelar os custos de produção entre os países industrializados, e ainda alcançar os anseios de justiça social, intentados pelas reivindicações operárias à época, de modo que a regulamentação internacional das condições do trabalho pela Organização Internacional do Trabalho passasse a representar uma **pretensão universalista**, conforme destacado por Arnaldo Süssekind (2000, p. 18), na obra *Direito Internacional do Trabalho*.

Robert Peel, na Inglaterra, em 1802, propõe a primeira lei de limitação de jornada do menor (talvez, para preservação de uma própria reserva da massa operária) e um regramento de higiene nas fábricas, por meio do seu *Moral and Health Act*, sem muita efetividade prática, cabendo ao empresário Robert Owen, considerado por muitos o pai do direito do trabalho, a implantação de diversas medidas de proteção na sua fábrica de tecidos em *New Lamarck*, iniciativas retratadas na sua obra *A New View of Society* de 1813, incentivando as agremiações de empregados por meio dos *trade unions* (Sindicatos).

No Brasil, as influências do liberalismo econômico estiveram registradas nas razões de veto apresentadas a uma lei protetiva, que intencionava a regulamentação da locação de serviços agrícolas, e deixa a evidência o **individualismo** arraigado no sistema constitucional (VIANNA, 1997, p. 57): *"O **papel do Estado nos regimes livres** é assistir como **simples espectador à formação dos contratos** e só **intervir** para **assegurar os efeitos e as consequências dos contratos livres realizados**. Por essa forma, o Estado não limita, não diminui, mas amplia a ação da liberdade e da atividade individual, garantidos os seus efeitos"*.

A partir deste ponto, a **Revolução de 1930** passa a induzir no Brasil uma mudança de rota, uma alteração do paradigma liberal absorvido como doutrina constitucional reinante, havendo a constituição de um governo provisório, por meio do qual Getúlio Vargas passa a externar a preocupação com a questão social, especialmente com a desconsideração dos compromissos assumidos pelo Brasil no plano internacional, como signatários do Tratado de Versalhes, inclusive, com a criação do atual Ministério do Trabalho e Emprego, que foi entregue às mãos de Lindolpho Collor.

Neste ponto, o sistema jurídico absorveu os fundamentos políticos da **vertente individualista** e liberal, o **Código Civil de 1916** não avança na questão social, dispondo de parca regulamentação destinada às regras de locação de serviços, nas palavras de Clóvis Beviláqua, citado por Octavio Bueno Magano (1980, p. 35), a **locação de serviços** foi concebida como um **contrato de grande amplitude**, compreendendo uma grande variedade de prestações de trabalho humano, sendo uma vala comum dos contratos de atividade. Posteriormente, com o efeito da promulgação da CLT em 1943, houve um **esvaziamento do contrato de locação de serviços**, diante de um verdadeiro **"imperialismo" do contrato subordinado**.

Na atualidade, o debate político e não menos ideológico a respeito do **tamanho do Estado**, é tratado de forma clara na entrevista de Zanny Minton Beddoes, editora chefe da revista britânica *The Economist*, concedida a *Folha de S. Paulo* (domingo, 21 de abril de 2016), traçando a exata diferença do liberalismo Inglês do americano, vejamos: *"O Liberalismo inglês é muito diferente do americano. Na Inglaterra, o **liberalismo** se dá pela **crença no mercado livre e nas liberdades individuais**. Libertário é basicamente **Estado mínimo**, sem governo, e o extremo é o Estado que prevê polícia* *e nada mais. Não somos libertários, somos liberais: há papéis que o governo tem que ter, há áreas em que precisa atuar na busca pela liberdade individual".*

Nesta transição identificamos o papel central exercido pela Igreja Católica.

1.3. DOUTRINA SOCIAL DA IGREJA CATÓLICA

A **encíclica** *Rerum Novarum* (coisas novas) do Papa Leão XIII (1891), considerado como o primeiro passo da Igreja Católica na busca por novas diretrizes no sentido da implantação de uma efetiva **justiça social**, o trabalho não deve ser visto apenas como uma **mercadoria**, posto que para Délio Maranhão (1992, p. 81): *"O salário é o preço da alienação da força de trabalho e a jornada a medida da força que se aliena"*, e a remuneração não pode ficar a mercê do jogo automático das leis do mercado, pelo contrário, deve ser estabelecida segundo as normas de justiça e da equidade.

Ainda que diante de uma perspectiva tradicional, a Igreja identificava a propriedade privada dos bens de produção como um direito natural que o Estado, sequer poderá suprimir, entretanto, esta mesma **propriedade** carrega consigo uma **função social**, um direito a ser exercido em proveito próprio sem a negativa daqueles outros direitos: subjacentes e vinculados àquele exercício, até porque a questão social sempre permeou a abordagem dos pensadores da Igreja Católica.

Segundo São Tomás de Aquino, citado por Ricardo Sayeg e Wagner Balera, na obra *Capitalismo Humanista* (2012, p. 98) essa nova cosmovisão apresentada pelo **cristianismo** proclama que a dignidade da pessoa humana abrange a igualdade de relações entre os homens, pois esses não são apenas iguais, mas são irmãos entre si e, todos eles, filhos do mesmo Deus Celestial, por isso a **fraternidade** é considerada como um valor absoluto, **elemento essencial do humanismo cristão**.

Para a exata compreensão da função social da propriedade é indispensável analisar o sentido e o alcance da expressão "função". Para Judith Martins-Costa (2002, p. 148) ela representa a atribuição de um poder sob a perspectiva de uma finalidade intencionada, razão pela qual este poder se desdobra em dever, ou seja, aquele poder não está a serviço da satisfação de interesses meramente individuais, que devem e podem ser alcançados sem atingir a esfera dos interesses alheios. Neste mesmo sentido, o saudoso professor da USP, Goffredo Telles Junior (2008, p. 295) esclarece: *"O que distingue o Direito Subjetivo simples do Direito-Função está em que o Direito-Função não é mera permissão dada por meio de uma norma jurídica, mas é, também, a imposição de um dever, feita por meio da mesma norma. Em resumo, o titular de um Direito-Função tem o direito e a obrigação de exercer uma função"*.

Entretanto, ao analisarmos seus desdobramentos no ordenamento jurídico, destacamos a arguta percepção de Fábio Konder Comparado, citado por Saulo Bichara Mendonça (2012, p. 6), quanto à preocupação de que a **teoria social da empresa** venha a ser utilizada como referencial teórico de uma estratégia que intencione o **abandono das políticas sociais pelo Estado**, havendo aqui, sob a nossa percepção, uma relação de complementaridade a ser fomentada por intermédio do poder de regulamentação das relações intersubjetivas, permitindo a modernização das ferramentas de gestão da força de trabalho, e em contrapartida, exigir-se-á a preservação do **conceito ético** inserido no âmbito da **teoria da nova empresarialidade**, que será analisada com maior acuidade oportunamente.

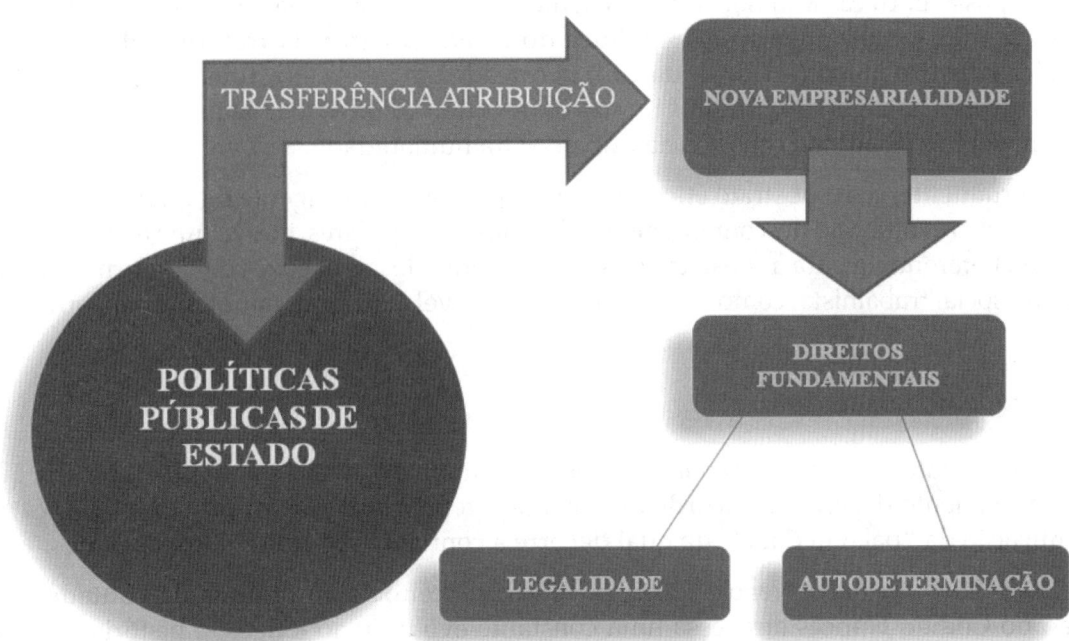

Posteriormente, o Papa Pio XI, por meio da Encíclica *Quadragésimo Ano* (1931), pretendia suavizar o contrato de trabalho com a inserção dos elementos próprios do contrato de sociedade, permitindo a participação dos funcionários na propriedade ou gestão, e em certa medida, nos lucros obtidos, ressaltando que o **direito de propriedade** é um direito **limitado**, que não pode impedir a família de alçar um "Espaço Vital".

Com a intenção de reforçar a responsabilidade do poder público pelo bem comum, João XXIII, por meio da mensagem que decorre das Encíclicas *Mater et Magistra* (1961) e *Pacem in Terris* (1963), fomenta a promoção no campo econômico de uma ação multiforme, por meio da disseminação do ato cooperado entre os trabalhadores, afastando o intuito lucrativo imediato, por meio da solidariedade admitida entre os próprios trabalhadores.

O Papa Paulo VI foi o responsável pelas Encíclicas: *Populorum Progressio* (1967) — admitindo a compatibilidade do desenvolvimento econômico, desde que atrelada ao desenvolvimento social.

Na Encíclica *Laborem Exercens* (1981) João Paulo II — até por sua origem polonesa, demonstra uma preocupação com os direitos humanos, levando a frente uma crítica veemente em relação às desigualdades sociais — ressalta o valor da atuação dos sindicatos, negando, contudo, que este posicionamento permita a reprodução de uma luta de classes, até mesmo pela insofismável derrocada da doutrina marxista, devendo ser respeitado o direito de greve quando usado de forma criteriosa.

Mozart Victor Russomano (1997, p. 14) destaca a importância da doutrina social da Igreja Católica e reivindicações operárias na indução da **intervenção do Estado na seara social**, uma vez que diante do quadro, rapidamente esboçado, os discípulos do liberalismo recuaram, abandonando a ideia do Estado liberal puro, admitindo o poder e dever de intervir, não apenas na organização, mas, igualmente, na direção do processo econômico-social, reconhecendo o **papel intervencionista do Estado**, modernamente, identificado como ponto de convergência das doutrinas econômicas e sociais, diante da formulação do neoliberalismo, não é adequado admitir a promoção do progresso econômico sem descurar do progresso social.

Com escólio nas lições de Ricardo Sayeg e Wagner Balera (2012, p. 73), citando Carlos Ayres Brito, é possível traçar a dissociação, no contexto de um Estado laico, entre a doutrina cristã de matriz confessional e a construção política do Estado a partir da **fraternidade** como **categoria jurídica constitucional** (art. 3º, I, da CF), permeada em suas estruturas sociais e institucionais, com o reverenciamento dos direitos humanos de nítida inspiração cristã, verdadeiro bem jurídico inalienável incrustado na consciência universal da humanidade.

Certamente, com substrato ético e moral na posição intransigente da Igreja Católica, alheado ao temor da revolta pelo descontentamento das massas populares, houve uma explícita guinada na indução heterônoma para a construção de um conjunto de leis capazes de dar forma a proteção da questão social trabalhista, como elemento indispensável à própria manutenção da ordem pública.

1.4. Dirigismo contratual

Os contratos em geral estão lastreados na fórmula do **consensualismo**, uma vez que o seu aperfeiçoamento depende do acordo de vontades, representando um princípio ético extraído da significação da "palavra dada", da qual decorre a confiança recíproca entre as partes.

Para Silvio de Salvo Venosa (2005, p. 405), o conceito da **autonomia da vontade** com inspiração no Código Francês atravessa uma constante evolução ao longo da história, à corrente do liberalismo a coloca no centro de todas as avenças, mas como a possibilidade de **limitação** quando venha a esbarrar nos **princípios de ordem pública**, imposições de ordem econômica e social, que denotam a interferência do Estado na relação contratual de modo crescente e progressivo.

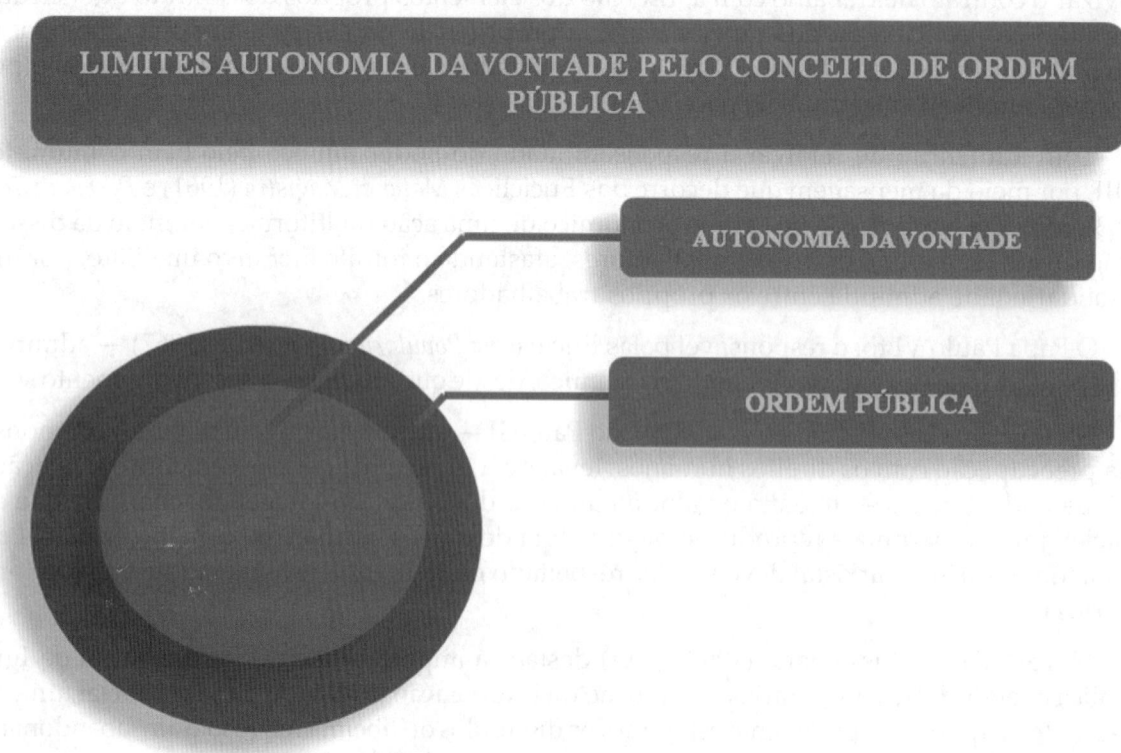

Tradicionalmente a **legitimidade dos contratos** estava restrita ao aspecto da **higidez da manifestação da vontade**, livre da incidência de quaisquer dos vícios do consentimento, o importante era apenas a existência de um consentimento livre. No seu aspecto contemporâneo, a lei, a partir de uma **conotação social**, passa a **negar eficácia às cláusulas contratuais injustas** para uma das partes, franqueando uma superioridade jurídica aos mais fracos na exata medida de sua inferioridade econômica, como forma de uma compensação, não podendo a intervenção se mostrar excessiva, sob pena vulnerar o **elo "confiança"** que permeia as relações privadas, sob a possibilidade de uma intervenção inesperada no patrimônio privado.

Neste sentido, a **liberdade contratual** nos termos do art. 421 do CC/02 deve ser exercida dentro dos **limites da função social do contrato**, possibilitando o controle judicial para além do exame das cláusulas contratuais, o contrato deixa de ser visto a partir do ideário individualista então triunfante, para alcançar uma utilidade que preserve o seu sentido social, devendo ser coibida toda a avença que não alcance esta finalidade. A força obrigatória dos contratos representada pelo princípio da *pacta sunt servanda* (art. 389 do CC), segundo a qual o contato faz lei entre as partes, passa a ser contingenciada diante desta nova perspectiva.

Ao avançarmos nesta mesma linha de raciocínio, o art. 422 do CC exige das partes a preservação dos **princípios da probidade e boa-fé**, tanto na conclusão quanto na execução do contrato, não pela perspectiva individual de cada uma delas, mas pelo aspecto da boa-fé objetiva, estabelecida como um legítimo *standard* **jurídico**, uma **cláusula geral de tipicidade aberta** que franqueia ao Juiz poder discricionário pautada na vagueza dos termos utilizados, como forma de nortear o interprete na **solução da patologia negocial**, uma vez que a má-fé nos contratos deve ser examinada e punida. Para Sílvio de Salvo Venosa (2005, p. 409), toda *"cláusula geral remete o interprete para um padrão de conduta geralmente aceito no tempo e no espaço"*.

O **Enunciado n. 167 da 3ª Jornada de Direito Civil** ao tratar dos art. 421 e 422 do CC reconhece uma **aproximação principiológica entre o Direito de Defesa do Consumidor e o Direito Civil** no tocante a regulamentação dos contratos, ambas as fundamentações foram incorporadas a nova teoria geral dos contratos, traçando as diretrizes da complementaridade dos sistemas, notando que os recentes avanços alcançados pelo Direito Civil devem ser imediatamente incorporados ao Direito do Trabalho, pressuposto histórico material do próprio dirigismo contratual na história recente da humanidade.

> **Enunciado n. 167 da 3ª Jornada de Direito Civil:** Com o advento do Código Civil de 2002, houve forte aproximação principiológica entre esse Código e o Código de Defesa do Consumidor no que respeita à regulação contratual, uma vez que ambos são incorporadores de uma nova teoria geral dos contratos.

Ao destacar a finalidade social de suas disposições, o art. 1º da Lei n. 8.078/90, Código de Defesa do Consumidor, estaria por permitir uma aproximação com o Direito do Trabalho dentro da percepção da existência de microssistemas complementares, destacando a doutrina, a possibilidade de aproximação de diversos institutos com o direito do trabalho a exemplo da: i) inversão do ônus da prova (art. 6º, VIII); ii) tendência a objetivação da responsabilidade do empregador ao equipará-lo a figura jurídica do fornecedor (art. 14); e iii) dirigismo contratual com a limitação da autonomia da vontade por meio da previsão de um rol de cláusulas abusivas (art. 51). Não é essa a intenção da Reforma Trabalhista no sentido da maximização da legalidade e segurança jurídica, visão conservadora, uma vez que as perspectivas doutrinárias estariam por representar a elevação progressiva dos custos de produção.

Portanto, a reforma trabalhista sob este aspecto caminha na contramão do curso natural do direito, seja pela crise do positivismo que desencadeou a própria construção da teoria dos direitos fundamentais na esteira do Estado Social, legalidade e liberdades públicas estão atreladas a ideia de um Estado Liberal, motivo pelo qual Fábio Pallaretti Calcini (2016, p. 75) disserta a respeito da **crise da legalidade** decorrente da hipertrofia e inflação legislativa, com efeitos contrários a pretensa segurança jurídica enaltecida pelo princípio, com uma inundação de leis que decretam a instabilidade ao campo da normatividade, ou ainda, pela complexidade da sociedade de risco inviabilizando o monopólio da lei.

Neste sentido, Goffredo Telles Júnior (2008, p. 293) esclarece: *"O princípio da legalidade é fundamental na ordem jurídica. Ele resume, por assim dizer, a razão-de-ser de toda e qualquer estrutura do Direito ... Tais permissões e tais proibições são reveladas a todas as pessoas em normas éticas. Entre tais normas, encontram-se, precisamente, as normas jurídicas, cujo conjunto forma o Direito Objetivo".*

Flávio Tartuce (2014, p. 107) ao promover a tese do **diálogo das fontes** identifica a necessidade de promover uma nova leitura do art. 8º da CLT em que: *"não se deve mais considerar o **Direito Civil como simples fonte subsidiária**, mas, em alguns casos, como fonte direta do Direito do Trabalho"*, obviamente, desde que este movimento não represente a inefetividade dos direitos fundamentais do trabalho e retrocesso social. Esta análise torna-se deveras importante diante da iniciativa de restrição da proteção do bem jurídico moral, uma vez que o dano extrapatrimonial no âmbito da relação de emprego passa a estar disciplinado integralmente pelo texto celetista, nos termos do art. 223-A da CLT, redação pela Lei n. 13.467/17, com evidente retrocesso social da jurisprudência trabalhista construída a partir das regras disciplinadas no Código Civil.

O mesmo Flávio Tartuce, na obra *O Novo CPC e o Direito Civil: impactos, diálogos e interações*, citando Cláudia Lima Marques (2016, p. 66) esclarece que a tese do diálogo das fontes permite uma aproximação de sistemas contratuais distintos, especialmente diante dos princípios sociais do contrato, em especial pelo princípio da boa-fé objetiva e função social do contrato, não havendo *microssistemas jurídicos* isolados, havendo três diálogos possíveis, vejamos: i) Diálogo sistemático de coerência: aplicação simultânea de duas leis, quando uma lei servir de base conceitual para outra; ii) Diálogo de complementaridade: possibilidade de aplicação coordenada de duas leis, de forma direta; e, iii) Diálogo de subsidiariedade: aplicação indireta de uma lei geral, diante da lacuna existente no texto da lei especial. Logo, a questão do dano extrapatrimonial poderá ser solucionada formalmente no diálogo de subsidiariedade, proclamando o texto celetista sua autossuficiência, em evidente retrocesso social, ou ainda, permitir a oxigenação de outras modalidades protetivas, a exemplo do abuso de direito do art. 187 do CC.

O próprio sistema jurídico orientado a partir do princípio da **plenitude da ordem jurídica** (art. 4º da LINDB c/c art. 140 do CPC) permite que o juiz diante da **lacuna normativa** possa solucionar o caso concreto por meio da aplicação da analogia, dos costumes e dos princípios gerais de direito, especialmente, com a aplicação subsidiária do direito civil nos termos do art. 8º, parágrafo único, da CLT. Não devemos deixar de observar que a ordem das fontes subsidiárias do art. 4º da LINDB foi invertida pelo art. 5º, §§ 1º e 2º, da CF, fazendo prevalecer a aplicabilidade imediata dos princípios constitucionais fundamentais, ainda que previsto nos tratados internacionais por um bloco de constitucionalidade, com destaque para a doutrina de Konrad Hesse (1991, p. 15), a respeito da **força normativa da constituição**, que suplanta a proposição clássica da prescrição de princípios de conteúdo interpretativo e integrativos, acompanhado de um conjunto de normas programáticas, a idealizar uma realidade política e social futura. Vejamos o posicionamento do referido autor: *"A Constituição não configura, portanto, apenas a expressão de um ser, mas também de um dever ser; ela significa mais do que um simples reflexo das condições fáticas de sua vigência, particularmente as focas sociais e políticas. Graças à pretensão de eficácia, a Constituição procura imprimir ordem e conformação à realidade política e social".*

A **teoria do diálogo** das fontes permite a aplicação simultânea das normas presentes em outros subsistemas, de modo a assegurar a efetividade do direito e não permitir o retrocesso social, o art. 5º da LINDB[12] c/c art. 8º do CPC[13] permite que o Juiz no caso concreto possa atentar-se aos fins sociais da norma e as exigências do bem comum, havendo autorização do juízo de equidade (art. 140, parágrafo único, do CPC) por meio dos preceitos jurídicos indeterminados, que para Flávio Tartuce representa janelas do ordenamento infraconstitucional que permitem a aplicação dos princípios constitucionais, pela perspectiva de sua força normativa.

Devemos ressaltar na remodelação do art. 8º da CLT, por meio da chamada reforma trabalhista, que o § 2º pretende **limitar o ativismo judicial** praticado diante da jurisprudência do TST, ao vedar a inserção de obrigação não prevista em lei, reforçando o aspecto da legalidade no âmbito trabalhista, que concede ao poder econômico uma maior previsibilidade do custo de produção pela visão conservadora da disposição, algo impossível diante da supremacia e força normativa dos postulados constitucionais que norteiam a visão pós-positivista, de que as normas de conduta comportam tanto as regras quanto os princípios, vejamos: "*§ 2º Súmulas e outros enunciados de jurisprudência editados pelo Tribunal Superior do Trabalho e pelos Tribunais Regionais do Trabalho não poderão restringir direitos legalmente previstos nem criar obrigações que não estejam previstas em lei*".

E ainda, o § 3º do art. 8º da CLT pretende **reforçar a tese da prevalência do negociado sobre o legislado**, diante do efeito da **expressão "força de lei"** inserida no art. 611-A da CLT pelo Projeto de Lei n. 6.787/16, posteriormente substituída por **"prevalência sobre a lei"** no PLC n. 38/17, para o mesmo dispositivos, que nada mais representam do que a **"ação normativa"** já consignada no texto original do art. 611, *caput*, da CLT, **aspecto semântico** que pretende reforçar a ausência de consenso no Poder Judiciário, por ausência de um Pacto Republicano ao entorno da questão.

Na verdade, o art. 8º, § 3º, da CLT, orientado pelo **aspecto formalista do positivismo**, pretende a análise dos elementos do negócio jurídico do art. 104 do CC (agente capaz, objeto lícito, e forma prescrita ou não defesa em lei), com um pretenso rol taxativo do "objeto ilícito" disposto no art. 611-B da CLT, reconhecendo a existência do **princípio da intervenção mínima na autonomia da vontade**, vejamos: "*§ 3º No exame de convenção coletiva ou acordo coletivo de trabalho, a Justiça do Trabalho analisará exclusivamente a conformidade dos elementos essenciais do negócio jurídico, respeitado o disposto no art. 104 da Lei n. 10.406, de 10 de janeiro de 2002 (Código Civil), e balizará sua atuação pelo princípio da intervenção mínima na autonomia da vontade coletiva*".

O padrão de conduta parte da expectativa de ação do homem médio, considerando o caso concreto e os aspectos sociais envolvidos, uma regra de conduta que propõe um dever de agir de acordo com determinados padrões sociais estabelecidos e reconhecidos. As vertentes da **boa-fé objetiva** estão dispostas ao longo de todo o Código Civil, realçando a **função interpretativa** (art. 113) e de **integração do negócio jurídico** (art. 422), com uma **função específica de controle** quanto aos limites do exercício de um direito, inovadora teoria do abuso de direito disposta no art. 187 do CC.

Certamente, o **dirigismo contratual** irá **calibrar as vantagens e ônus econômicos** que deverão ser distribuídos entre os diversos grupos sociais, destacando Guilherme Calmon Nogueira da Gama (2008, p. 77), nas palavras do próprio Miguel Reale, um contraste com o **individualismo**

---

(12) Art. 5º da LINDB. Na **aplicação da lei**, o juiz atenderá aos **fins sociais** a que ela se dirige e às **exigências do bem comum**.

(13) Art. 8º do CPC. Ao aplicar o ordenamento jurídico, o **juiz atenderá aos fins sociais** e às **exigências do bem comum**, resguardando e promovendo a dignidade da pessoa humana e observando a proporcionalidade, a **razoabilidade**, a legalidade, a publicidade e a eficiência.

do Código anterior, o novo Código promove a **socialidade** dentro de um contexto moderno de Estado Social, de forma que os interesses individuais dos agentes privados não possam sobrepor ao interesse de toda coletividade, a pactuação dentro de conceito éticos que permitam a justiça social, afeta ao interesse de todos indistintamente, e por esta razão deve ser promovido pelo Estado.

Neste ponto, interessante pontuar o alerta feito por Heloisa Carpena (2001, p. 5) a respeito da **crise da autonomia da vontade** no **contexto da sociedade de massas** pós-revolução industrial, havendo uma verdadeira **relativização do direito de contratar**, pela **intervenção do Estado na economia do contrato, controlando o seu conteúdo**, com a introdução de **elementos éticos** que possam permitir a própria **oxigenação do sistema**, de forma a não frustrar a legítima expectativa das partes no contrato, uma vez que a força vinculante dos contratos na ótica da moral cristã estaria alinhada com os interesses burgueses da produção da riqueza, frutificada por meio do comércio e da indústria.

Citamos alguns entusiastas da nova visão do **Direito Civil Constitucional**, diante do protagonismo exercido pelo Direito Constitucional no sistema, substituindo o papel que outrora fora exercido pelo próprio Direito Civil, no sentido da sua **humanização** por meio dos institutos do **enriquecimento sem causa, onerosidade excessiva, teoria da imprevisão, teoria do abuso de direito, atividade de risco** etc.; acarretando o **efeito** da sua **despatrimonialização**, com destaque especial para a perspectiva contratual que incorpora a valorização da dignidade da pessoa humana (art. 1º, III, da CF), a solidariedade social (art. 3º, I, da CF), e a igualdade substantiva proposta no art. 5º, *caput*, da CF, havendo a proposição de Ingo Wolfang Sarlet e Daniel Sarmento de uma **eficácia horizontal dos direitos fundamentais**, uma vez que no contexto de uma sociedade desigual a opressão pode vir, além do Estado, por uma multiplicidade de atores privados, e segundo Flávio Tartuce (2014, p. 52), as **cláusulas gerais e preceitos jurídicos indeterminados** podem ser vistos como porta de entrada dos valores constitucionais a influenciar a regulamentações das relações estipuladas entre os agentes privados, janelas abertas pelo legislador infraconstitucional que permitem o preenchimento do conteúdo normativo por meio do juízo de ponderação dos valores constitucionais a partir da justiça do caso concreto, por meio da sua dimensão peso, sem o efeito da revogação da norma, mas mero preterimento em sua aplicação.

Contudo, vale o alerta feito pelo próprio Daniel Sarmento (2009, p. 209) a respeito da construção da eficácia horizontal dos direitos fundamentais, não sendo correta a **solução simplista de transplantar o particular para a posição de sujeito passivo dos direitos fundamentais**, equiparando o seu regime jurídico ao dos Poderes Públicos, pois o indivíduo diversamente do Estado, também é titular de direitos fundamentais, e está investido pela própria constituição em um **poder de autodeterminação** dos seus interesses privados.

Na seara do direito do trabalho, e utilizando-nos da posição clássica de Américo Plá Rodriguez (2015, p. 149), o **dirigismo contratual** está representado na própria **imperatividade** da qual está investida a norma trabalhista, apta a contingenciar o amplo espectro da autonomia da vontade albergada pelo texto do Código de Napoleão, que no contexto político do liberalismo econômico propiciou o suporte jurídico para a prática rotineira de injustiças sociais, na seara da relação do trabalho.

Devemos ressaltar que a intervenção do Estado na economia está lastreada na concepção teórica da construção de um arcabouço jurídico capaz de garantir a efetividade de uma justiça social, limitando o exercício pleno dos interesses privados, dentro de uma matriz individualista, como meio de permitir um **maior equilíbrio na articulação dos fatores de produção**. O papel do Estado ao exercer o seu poder regulamentar estaria em induzir a conduta dos particulares de modo a fazer sobressair o interesse coletivo sobre o individual dentro do espírito proposto pelo legislador constituinte, sempre que o exercício do direito individual da propriedade possa contrariar os interesses gerais da sociedade na qual esteja inserido, realçando o aspecto evolutivo do *princípio da supremacia do interesse público sobre o particular*, tão elementar à construção do Estado Contemporâneo.

No Brasil, a **intervenção na ordem econômica**, por intermédio da regulamentação das relações laborais, tem **raízes históricas na *Carta del Lavoro* 1927** com traços marcantes do regime autoritário (fascista) vigente na Itália, ao denotar um **exacerbado dirigismo contratual** por indução normativa de fonte heterônoma Estatal, acarretando uma **hipertrofia das regras protetivas** de cunho eminentemente **paternalista**, o que sufocou a evolução e modernização do movimento Sindical cooptado pelo aparato Estatal, com a plena liberdade restabelecida apenas com o texto da Constituição de 1988, embora a doutrina mais balizada de Segadas Vianna refute a ideia de que o texto celetista vigente no Brasil seja um conjunto de normas inspirados literalmente na carta de direito Italiana, à exceção do modelo de organização Sindical.

A constituição de império de 1824[12] absorve os postulados filosóficos da revolução Francesa (1789), representados pelos ideais de *"liberdade, igualdade e fraternidade"*, assegurando a ampla liberdade do trabalho (art. 179, XXIV) com a abolição das Corporações de Ofício (XXV), fazendo apenas a ressalva quando a igualdade meramente formal, uma vez que esta no transcurso da história permite a promoção, na seara do direito do trabalho, a diversas situações de opressão, uma vez que a desigualdade econômica dos seus sujeitos passa a exigir a intervenção do Estado nesta matéria, fomentando a proteção efetiva por intermédio de ações afirmativas, por indução legal, ou mesmo, políticas públicas no cotejo do amplo espectro de discricionariedade da atuação administrativa.

Contudo, não houve alterações significativas com a promulgação da primeira Constituição da República em 1891[15], no mesmo sentido da constituição anterior, o art. 72, § 24 prevê: *"o livre exercício de qualquer profissão moral, intelectual e industrial, bem como o direito de associação no art. 72, § 8º"*, permitindo que os ideais liberais pudessem permear a composição do ordenamento infraconstitucional, sem as preocupações contemporâneas de garantia de um Estado Social, especialmente quanto aos direitos fundamentais de 2ª dimensão, de conotação social e econômica.

Ressaltamos que a **Constituição Federal de 1934**, promulgada por Assembleia Nacional Constituinte, teve a missão de conciliar filosofias intrinsecamente antagônicas, seja a social-demo-

---

(14) Art. 179. A inviolabilidade dos Direitos Civis, e Politicos dos Cidadãos Brazileiros, que tem por base a liberdade, a segurança individual, e a propriedade, é garantida pela Constituição do Império, pela maneira seguinte. [...] XXII — É garantido o Direito de Propriedade em toda a sua plenitude. Se o bem publico legalmente verificado exigir o uso, e emprego da Propriedade do Cidadão, será elle préviamente indemnisado do valor della. A Lei marcará os casos, em que terá logar esta unica excepção, e dará as regras para se determinar a indemnisação. [...] XXIV — Nenhum genero de trabalho, de cultura, indústria, ou commercio póde ser prohibido, uma vez que não se opponha aos costumes publicos, á segurança, e saude dos Cidadãos. [...] XXV — Ficam abolidas as Corporações de Officios, seus Juizes, Escrivães, e Mestres.

(15) A esteira do movimento constitucionalista, com a finalidade de restringir a arbitrariedade praticada pelos reais detentores do poder político, por meio da enunciação de um rol de direitos fundamentais, capazes de limitar e delinear os limites do poder constituído, bem como o modo pelo qual se dará o seu exercício, visualizamos no texto constitucional, a exemplo do art. 5º da CF/88, o art. 72 da CF de 1891, a "Constituição da República", um elenco dos direitos fundamentais sob uma concepção marcadamente liberal, e nestes dispositivos, ainda sem o conteúdo interventivo ineludível do Estado Social, mas meramente libertário, assegura alguns direitos na seara trabalhistas, entre eles: "Art. 72. A Constituição assegura a brasileiros e a estrangeiros residentes no paiz a inviolabilidade dos direitos concernentes à liberdade, à segurança individual e à propriedade, nos termos seguintes: [...] § 8º A todos é licito associarem-se e reunirem-se livremente e sem armas, não podendo intervir a policia senão para manter a ordem publica. [...] § 17. O direito de propriedade mantem-se em toda a sua plenitude, salvo a desapropriação por necessidade, ou utilidade pública, mediante indemnização prévia. [...] § 24. É garantido o livre exercicio de qualquer profissão moral, intellectual e industrial".

cracia prevalente na Constituição de Weimar e a Liberal-Individualista Americana (SÜSSEKIND, 2004, p. 38), talvez esta seja a justificativa de sua vida efêmera. O texto constitucional **inaugura a previsão de um rol mínimo de direitos sociais** no art. 121, apresentando-se como a primeira Constituição brasileira a intervir na ordem econômica e social (*A lei promoverá o amparo da produção e estabelecerá as condições do trabalho, na cidade e nos campos, tendo em vista a proteção social do trabalhador e os interesses econômicos do País*), destacando sempre o "tom" conciliador da proteção social com desenvolvimento econômico[16].

Diante da exigência prática da intervenção do Estado no campo social, as reflexões de Arnaldo Süssekind (2004, p. 28) indicam apenas a necessidade de definir a **intensidade da ação interventiva**, dentro do contraponto ao liberalismo ditado pela construção contemporânea do Estado Social, permitindo o real dimensionamento do suporte institucional indispensável para se evitar o mero retrocesso social, vejamos: "*A maior ou menor intervenção do Estado nas relações do trabalho depende tanto do sistema econômico adotado pelo respectivo regime jurídico-político quanto da possibilidade **real de os sindicatos de trabalhadores conseguirem, pela negociação coletiva, a estipulação de condições de trabalho adequadas**, ou a complementação das fixadas por Lei*".

Nesse sentido, houve uma intervenção legislativa crescente na questão social, patrocinada pelo Estado, denotando verdadeira hipertrofia legislativa formada por um conjunto de normas heterônomas de proteção social de cunho paternalista, e sem qualquer tradição de um **movimento Sindical** robusto e independente no Brasil, estas entidades foram literalmente **cooptadas pelo aparato institucional do Estado**, simbiose organizacional que permitira a intervenção direta do Ministério do Trabalho e Emprego em questões *interna corporis*, dos Sindicatos, bem como na condução de uma política pública de pleno emprego de apelo eminentemente desenvolvimentista.

Este viés interventivo, até pelo apelo social da disciplina, não é exclusividade do direito do trabalho, será encontrado nas disposições do direito de família, do consumidor, ambiental e previdenciário; uma clara **tendência de publicização do direito privado**, todas as vezes que a relação social subjacente, permeada pelo interesse da própria coletividade, justifique a adoção da medida, de modo a garantir o indispensável reequilíbrio das relações sociais, e a preservação do objetivo fundamental da constituição intencionando o florescimento de uma sociedade justa e solidária (art. 3º, I, da CF/88).

Já a Carta Constitucional de 1937, teve seu viés autoritário retratado por Mozart Victor Russomano (1997, p. 19) uma vez que do ponto de vista político representou um sensível retrocesso às instituições nacionais, com o abandono dos critérios democráticos e pelo uso, em larga escala, dos exemplos das legislações nazista e fascista, que floresciam, na Europa, com ares de vitória e tinturas de perenidade. O art. 138, ao disciplinar o Sindicato, como já mencionado cooptado

---

(16) Art. 121. A lei promoverá o amparo da produção e estabelecerá as condições do trabalho, na cidade e nos campos, tendo em vista a proteção social do trabalhador e os interesses econômicos do País. § 1º A legislação do trabalho observará os seguintes preceitos, além de outros que colimem melhorar as condições do trabalhador: a) proibição de diferença de salário para um mesmo trabalho, por motivo de idade, sexo, nacionalidade ou estado civil; b) salário mínimo, capaz de satisfazer, conforme as condições de cada região, às necessidades normais do trabalhador; c) trabalho diário não excedente de oito horas, reduzíveis, mas só prorrogáveis nos casos previstos em lei; d) proibição de trabalho a menores de 14 anos; de trabalho noturno a menores de 16 e em indústrias insalubres, a menores de 18 anos e a mulheres; e) repouso hebdomadário, de preferência aos domingos; f) férias anuais remuneradas; g) indenização ao trabalhador dispensado sem justa causa; h) assistência médica e sanitária ao trabalhador e à gestante, assegurando a esta descanso antes e depois do parto, sem prejuízo do salário e do emprego, e instituição de previdência, mediante contribuição igual da União, do empregador e do empregado, a favor da velhice, da invalidez, da maternidade e nos casos de acidentes de trabalho ou de morte; i) regulamentação do exercício de todas as profissões; j) reconhecimento das convenções coletivas, de trabalho. § 2º Para o efeito deste artigo, não há distinção entre o trabalho manual e o trabalho intelectual ou técnico, nem entre os profissionais respectivos.

pelo aparato institucional do Estado, ao exercer função delegada do Poder Público, introduzia no sistema o **"imposto sindical"** ao dispor: *"A associação profissional ou sindical é livre. Somente, porém, o sindicato regularmente reconhecido pelo Estado tem o direito de representação legal dos que participarem da categoria de produção para que foi constituído, e de defender-lhes os direitos perante o Estado e as outras associações profissionais,* **estipular contratos coletivos de trabalho obrigatórios para todos os seus associados, impor-lhes contribuições e exercer** *em relação a eles* **funções delegadas de Poder Público"**.

No que concerne, porém, ao Direito do Trabalho, a Carta de 1937 foi um estímulo ao avanço da legislação, porque os regimes nazifascistas, especialmente a ditadura de Mussolini na Itália, punham sua tônica sobre as leis de proteção do trabalho, iniciando-se uma etapa de **euforia no crescimento numérico e qualitativo das leis trabalhistas brasileiras**, inclusive com o **intuito político de seduzir e aliciar as grandes massas operárias** em torno do poder constituído.

Segundo o texto constitucional outorgado por Getúlio Vargas com o apoio das forças armadas, que deixava entrever nítidos traços autoritários, passou a ser admitida a **intervenção deliberada do Estado no domínio econômico**, eis que o art. 135 permitia: *"**Coordenar os fatores de produção de maneira a evitar ou resolver os seus conflitos** e introduzir, no jogo das competições individuais, o pensamento dos interesses da nação, representado pelo Estado"*. Estar-se-ia diante de uma representação monopolística da classe operária, imposição de contribuições de caráter compulsório, e a declaração da greve e do *locaute* como recursos antissociais nocivos ao trabalho e ao capital e incompatíveis com os superiores interesses da produção nacional.

Posteriormente, ao discutir o papel do Estado no contexto político e ideológico dominante do neoliberalismo, vivenciado nos dias atuais, Luiz Carlos Amorim Robortella, na obra O moderno direito do trabalho (1994, p. 73), firma posição no sentido de que: *"**cabe ao Estado restituir à sociedade as prerrogativas e responsabilidades que lhe pertencem e cessar de monopolizar as intervenções sociais**. Deve reencontrar seu papel de regulador do jogo social, abandonado a pretensão de tudo regular"*.

À época, Orlando Gomes (SÜSSEKIND, 1997, p. 73) enalteceu a importância da promulgação da CLT, ao permitir a integração dos trabalhadores nos círculo dos direitos fundamentais, sem o qual nenhuma civilização é digna deste nome, e além do mais, a função própria das leis que antecipam os fatos, levando à frente a profilaxia dos inevitáveis conflitos sociais.

Posteriormente, a Constituição Federal de 1946, animada por um sopro democrático que decorre da vitória dos Aliados na 2ª Grande Guerra Mundial (1939-1945), passa a fomentar uma reviravolta democrática na condução do Estado, sentimento que transparece a partir do texto do art. 145: *"**A economia deve ser organizada conforme os princípios de justiça social, conciliando a liberdade de iniciativa com a valorização do trabalho humano**"*, destacando um intervencionismo moderado Estado, em comparação com o sistema anterior[17].

---

(17) Art. 157. A legislação do trabalho e a da previdência social obedecerão nos seguintes preceitos, além de outros que visem à melhoria da condição dos trabalhadores:
I — salário mínimo capaz de satisfazer, conforme as condições de cada região, as necessidades normais do trabalhador e de sua família; II — proibição de diferença de salário para um mesmo trabalho por motivo de idade, sexo, nacionalidade ou estado civil; III — salário do trabalho noturno superior ao do diurno; IV — participação obrigatória e direta do trabalhador nos lucros da empresa, nos termos e pela forma que a lei determinar; V — duração diária do trabalho não excedente a oito horas, exceto nos casos e condições previstos em lei; VI — repouso semanal remunerado, preferentemente aos domingos e, no limite das exigências técnicas das empresas, nos feriados civis e religiosos, de acordo com a tradição local; VII — férias anuais remuneradas; VIII — higiene e segurança do trabalho; IX — proibição de trabalho a menores de quatorze anos; em indústrias insalubres, a mulheres e a menores, de dezoito anos; e de trabalho noturno a menores de dezoito anos, respeitadas, em qualquer caso, as condições estabelecidas em lei e as exceções admitidas pelo Juiz competente; X — direito da gestante a descanso antes e depois do parto, sem prejuízo do emprego nem do

No contexto do Golpe Militar de 1964, foi promulgada a Constituição Federal de 1967 e EC n. 1/69, de forte carga autoritária (durante o Governo do General Costa e Silva foi baixado o Ato Institucional n. 5 — em 13 de dezembro de 1968 — o instrumento mais autoritário da história política do Brasil — prevendo no art. 2º o fechamento do Congresso Nacional), o que certamente influenciou suas disposições, vejamos: i) Instituição do Imposto Sindical; ii) greve como direito subjetivo do trabalhador (art. 165, XXI), salvo no serviço público e atividades essenciais; iii) ampliação do rol mínimo de direitos (art. 158), como a previsão do FGTS como regime opcional; e, iv) participação dos Juízes Classistas na Justiça do Trabalho, representantes da categoria profissional e da atividade econômica (arts. 141 e 142)[18].

Como síntese de todo este processo evolutivo, podemos identificar na Constituição Federal de 1988 um processo de rompimento institucional capaz de promover a transição de um regime autoritário para um democrático, estribado nos direitos fundamentais e na sua perspectiva da proteção coletiva destes mesmos direitos, dissociado do modelo individualista até então vigente. Nas palavras de Arnaldo Süssekind (2004, p. 49), o rol dos direitos sociais mínimos, do art. 7º da CF, deve ser considerado como clausulas pétreas (art. 60, § 4º, IV, da CF), com a flexibilização de direitos em tópicos importantes (VI, XIII e XIV), desde que ajustado por Convenção ou Acordo Coletivo de Trabalho, modelo de **flexibilização mediante tutela sindical** (art. 8º, VI, da CF)[19].

---

salário; XI — fixação das percentagens de empregados brasileiros nos serviços públicos dados em concessão e nos estabelecimentos de determinados ramos do comércio e da indústria; XII — estabilidade, na empresa ou na exploração rural, e indenização ao trabalhador despedido, nos casos e nas condições que a lei estatuir; XIII — reconhecimento das convenções coletivas de trabalho; XIV — assistência sanitária, inclusive hospitalar e médica preventiva, ao trabalhador e à gestante; XV — assistência aos desempregados; XVI — previdência, mediante contribuição da União, do empregador e do empregado, em favor da maternidade e contra as consequências da doença, da velhice, da invalidez e da morte; XVII — obrigatoriedade da instituição do seguro pelo empregador contra os acidentes do trabalho.
§ 1º Não se admitirá distinção entre o trabalho manual ou técnico e o trabalho intelectual, nem entre os profissionais respectivos, no que concerne a direitos, garantias e benefícios.
§ 2º Nenhuma prestação de serviço de caráter assistencial ou de benefício compreendido na previdência social poderá ser criada, majorada ou estendida sem a correspondente fonte de custeio total.
(18) Art. 157. A ordem econômica tem por fim realizar a justiça social, com base nos seguintes princípios:
I — liberdade de iniciativa; II — valorização do trabalho como condição da dignidade humana; III — função social da propriedade; IV — harmonia e solidariedade entre os fatores de produção; V — desenvolvimento econômico; VI — repressão ao abuso do poder econômico, caracterizado pelo domínio dos mercados, a eliminação da concorrência e o aumento arbitrário dos lucros. [...]
Art. 158. A Constituição assegura aos trabalhadores os seguintes direitos, além de outros que, nos termos da lei, visem à melhoria, de sua condição social: I — salário mínimo capaz de satisfazer, conforme as condições de cada região, as necessidades normais do trabalhador e de sua família; II — salário-família aos dependentes do trabalhador; III — proibição de diferença de salários e de critérios de admissões por motivo de sexo, cor e estado civil; IV — salário de trabalho noturno superior ao diurno; V — integração do trabalhador na vida e no desenvolvimento da empresa, com participação nos lucros e, excepcionalmente, na gestão, nos casos e condições que forem estabelecidos; VI — duração diária do trabalho não excedente de oito horas, com intervalo para descanso, salvo casos especialmente previstos; VII — repouso semanal remunerado e nos feriados civis e religiosos, de acordo com a tradição local; VIII — férias anuais remuneradas; IX — higiene e segurança do trabalho; X — proibição de trabalho a menores de doze anos e de trabalho noturno a menores de dezoito anos, em indústrias insalubres a estes e às mulheres; XI — descanso remunerado da gestante, antes e depois do parto, sem prejuízo do emprego e do salário; XII — fixação das percentagens de empregados brasileiros nos serviços públicos dados em concessão e nos estabelecimentos de determinados ramos comerciais e Industriais; XIII — estabilidade, com indenização ao trabalhador despedido, ou fundo de garantia equivalente; XIV — reconhecimento das convenções coletivas de trabalho; XV — assistência sanitária, hospitalar e médica preventiva; XVI — previdência social, mediante contribuição da União, do empregador e do empregado, para seguro-desemprego, proteção da maternidade e, nos casos de doença, velhice, invalidez e morte; XVII — seguro obrigatório pelo empregador contra acidentes do trabalho.
(19) Art. 7º São direitos dos trabalhadores urbanos e rurais, além de outros que visem à melhoria de sua condição social:
I — relação de emprego protegida contra despedida arbitrária ou sem justa causa, nos termos de lei complementar, que preverá indenização compensatória, dentre outros direitos; II — seguro-desemprego, em caso de desemprego involuntá-

HISTÓRICO DAS CONSTITUIÇÕES NO BRASIL

- **(i) 1824 Império:** liberdade do trabalho com a abolição das corporações de ofício.
- **(ii) 1891 República:** não intervenção do estado nas relações privadas.
- **(iii) 1934 Social:** previsão de um rol mínimo de direito trabalhistas no art. 121.
- **(iv) 1937 Autoritária - Estado Novo:** intervenção deliberada do Estado no domínio econômico.
- **(v) 1946 Democrática:** reconhecimento do direito de greve e integração da Justiça do Trabalho na estrutura orgânica do Poder Judiciário.
- **(vi) 1967 e EC n° 1/69:** Regime Militar.

rio; III — fundo de garantia do tempo de serviço; IV — salário mínimo, fixado em lei, nacionalmente unificado, capaz de atender a suas necessidades vitais básicas e às de sua família com moradia, alimentação, educação, saúde, lazer, vestuário, higiene, transporte e previdência social, com reajustes periódicos que lhe preservem o poder aquisitivo, sendo vedada sua vinculação para qualquer fim; V — piso salarial proporcional à extensão e à complexidade do trabalho; VI — irredutibilidade do salário, salvo o disposto em convenção ou acordo coletivo; VII — garantia de salário, nunca inferior ao mínimo, para os que percebem remuneração variável; VIII — décimo terceiro salário com base na remuneração integral ou no valor da aposentadoria; IX — remuneração do trabalho noturno superior a do diurno; X — proteção do salário na forma da lei, constituindo crime sua retenção dolosa; XI — participação nos lucros, ou resultados, desvinculada da remuneração, e, excepcionalmente, participação na gestão da empresa, conforme definido em lei; XII — salário-família pago em razão do dependente do trabalhador de baixa renda nos termos da lei; XIII — duração do trabalho normal não superior a oito horas diárias e quarenta e quatro semanais, facultada a compensação de horários e a redução da jornada, mediante acordo ou convenção coletiva de trabalho; XIV — jornada de seis horas para o trabalho realizado em turnos ininterruptos de revezamento, salvo negociação coletiva; XV — repouso semanal remunerado, preferencialmente aos domingos; XVI — remuneração do serviço extraordinário superior, no mínimo, em cinquenta por cento a do normal; XVII — gozo de férias anuais remuneradas com, pelo menos, um terço a mais do que o salário normal; XVIII — licença à gestante, sem prejuízo do emprego e do salário, com a duração de cento e vinte dias; XIX — licença-paternidade, nos termos fixados em lei; XX — proteção do mercado de trabalho da mulher, mediante incentivos específicos, nos termos da lei; XXI — aviso prévio proporcional ao tempo de serviço, sendo no mínimo de trinta dias, nos termos da lei; XXII — redução dos riscos inerentes ao trabalho, por meio de normas de saúde, higiene e segurança; XXIII — adicional de remuneração para as atividades penosas, insalubres ou perigosas, na forma da lei; XXIV — aposentadoria; XXV — assistência gratuita aos filhos e dependentes desde o nascimento até 5 (cinco) anos de idade em creches e pré-escolas; XXVI — reconhecimento das convenções e acordos coletivos de trabalho; XXVII — proteção em face da automação, na forma da lei; XXVIII — seguro contra acidentes de trabalho, a cargo do empregador, sem excluir a indenização a que este está obrigado, quando incorrer em dolo ou culpa. [...].

1.5. Constitucionalismo social e os limites da Reforma Trabalhista

Neste ponto devemos refletir a respeito da **importância da teoria dos direitos fundamentais** na preservação do núcleo inalterável de direitos trabalhistas previstos, garantidos e perseguidos no texto constitucional, verdadeiro alicerce capaz de garantir no momento seguinte a aprovação legislativa da reforma o pleno exercício do sistema de freios e contrapesos por meio da intervenção do Poder Judiciário, não obstante as **críticas** recentes a respeito do **ativismo judicial**, entendido como o modo proativo e expansionista de interpretação da Constituição Federal, especialmente quando proveniente da Justiça do Trabalho, uma vez que representa elevação de custo da força de trabalho pela perspectiva de uma visão eminentemente conservadora, e por outro lado, o controle que se pretende no bojo da reforma a respeito deste fenômeno reside na **reafirmação do princípio da legalidade** como diretriz do sistema constitucional em particular, e do democrático em geral.

Inicialmente seria interessante destacar o contraponto feito por Arion Sayão Romita (2014, p. 25) entre a força normativa dos **direitos fundamentais** e o **conceito de ordem pública**, uma vez que já sustentamos em linhas pretéritas que a ordem pública (art. 17 da LINDB)[20], está representada no direito do trabalho pela imperatividade das normas trabalhistas, com o efeito direto de restringir a liberdade contratual, corolário do princípio da autonomia da vontade, e agora esta mesma ordem pública, a partir da guinada promovida na direção da legalidade e segurança jurídica pela Reforma Trabalhista, deve se submeter aos preceitos fundamentais da Constituição Federal para efeito de controle, vejamos a posição do referido autor: *"As relações entre a ordem pública e os direitos fundamentais podem ser entendidos de duas maneiras. Inicialmente, a **ordem pública está subordinada aos direitos fundamentais**, até porque ela é instrumental, no sentido de que serve para garantir os direitos fundamentais [...] no Estado Democrático de Direito, a ordem pública é consubstancial e coexistente com os direitos fundamentais, pois é ela que delimita o exercício dos direitos, porém, reciprocamente, os **direitos fundamentais contribuem para lastrear a ordem pública** [...] nesta modalidade de Estado, a ordem pública não dispõe de autonomia: vale em razão de sua função, que é a de proteger os direitos fundamentais"*.

Contudo, na "queda de braço" entre o legalismo e a força normativa dos princípios constitucionais de natureza fundamental, entendemos com Roberto Lyra Filho (1981, p. 16) que os **desafios sociais renovados no tempo**, talvez diante de um período prolongado de estagnação econômica que permeia a Reforma Trabalhista, sempre exigirão **respostas inovadoras do sistema de normatização das condutas sociais**, apenas para aqueles que identificam na reforma um movimento deliberado no sentido da modernização das regras trabalhistas no Brasil, franqueando-lhe a legitimidade de sua própria existência, motivo pelo qual o **suporte teórico entre as vertentes filosóficas** do **juspositivismo e jusnaturalismo**[21] devem sempre se **alternar no tempo**, obedecendo a um **movimento pendular**, e as construções e percepções jurídicas oscilam entre cada um destes epicentros, movimento que fica evidente a partir da proposta de redação do art. 8º, § 2º, da CLT, apto a limitar o teor das Súmulas do Tribunal Superior do Trabalho e Tribunais Regionais do Trabalho, já que na parte final não permite por meio destes enunciados: *"restringir direitos legalmente previstos nem criar obrigações que não estejam previstas em lei"*, negando-lhes a natureza de

---

(20) Art. 17. As **leis, atos e sentenças de outro país**, bem como **quaisquer declarações de vontade**, não **terão eficácia no Brasil**, quando **ofenderem** a soberania nacional, a **ordem pública** e os bons costumes.
(21) Esta observação deve ser complementada pela posição de Antônio Alberto Machado (2009, p. 47), sobre a confluência, para quem os positivistas encaram o direito natural como a fonte de legitimidade do direito posto, e por seu turno os jusnaturalistas encaram o direito posto como o meio de se concretizar os ideais do direito natural, tratando-se, na verdade, muito mais de complementaridade do que, propriamente, uma relação de confronto.

ato-regra, de valor prescritivo a respeito das normas de condutas intencionadas pelos centros de poder instituídos ao longo da Constituição Federal.

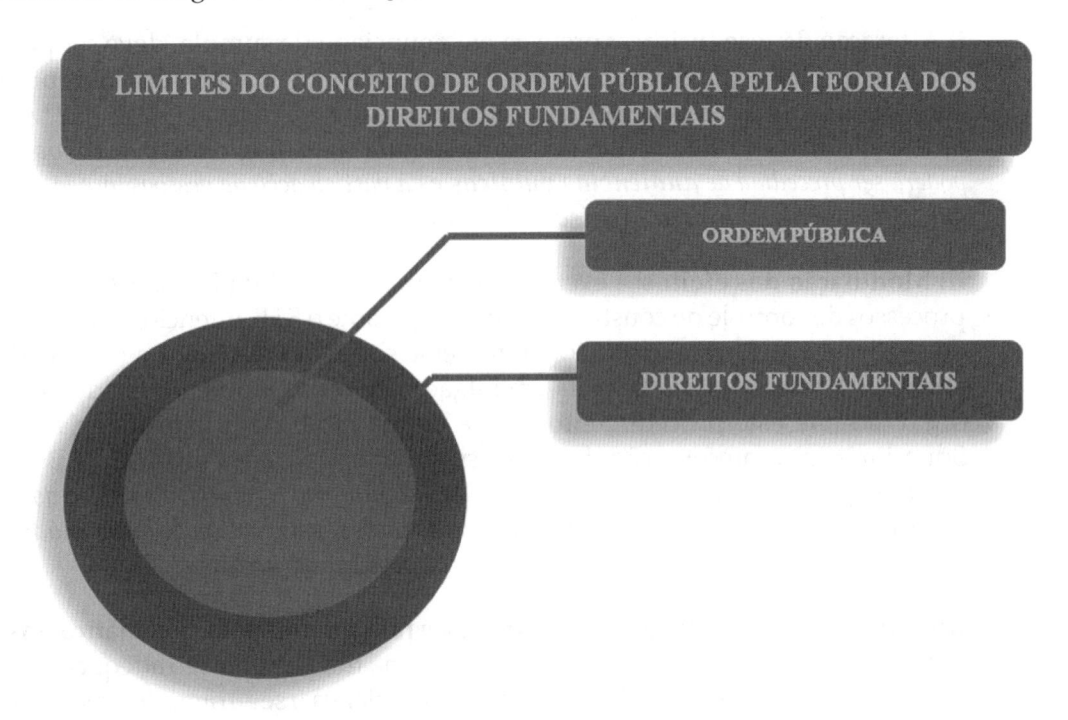

LIMITES DO CONCEITO DE ORDEM PÚBLICA PELA TEORIA DOS DIREITOS FUNDAMENTAIS

- ORDEM PÚBLICA
- DIREITOS FUNDAMENTAIS

A respeito da nova modelagem assumida pela **jurisprudência** no sistema jurídico pátrio é imprescindível destacar o **novo marco jurídico** que decorre da disciplina do Código de Processo Civil de 2015, independentemente da remodelação a ser proposta na teoria do geral do direito ao passar a utilizá-la como fonte primária do direito, como ato-regra capaz de regulamentar as relações sociais, fonte normativa dotada de coercibilidade diante do seu flagrante descumprimento. Ainda que categoricamente não seja possível responder afirmativamente esta indagação, não há dúvidas quanto a aproximação entre o sistema da *civil law* com o da *common law* intencionalmente e de forma deliberada a partir do Código de Processo Civil de 2015, reservando um papel de destaque para os precedentes judiciais. Pela primeira vez passamos a ter no sistema um regime jurídico próprio para a regulamentação do que venha a ser um precedente, uma vez que o art. 926 do CPC passa a exigir dos tribunais o dever jurídico de uniformizar sua própria jurisprudência e mantê-la *"estável, íntegra e coerente"*, requisitos objetivos a sua própria validade, sem estar atrelada à análise de um caso concreto (§ 2º)[22].

A funcionalidade do sistema, com a vinculação dos precedentes, encontra-se disciplinada no art. 927 do CPC[23] (com as adaptações no âmbito trabalhista pelo art. 15 da IN n. 39/16 do TST)

---

(22) Art. 926. Os **tribunais devem uniformizar sua jurisprudência** e **mantê-la estável, íntegra e coerente**.
§ 1º Na forma estabelecida e segundo os pressupostos fixados no regimento interno, **os tribunais editarão enunciados de súmula correspondentes a sua jurisprudência dominante**.
§ 2º **Ao editar enunciados de súmula**, os **tribunais devem ater-se** às **circunstâncias fáticas dos precedentes que motivaram sua criação**.
(23) Art. 927. Os **juízes e os tribunais observarão**:
I — as **decisões do Supremo Tribunal Federal em controle concentrado** de constitucionalidade;
II — os **enunciados de súmula vinculante**;
III — os **acórdãos em incidente de assunção de competência** ou de **resolução de demandas repetitivas** e em **julgamento de recursos extraordinário e especial repetitivos**;

que nos seus parágrafos estabelece algumas regras capazes de preservar a **segurança jurídica** deste mesmo sistema, vejamos:

i) Alteração da tese jurídica: prevista em enunciado de súmula, deve ser precedida de audiência pública que assegure ampla discussão da matéria pelos órgãos representativos com interesses e aderência ao objeto em discussão no Tribunal (§ 2º): *"§ 2º A **alteração de tese jurídica adotada em enunciado de súmula** ou em **julgamento de casos repetitivos** poderá ser precedida de **audiências públicas** e da participação de pessoas, órgãos ou entidades que possam contribuir para a **rediscussão da tese**".*

ii) Modulação dos efeitos: a exemplo da regra do art. 27 da Lei n. 9.868/99, restrita aos processos de controle de constitucionalidade perante o STF, intencionando a preservação da segurança jurídica e excepcional interesse social, ao restringir a eficácia da decisão (efeito *erga omnes*) ao seu trânsito em julgado, ou outro momento fixado pelo tribunal, o § 3º admite este procedimento diante da alteração da jurisprudência de Tribunal Superior, com a preservação de interesse social e segurança jurídica: *"§ 3º Na hipótese de **alteração de jurisprudência dominante** do Supremo Tribunal Federal e dos **tribunais superiores** ou daquela oriunda de julgamento de casos repetitivos, pode haver **modulação dos efeitos** da alteração no **interesse social** e no da **segurança jurídica**".*

iii) Modificação jurisprudência pacificada e julgamento pela sistemática dos recursos repetitivos: necessidade da apresentação de uma fundamentação adequado e específica para a alteração, assegurando a proteção da confiança e segurança jurídica (§ 4º): *"§ 4º A modificação de enunciado de súmula, de jurisprudência pacificada ou de tese adotada em julgamento de casos repetitivos observará a necessidade de **fundamentação adequada e específica**, considerando os **princípios da segurança jurídica**, da **proteção da confiança** e da isonomia".*

iv) Publicidade dos enunciados: os Tribunais deverão dar publicidade aos seus precedentes, organizando-os por matéria, com a divulgação pela rede mundial de computadores (§ 5º): *"§ 5º Os **tribunais darão publicidade a seus precedentes**, organizando-os por questão jurídica decidida e divulgando-os, preferencialmente, na rede mundial de computadores".*

Assegurando a efetividade dos precedentes, o art. 932 do CPC trata **do novo papel do relator** no processo, ampliando sua atuação ao admitir a adoção de **decisões monocráticas**, nos termos

---

IV — os **enunciados das súmulas do Supremo Tribunal Federal em matéria constitucional** e do **Superior Tribunal de Justiça** em **matéria infraconstitucional**;
V — a **orientação do plenário** ou do **órgão especial** aos quais estiverem vinculados.
§ 1º Os **juízes e os tribunais observarão o disposto no art. 10 e no art. 489, § 1º, quando decidirem com fundamento neste artigo.**
Art. 15. O atendimento à exigência legal de fundamentação das decisões judiciais (CPC, art. 489, § 1º) **no Processo do Trabalho observará o seguinte:**
I — **por força dos arts. 332 e 927 do CPC, adaptados ao Processo do Trabalho,** para efeito dos incisos V e VI do § 1º do art. 489 considera-se **"precedente"** apenas:
a) **acórdão proferido pelo Supremo Tribunal Federal** ou pelo **Tribunal Superior do Trabalho em julgamento de recursos repetitivos** (CLT, art. 896-B; CPC, art. 1.046, § 4º);
b) **entendimento firmado em incidente de resolução de demandas repetitivas** ou de **assunção de competência**;
c) decisão do **Supremo Tribunal Federal em controle concentrado** de constitucionalidade;
d) **tese jurídica prevalecente em Tribunal Regional do Trabalho e não conflitante com súmula ou orientação jurisprudencial do Tribunal Superior do Trabalho (CLT, art. 896, § 6º);**
e) **decisão do plenário, do órgão especial ou de seção especializada competente para uniformizar a jurisprudência do tribunal** a que o juiz estiver vinculado ou do Tribunal Superior do Trabalho.

do inciso IV, deverá negar provimento ao recurso contrário: i) súmula do Supremo Tribunal Federal, do Superior Tribunal de Justiça ou do próprio tribunal; ii) acórdão proferido pelo Supremo Tribunal Federal ou pelo Superior Tribunal de Justiça em julgamento de recursos repetitivos; e, iii) entendimento firmado em incidente de resolução de demandas repetitivas ou de assunção de competência.

Estas discussões permitirão ao intérprete indagar quais os limites impostos pela Teoria dos Direitos Fundamentais à Reforma Trabalhista, com origem na construção histórica do Constitucionalismo Sociais, cujas principais reminiscências deste movimento de inserção da proteção social no texto constitucional podem ser reveladas por meio das manifestações incipientes havidas na **Constituição do México (1917)** e na da **Alemanha de Weimar (1919)**, promovendo o conceito das democracias sociais, de modo a permitir: a participação dos trabalhadores nas empresas, a instituição dos esquemas de seguros sociais e a representação dos trabalhadores na empresa.

Esse movimento foi retratado por Sergio Pinto Martins (2014, p. 9) da seguinte forma: *"A partir do término da Primeira Guerra Mundial, surge o que pode ser chamado de **constitucionalismo social**, que é a inclusão nas constituições de preceitos relativos à defesa social da pessoa, de normas de interesse social e de garantia de certos direitos fundamentais, incluindo o Direito do Trabalho".*

Flávia Piovesan (2008, p. 33) destaca a **topografia** constitucional dos direitos fundamentais de inegável **carga simbólica**, elevados a condição insofismável de cláusulas pétreas, que permitem a modelagem e **definição dos limites do poder institucionalizado** (delimitação dos **poderes constituídos**), definindo, de modo paradigmático, a construção orgânica do Estado subsequente, algo semelhante do que ocorre com o direito do trabalho ao expressar a natureza de indisponibilidade das normas de proteção do trabalhador, conteúdo mínimo do contrato de trabalho expresso por meio de condições do trabalho, que passam ao largo da liberdade de contratar das partes, e precedem a própria disciplina do contrato de trabalho, o que fica evidente nas palavras de Alexandre Marcondes Filho, na exposição de motivos da CLT, vejamos: *"[...] em relação aos contratos de trabalho, cumpre esclarecer que a precedência das "normas" de tutela sôbre os 'contratos' acentuou que a **ordem institucional ou estatutária prevalece sôbre a concepção contratualista** [...] a análise do conteúdo da nossa legislação social provava exuberantemente a **primazia do caráter institucional sôbre o efeito do contrato**, restrito êste à objetivação do ajuste, à determinação do salário e à estipulação da natureza dos serviços e isso mesmo dentro de **standards** e **sob condições preestabelecidas na lei** [...] ressaltar essa expressão peculiar constituiria certamente uma conformação com a realidade e com a **filosofia do novo Direito**, justificando-se assim a **ênfase inicial atribuída à enumeração das normas de proteção ao trabalho, para somente em seguida ser referido o contrato individual"**.*

A primazia jurídica do valor dignidade da pessoa humana, no contexto contemporâneo, corresponde à resposta institucional no âmbito da comunidade jurídica internacional (incrustado na consciência universal) a "**crise do positivismo jurídico**", eis que os regimes totalitários do fascismo e nazismo foram movimentos políticos e militares que ascenderam ao poder dentro de um quadro de legalidade, e promoveram a barbárie em nome da lei, os principais acusados em *Nuremberg* invocaram o cumprimento da lei e a obediência a ordens emanadas de autoridade competente como justificativa aos crimes cometidos, havendo consenso ao entorno de um repúdio à concepção positivista de um ordenamento indiferente aos postulados éticos, confinado à ótica meramente formal.

Neste contexto, em 1919, por meio da Conferência da Paz, houve a criação da OIT (Organização Internacional do Trabalho), organismo internacional que intenciona promover a internacionalização das normas sociais-trabalhistas, e segundo o art. 427 do Tratado de Versalhes não se admite que o trabalho seja tratado como **mercadoria**, como insumo do sistema de produção vigente. Referidos postulados, foram consagrados posteriormente, após a 2ª Guerra Mundial, nas disposições da Declaração Universal dos Direitos Humanos de 1948, segundo o art. XXIII, item "1": *"Todo ser* *humano tem direito ao trabalho, à livre escolha de emprego, a* **condições justas e favoráveis de trabalho e à proteção contra o desemprego***".*

Especialmente, com a construção da teoria dos direitos fundamentais, que dão sustentação a tese pós-positivista, a teoria jurídica permite a existência de movimento pendular entre o jusnaturalismo e juspositivismo para ser alcançando um ponto de **equilíbrio** entre estes dois extremos, representando de um lado pela **segurança jurídica** e do outro no sentido de não se admitir o **retrocesso social** em relação às normas de proteção social incrustadas no texto constitucional, proteção esta, idealizada no contexto da centralidade que a dignidade da pessoa humana assume diante da CF/88, uma vez que a teoria dos direitos fundamentais assentada na força normativa dos princípios constitucionais e a aplicação do critério de ponderação dos valores expressados por aqueles, já encontram assento no ordenamento infraconstitucional, não pela perspectiva da validade/eficácia, mas especialmente por uma questão didática, vejamos: i) *art. 1º O processo civil será* ***ordenado, disciplinado e interpretado conforme os valores e as normas fundamentais estabelecidos na*** *Constituição da República Federativa do Brasil, observando-se as disposições deste Código;* ii) *art. 8º Ao aplicar o ordenamento jurídico, o juiz atenderá aos fins sociais e às exigências do bem comum, resguardando e* ***promovendo a dignidade da pessoa humana e observando a proporcionalidade, a razoabilidade****, a legalidade, a publicidade e a eficiência;* iii) *art. 489, § 2º. No caso de* **colisão entre normas***, o juiz deve justificar o objeto e os* **critérios gerais da ponderação** *efetuada, enunciando as razões que autorizam a* **interferência na norma afastada** *e as premissas fáticas que fundamentam a conclusão.*

Vale destacar, na ótica de Paulo Bonavides (2011, p. 76), a importância e o conteúdo alcançado pelo princípio da razoabilidade dentro da perspectiva da nova teoria do Direito Constitucional, um verdadeiro princípio que se move no sentido de *"****compatibilizar*** *a consideração das* ***realidades não captadas pelo formalismo jurídico****, ou por este marginalizadas".*

Nesse sentido, Maurício Godinho Delgado (2014, p. 1403) dissertando a respeito dos **direitos fundamentais** de segunda dimensão, que envolve as prestações positivas em matéria social e econômica, que engloba tanto o direito do trabalho quanto o direito previdenciário, noticia a existência de um **patamar civilizatório mínimo**, que passa ao largo das teses que pretendem promover a desarticulação do *welfare state*, uma vez que o texto constitucional, com a estabilidade peculiar das cláusulas pétreas (art. 60, § 4º, IV, da CF) deve assegurar:

> **i) Normas constitucionais em geral:** previsão de um rol mínimo de disposições fundamentais em matéria trabalhista no art. 7º da CF, respeitadas, é claro, as ressalvas parciais dos incisos VI, XIII e XIV;
>
> **ii) Normas de tratados e convenções internacionais:** vigorantes no plano interno brasileiro pela cláusula de abertura do art. 5º, § 2º, CF/88, uma vez que estas regras expressam um patamar civilizatório próprio do mundo ocidental;
>
> **iii) Normas legais infraconstitucionais:** que asseguram patamares de cidadania ao indivíduo que labora (preceitos relativos à saúde e segurança no trabalho, normas concernentes à base salarial mínima, normas de identificação profissional, dispositivos antidiscriminatórios etc.).

Dentro desta perspectiva doutrinária, o substitutivo apresentado pelo Deputado Rogério Marinho ao Projeto de Lei n. 6.787/16 (Reforma Trabalhista), aprovado pelo Plenário da Câmara dos Deputados e que seguiu para o Senado Federal para deliberação, veio a sugerir nova redação ao art. 611-B da CLT[24], com a intenção deliberada de estabelecer um **novo marco regulatório** aos

---

(24) A nova redação do art. 611-B da CLT dispõe: "**Constituem objeto ilícito de convenção coletiva ou de acordo coletivo de trabalho, exclusivamente, a supressão ou a redução dos seguintes direitos**: I — normas de identificação

limites da negociação coletiva, o que poderia ser justificado pela preocupação da classe empresarial quanto à segurança jurídica da possibilidade franqueada ao artigo anterior, o art. 611-A da CLT, emblemático na regulamentação do trabalho no Brasil, ao admitir um **novo paradigma**, um novo sistema de valores, lastreado na prevalência do negociado sobre o legislado, sem que houvesse consenso na Justiça do Trabalho (não houve pela evidente carga social do tema, uma reedição do pacto republicano que culminou com a reforma do Poder Judiciário por meio da edição da EC n. 45/04, com efeito de estacar a chaga da morosidade do Poder Judiciário no Brasil), o que certamente acarretará o pleno exercício do sistema de freios e contrapesos por meio do controle difuso de constitucionalidade (arts. 52, X, c/c 97, ambos da Constituição Federal), bem como o concentrado (Lei n. 9.868/99).

A certeza das dificuldades a serem encontradas é tanta que a **carga semântica** que se pretende imprimir no art. 611-A da CLT é evidente, utilizando-se inclusive da técnica legislativa do art. 62 da CF que trata da Medida Provisória, que encontra eco no sistema jurídico pátrio independentemente da consistente ineficácia dos parâmetros da relevância e urgência fixados no texto constitucional, cabe-nos destacar a que a redação original do art. 611 da CLT já franqueava a natureza de norma jurídica aos ACT e CCT ao destacar sua **"ação normativa"**, e por via de consequência, no novo texto a expressão será substituída pela expressão **"força de lei"**, com a finalidade de que haja o efetivo respeito do negociado pela Justiça do Trabalho dentro de uma concepção jurisdicional eminentemente positivista/legalista, sendo que na tramitação perante o Senado Federal do PLC n. 38/17, a expressão foi novamente alterada para **"têm prevalência sobre a lei"**, mantendo a intenção vinculativa que decorre da concreção do conteúdo da legalidade, ao negar, simultaneamente, o espaço conquistado no sistema pela teoria dos direitos fundamentais, seja pelos parâmetros decisórios do art. 8º do NCPC que incorpora o princípio da razoabilidade, expressão máxima da fórmula do pós-positivismo contemporânea, lastreado na força normativa dos princípios constitucionais, seja pela necessidade do Juiz, no contexto do ativismo judicial, de justificar/fundamentar na decisão as balizas indispensáveis ao juízo de ponderação proposto, a teor do art. 489, § 2º, do CPC.

---

profissional, inclusive as anotações na Carteira de Trabalho e Previdência Social; II — seguro-desemprego, em caso de desemprego involuntário; III — valor dos depósitos mensais e da indenização rescisória do Fundo de Garantia do Tempo de Serviço; IV — salário mínimo; V — valor nominal do décimo terceiro salário; VI — remuneração do trabalho noturno superior a do diurno; VII — proteção do salário na forma da lei, constituindo crime sua retenção dolosa; VIII — salário-família; IX — repouso semanal remunerado; X — remuneração do serviço extraordinário superior, no mínimo, em 50% (cinquenta por cento) a do normal; XI — número de dias de férias devidas ao empregado; XII — gozo de férias anuais remuneradas com, pelo menos, um terço a mais do que o salário normal; XIII — licença-maternidade com a duração mínima de cento e vinte dias; XIV — licença-paternidade nos termos fixados em lei; XV — proteção do mercado de trabalho da mulher, mediante incentivos específicos, nos termos da lei; XVI — aviso prévio proporcional ao tempo de serviço, sendo no mínimo de trinta dias, nos termos da lei; **XVII — normas de saúde, higiene e segurança do trabalho previstas em lei ou em normas regulamentadoras do Ministério do Trabalho**; XVIII — adicional de remuneração para as atividades penosas, insalubres ou perigosas; XIX — aposentadoria; **XX — seguro contra acidentes de trabalho, a cargo do empregador**; XXI — ação, quanto aos créditos resultantes das relações de trabalho, com prazo prescricional de cinco anos para os trabalhadores urbanos e rurais, até o limite de dois anos após a extinção do contrato de trabalho; XXII — proibição de qualquer discriminação no tocante a salário e critérios de admissão do trabalhador com deficiência; XXIII — proibição de trabalho noturno, perigoso ou insalubre a menores de dezoito anos e de qualquer trabalho a menores de dezesseis anos, salvo na condição de aprendiz, a partir de quatorze anos; XXIV — medidas de proteção legal de crianças e adolescentes; XXV — igualdade de direitos entre o trabalhador com vínculo empregatício permanente e o trabalhador avulso; XXVI — liberdade de associação profissional ou sindical do trabalhador, inclusive o direito de não sofrer, sem sua expressa e prévia anuência, qualquer cobrança ou desconto salarial estabelecidos em convenção coletiva ou acordo coletivo de trabalho; XXVII — direito de greve, competindo aos trabalhadores decidir sobre a oportunidade de exercê-lo e sobre os interesses que devam por meio dele defender; XXVIII — definição legal sobre os serviços ou atividades essenciais e disposições legais sobre o atendimento das necessidades inadiáveis da comunidade em caso de greve; XXIX — tributos e outros créditos de terceiros. Parágrafo único. Regras sobre duração do trabalho e intervalos não são consideradas como normas de saúde, higiene e segurança do trabalho para os fins do disposto neste artigo".

Outro ponto que merece destaque, diz respeito à concessão dos efeitos da ultratividade aos instrumentos de negociação coletiva, que teria por efeito o fortalecimento do Sindicato através do aumento do poder de barganha, uma vez que redação original do art. 611-A, inciso VI, do Projeto de Lei n. 6.787/16, enviado à Câmara dos Deputados estava prevista a *"ultratividade da norma ou do instrumento coletivo de trabalho da categoria"*, o que foi flagrantemente retirado no substitutivo que seguiu para tramitação no Senado Federal, por não atender os interesses do poder econômico. Com a **ultratividade da norma coletiva**, a norma coletiva válida que somente perderia validade por outra norma superveniente, independentemente do decurso do tempo (art. 614, § 3º, da CLT), a exemplo do curto período de vigência Lei n. 8.542/92: *"Art. 1º A política nacional de salários, respeitado o princípio da irredutibilidade, tem por fundamento a livre negociação coletiva e reger-se-á pelas normas estabelecidas nesta lei. § 1º **As cláusulas dos acordos, convenções ou contratos coletivos de trabalho integram os contratos individuais de trabalho e somente poderão ser reduzidas ou suprimidas por posterior acordo, convenção ou contrato coletivo de trabalho"*. Ao lado desta medida, houve a exclusão da obrigatoriedade da Contribuição Sindical, regulamentada pelo art. 580 da CLT com redação pela Lei n. 7.047/82, o que para nós seria apenas a moeda de troca para cooptação das entidades sindicais a favor da votação final do Projeto de Reforma no plenário do Senado Federal (11.7.2017), diante de sua aprovação na Comissão de Assuntos Econômicos (CAE), e o revés na Comissão de Assuntos Sociais (CAS), e retomada da aprovação por maioria na Comissão de Constituição e Justiça (CCJ), o que acabou não ocorrendo.

Ademais, vale notar que dentre o rol de matérias que deverão passar ao largo das mesas de negociação, há uma afronta direta a cláusula de abertura material do art. 5º, § 2º, da CF, uma vez que os direitos e garantias fundamentais não se restringem àqueles encartados no rol do artigo constitucional em destaque, o próprio texto contempla *"[...] direitos e garantias expressos nesta Constituição **não excluem outros decorrentes do regime e dos princípios por ela adotados**, ou dos **tratados internacionais** em que a República Federativa do Brasil seja parte"*, com impacto significativo no confronto entre o negociado e as Convenções da OIT já ratificadas pelo Brasil, ou venham a ser ratificadas, uma vez que estes instrumentos ingressam no ordenamento jurídico com *status* supralegal por força da decisão exarada pelo STF no RE n. 466.343, além é claro, do art. 27 da Convenção de Viena, que prescreve a seguinte regra: *"Uma Parte **não pode invocar as disposições do seu direito interno para justificar o incumprimento de um tratado**. Esta norma não prejudica o disposto no art. 46"*.

Neste ponto, não nos parece que intérprete teria opções interpretativas a respeito da possibilidade de cumulação dos adicionais de insalubridade e periculosidade, embora a norma interna do art. 193, § 2º, da CLT vede a cumulação dos adicionais, uma vez que o empregado deve optar por aquele que lhe seja mais vantajoso, o art. 5º, § 2º, da CF admite existência de um **bloco de constitucionalidade**, de aplicabilidade imediata nos termos do § 1º, acrescendo ao rol dos direitos fundamentais do art. 5º todas as regras celebradas por intermédio dos tratados internacionais, com natureza fundamental, haveria justificação para a aplicação do art. 11-b da Convenção n. 155 da OIT, que por sua vez, exige a proteção individualizada por agente nocivo, valendo destacar o art. 27 da Convenção de Viena, segundo o qual não pode ser alegada a existência de norma interna para impedir a efetividade da norma consentida voluntariamente no plano internacional, alinhado com a própria relativização dos conceitos de territorialidade e soberania propostos pela teoria dos direitos humanos, e neste contexto, a Seção de Dissídios Individuais I do TRT, por meio do julgamento do E-ARR-1081-60.2012.5.03.0064, relatado pelo Ministro João Oreste Dalazen, autorizou a cumulação em 28 de abril 2016[25], com decisões divergentes nas demais turmas do

---

(25) Todavia não vem sendo esta a indicação da jurisprudência dos tribunais regionais: "Súmula n. 76 do TRT da 4ª Região — ADICIONAIS DE INSALUBRIDADE E PERICULOSIDADE. ACUMULAÇÃO. IMPOSSIBILIDADE. O pagamento cumulativo dos adicionais de insalubridade e periculosidade encontra óbice no art. 193, § 2º, da CLT, o qual

Tribunal, vejamos a regra internacional: *"Art. 11, Convenção n. 155 da OIT: como medidas destinadas a dar concretização à política mencionada no art. 4º, a autoridade ou autoridades competentes deverão progressivamente assegurar as seguintes funções: [...] b) A determinação dos processos de trabalho que devam ser proibidos, limitados ou sujeitos à autorização ou à fiscalização da autoridade ou autoridades competentes, assim como a determinação das substâncias e dos agentes aos quais qualquer exposição deva ser proibida, limitada ou submetida à autorização ou à fiscalização da autoridade ou autoridades competentes;* **devem ser tomados em consideração os riscos para a saúde provocados por exposições simultâneas a várias substâncias ou agentes.**

Registramos com certa perplexidade o caminho franqueado no art. 611-A da CLT, redação dada pela Lei n. 13.467/17, permitindo a negociação coletiva em relação ao enquadramento do grau de insalubridade (inciso XII) e prorrogação das jornadas de trabalho em ambiente insalubre sem prévia licença do Ministério do Trabalho e Emprego (inciso XIII), em flagrante contraposição a regra disciplinada no art. 611-B da CLT, que veda espaço a negociação coletiva (prevalência do negociado sobre o legislado) todas as vezes que a disposição trata de normas de saúde, higiene e segurança do trabalho, previstas em lei ou em normas regulamentadoras do Ministério do Trabalho (inciso XVII).

Neste contexto, não há como deixar de refletir a respeito do tratamento dado ao meio ambiente do trabalho no texto constitucional, segundo as lições de Celso Antônio Pacheco Fiorillo o meio ambiente tutelado no texto constitucional compreende tanto o meio ambiente natural quanto o artificial, em relação a este último devemos registrar a proteção ao meio ambiente do trabalho nos termos do art. 200, inciso VIII, da CF. *Art. 200. Ao sistema único de saúde compete, além de outras atribuições, nos termos da lei: [...] VIII — colaborar na* **proteção do meio ambiente**, *nele* **compreendido o do trabalho**. Por outro lado, registramos que art. 158, IX, da Constituição Federal de 1967 já descrevia dentre o rol de direitos sociais do trabalhador a proteção relacionada com a *"higiene e segurança do trabalho"*, havendo uma alteração de paradigma com o texto do art. 7º, inciso XII, da CF, que passa a prever o **meio ambiente do trabalho equilibrado**[26] como um direito subjetivo do trabalhador. *Art. 158, CF/67 — A Constituição assegura aos trabalhadores os seguintes direitos, além de outros que, nos termos da lei, visem à melhoria, de sua condição social: [...] IX —* **higiene e segurança do trabalho.**

Diante desta nova perspectiva, ao menos dois efeitos devem ser ressaltados como corolário lógico da regra constitucional, em primeiro lugar a possibilidade de subverter a lógica da **monetarização do risco** inerente às previsões infraconstitucionais do pagamento dos adicionais de insalubridade e periculosidade, permitindo uma reparação meramente pecuniária pelo agravo impingido à incolumidade física do trabalhador, ou seja, não mais se admite que, literalmente, o trabalhador tenha a saúde consumida como mero insumo do sistema produtivo, e em segundo lugar, garantir-se-á **efetividade dos programas de gestão de risco** relacionados na Portaria n. 3.214/78 do MTE, através da concessão da **tutela específica** pelo Poder Judiciário, nos termos do

---

faculta ao empregado o direito de optar pelo adicional mais favorável. Inexistência de violação aos incisos XXII e XXIII, do art. 7º da Constituição; e ainda, SÚMULA N. 48 DO TRT DA 12ª REGIÃO: ADICIONAL DE INSALUBRIDADE. BASE DE CÁLCULO. ADICIONAIS DE INSALUBRIDADE E PERICULOSIDADE. CUMULAÇÃO. IMPOSSIBILIDADE. I — Com a edição da Súmula Vinculante n. 4 do STF, impõe-se a utilização do salário mínimo como base de cálculo do adicional de insalubridade, salvo previsão mais favorável estabelecida em acordo ou convenção coletivos. II — Em razão do disposto no art. 193, § 2º, da CLT, não é possível a cumulação dos adicionais de insalubridade e periculosidade. SÚMULA N. 78 DO TRT DA 2ª REGIÃO: ADICIONAIS DE PERICULOSIDADE E INSALUBRIDADE. CUMULAÇÃO. IMPOSSIBILIDADE. Os adicionais de periculosidade e insalubridade não são cumuláveis, em razão do que dispõe o art. 193, § 2º, da CLT".

(26) *Art. 7º São direitos dos trabalhadores urbanos e rurais, além de outros que visem à melhoria de sua condição social: [...] XXII —* **redução dos riscos inerentes ao trabalho, por meio de normas de saúde, higiene e segurança.**

art. 497, *caput* e parágrafo único c/c art. 536 do CPC e art. 3º c/c art. 12 da Lei n. 7.347/85 (Lei da Ação Civil Pública), de modo a inibir e fazer cessar a prática de ato ilícito relativo a esta matéria, prevalecendo à tutela inibitória de não fazer em relação às vedações previstas nas Normas Regulamentares (NRs) do MTE, com a condenação em **dano moral coletivo**.

Outro ponto de relevo a ser avaliado dentro desta perspectiva, está centrado na proposta do texto do parágrafo único do art. 611-B da CLT, que de forma taxativa neutralizaria a natureza de algumas matérias de forma a não permitir-lhes o enquadramento, ou classificação, dentro do conceito de normas com carga normativa atreladas ao conceito tutelar e abrangente, vinculado a matéria própria de medicina e segurança do trabalho, dizendo o preceito em análise: *"Parágrafo único. Regras sobre duração do trabalho e intervalos não são consideradas como normas de saúde, higiene e segurança do trabalho para os fins do disposto neste artigo"*. Parece-nos tratar de técnica legislativa deficiente, eis que modal deôntico desejado no dever-ser normativo, direcionado às finalidades de uma conduta: permitida, proibida e obrigatória, recente de um casuísmo incompatível com as características indeléveis da norma quanto a sua generalidade, abstração e impessoalidade, direcionada para por "freios" ao ativismo do judicial do TST, passando a combater os posicionamentos que tenham *ratio* semelhante àquela da Súmula n. 437, item I, do TST[27], que permite a reparação integral do intervalo intrajornada, visto que a fruição proporcional não atende aos anseios sociais ínsitos a norma.

Vale ressaltar a redação do art. 611-B da CLT que tem a pretensão de repetir o rol de condições fundamentais mínimas do art. 7º da CF, uma vez que o artigo celetista trata a respeito da **ilicitude o objeto** das normas coletivas, estando alinhado com a pretensão do art. 8º, § 3º, da CLT que passaria a impingir ao Magistrado uma análise cartoral e burocrática do objeto do ACT e CCT, Juiz "boca da lei", pelo viés individualista e isolado das exigências formais do art. 104 do CC, que negaria validade ao negócio jurídico, no inciso II, diante da caracterização do objeto ilícito, contudo, nesta tentativa de transcrição do texto constitucional, mantém redação descasada no inciso XX do artigo em comento, uma vez que ao confrontarmos com o similar inciso XVIII, do art. 7º da CF, percebemos que o legislador infraconstitucional permaneceu silente a respeito da natureza da responsabilidade do empregador, o que poderia inviabilizar o reconhecimento da responsabilidade objetiva pela absorção nas sendas trabalhistas da teoria do risco consagrada no art. 927, parágrafo único, do CC, fixada em perfeita comunhão com as exigências de uma sociedade industrial de consumo, em total descrédito ao princípio da norma mais favorável consagrado no *caput* do art. 7º da CF, ao expressar na sua parte final para além de um mero arrolamento de condições mínimas de trabalho, ao ressalvar: *"[...] além de outros que visem a **melhoria de sua condição social**"*.

O art. 223-B da CLT reafirma a responsabilidade subjetiva do empregador ao disciplinar que o dano de natureza extrapatrimonial está vinculado à existência de ação ou omissão que ofenda a esfera moral e existencial de pessoa física e jurídica, bem como o art. 223-E da CLT que reforça a tese de que os responsáveis pelo dano extrapatrimonial serão apenas aquele que com a sua conduta tenham *"colaborado para a ofensa do bem jurídico tutelado"*, o que poderá obstar a tese da responsabilidade objetiva do empregador a ser estudada, não obstante o seu fundamento eminentemente constitucional.

> *Art. 223-B. Causa dano de natureza **extrapatrimonial a ação ou omissão** que ofenda a esfera moral ou existencial da pessoa física ou jurídica, as quais são **as titulares exclusivas do direito à reparação**.*

---

(27) O posicionamento adotado pelo TST estaria em perfeita consonância com o **princípio socioambiental** do art. 7º, XXII, c/c art. 200, VIII, da CF.

*Art. 223-E. São responsáveis pelo dano extrapatrimonial **todos os que tenham colaborado para a ofensa ao bem jurídico tutelado, na proporção da ação ou da omissão**.*

Na esteira desta linha de raciocínio, o art. 8º, § 3º, da CLT já mencionado, em sua parte final, passa a dispor a respeito do princípio da intervenção mínima na autonomia da vontade, vejamos: *"No exame de convenção coletiva ou acordo coletivo de trabalho, a Justiça do Trabalho analisará exclusivamente a conformidade dos elementos essenciais do negócio jurídico, respeitado o disposto no art. 104 da Lei n. 10.406, de 10 de janeiro de 2002 (Código Civil), e balizará sua atuação pelo **princípio da intervenção mínima na autonomia da vontade coletiva**".*

No artigo *Reforma Trabalhista em momentos de crise: inviabilidade constitucional e econômica*, Gustavo Filipe Barbosa Garcia (gustavogarcia@adv.br) tece algumas críticas a respeito da **extensão da reforma trabalhista** proposta, ao exceder em alguns pontos aos limites constitucionais já estabelecidos, talvez, para nós pela intenção velada de burlar as exigências formais da tramitação de uma PEC, ou ainda, pelos indicativos interpretativos admitidos pelo STF na interpretação da autonomia privada coletiva do art. 7º, XXVI, da CF (RE n. 590.415), uma vez que as adequações das condições de trabalho na flexibilização, mesmo em situações de crise econômica, estariam admitidas nas excepcionalidades do art. 7º, VI, XIII e XIV. E ainda acrescenta: *"Desse modo, de nada adianta a aprovação de reforma que disponha sobre a ampla prevalência da negociação coletiva diante da legislação, se aquele estabelecer direitos em nível inferior a esta. Eventual previsão nesse sentido, por contrariar a essência do Estado Democrático de Direito (arts. 1º e 3º da Constituição da República), não terá validade. Essa conclusão não resulta de uma escolha ideológica ou preferência doutrinária, mas de determinação cogente, que decorre de preceitos fundantes do sistema jurídico, nos planos constitucional e internacional, pautados na consideração de que os **direitos sociais**, neles incluídos os trabalhistas, **têm natureza fundamental**, são imprescindíveis à dignidade da pessoa humana e, por isso, não admite retrocesso".*

Inegável a efetividade das normas fundamentais no campo do Direito do Trabalho, uma vez que Daniel Sarmento (2008, p. 185) identifica a **eficácia horizontal dos direito fundamentais** no plano das relações privadas, de forma a compatibilizar a autonomia da vontade, inerente a própria livre-iniciativa, com as exigências do desenvolvimento econômico e social sustentável, eixo central da ordem econômica inaugurada com o art. 170, *caput*, da CF, que mescla a livre atuação dos agentes privados com a harmonização necessária à valorização do trabalho, com garantias a uma efetiva justiça social.

Neste ponto, é relevante destacarmos o posicionamento de Arion Sayão Romita (2014, p. 457) a respeito da **dupla função** exercida pelos **direitos fundamentais**, para quem: *"limitam o exercício do poder do empregador no curso da relação de emprego e representam uma barreira oposta à flexibilização das condições de trabalho mediante negociação coletiva"*, não sendo por demais acrescentar que a força normativa dos direitos fundamentais decorre do próprio texto constitucional inviabilizando sua interpretação e delimitação pelo legislador constituinte infraconstitucional.

Trazemos à colação dois julgamentos emblemáticos que representam a forma pela qual os Tribunais Superiores vêm tratando da questão relacionada à efetividade dos direitos fundamentais extraída da força normativa das disposições constitucionais, o primeiro um *leading case* do STJ que rompe com a visão clássica vinculada a natureza programática das disposições constitucionais ao ser confrontada com um elemento prático que se extrai da realidade da insuficiência de recursos orçamentários para implementação das políticas públicas, pelo Estado, que passam a ser judicializadas como meio indispensável a sua efetiva concretização, e neste sentido, a resposta da nova vertente interpretativa é a de que independentemente da existência de recursos materiais, a discussão da reserva do possível e discricionariedade administrativa somente poderão ser retomadas após a satisfação dos direitos fundamentais, pois ao conferir dignidade ao cidadão estaria justificada a própria existência do Estado.

Qual o entendimento do STJ sobre o assunto? No julgamento do REsp n. 1.185.474-SC, relator Ministro Humberto Martins, foi decidido pela impossibilidade da teorização do princípio da reserva do possível como **tese abstrata da defesa**, embora inegável a escassez de recursos diante de um Estado eminentemente social, todavia, há que se avaliar se a insuficiência de recursos é resultado direto de um **processo de escolha**, vez que a decisão do administrador em investir em determinada área implica escassez de recurso para outra área que não tenha sido contemplada, a exemplo dos gastos com propaganda governamental que traduz na ausência de recursos para a prestação de uma educação de qualidade. Em princípio a reserva do possível **não pode ser oposta à efetivação dos Direitos Fundamentais, já que em relação a eles não cabe ao administrador preteri-los em suas escolhas**, nem mesmo a vontade da maioria pode tratar estes direitos como secundários, o princípio majoritário é apenas um instrumento do processo democrático, principalmente quando os direitos preteridos estão ligados diretamente, pela sua qualidade, ao princípio da dignidade da pessoa humana, valores estes, centrais do sistema constitucional. Mínimo vital não se restringe ao mínimo existencial, logo, educação é um valor fundamental para que o indivíduo possa tornar-se visível no espaço público, garantindo-se a efetivação do referido direito.

Mas por outro lado, dentro da concepção pendular já debatida, e tendência de se alcançar uma posição de equilíbrio, a revaloração dos critérios de ponderação sempre se farão necessários aos desafios sociais renovados e postos à apreciação do julgador, uma vez que a concessão de benefícios da previdência social, fora de certos limites legais, ainda que possam enfraquecer a proteção da dignidade humana, deve ser levada em consideração na sua perspectiva sistêmica, sob pena da "implosão" do sistema público de proteção social, por intermédio da prevalência dos princípios relativos ao equilíbrio financeiro e atuarial.

Qual o posicionamento do STF sobre o assunto? O STF, por meio do voto do Ministro Luis Roberto Barroso, exarado em 2013, em sede de repercussão geral, no Recurso Extraordinário n. 626.489 SE, que trata da constitucionalidade do prazo decadencial de 10 anos para a revisão dos benefícios previdenciários já concedidos, tratou da ponderação dos direito fundamentais da seguinte forma: *"A decadência instituída pela MP n. 1.523-9/1997 atinge apenas a pretensão de rever benefício previdenciário. Em outras palavras: a* **pretensão de discutir a graduação econômica do benefício já concedido**. *Como é natural, a instituição de um limite temporal máximo* **destina-se a resguardar a segurança jurídica***, facilitando a previsão do custo global das prestações devidas. Em rigor, essa é uma exigência relacionada à manutenção do equilíbrio atuarial do sistema previdenciário, propósito que tem motivado sucessivas emendas constitucionais e medidas legislativas. Em última análise, é desse equilíbrio que depende a continuidade da própria Previdência, não apenas para a geração atual, mas também para as que se seguirão. [...] No encerramento deste tópico, é possível sintetizar os dois parâmetros gerais que devem reger a matéria: a) não há prazo decadencial para a formulação do requerimento inicial de concessão de benefício previdenciário, que corresponde ao exercício de um direito fundamental relacionado à mínima segurança social do indivíduo; b) a instituição de um prazo decadencial de dez anos para a*

> *revisão dos benefícios já concedidos é compatível com a Constituição Federal. Trata-se de uma* **conciliação razoável entre os interesses individuais envolvidos e os princípios da segurança jurídica e da solidariedade social, dos quais decorre a necessidade de se preservar o equilíbrio atuarial do sistema** *em benefício do conjunto de segurados atuais e futuros.*

Podemos dizer que um novo paradigma surge com a Constituição Federal de 1988, representado por um assintomático sistema de valores, alinhados com o **reconhecimento e efetivação dos direitos de personalidade**, com a supremacia do interesse público sobre aquele meramente individual, arrefecimento do absolutismo do direito de propriedade pela mera inserção da dignidade da pessoa humana como valor central do sistema, o que representou na seara trabalhista a imposição de limites ao exercício pleno do poder empregatício, que passa a estar delineados em uma série de dispositivos constitucionais que devem ser analisados em conjuntos, o que certamente restringe a atuação do legislador infraconstitucional, vejamos:

i) **Dignidade da Pessoa Humana (art. 1º, III, CF) e valor social do trabalho (inciso IV):** o ser humano deve ser considerado o centro de qualquer sistema jurídico, com abandono da visão meramente individualista que acompanha a construção do positivismo, que permite no aspecto burguês a previsibilidade do sistema capitalista, permitindo a relativização da propriedade como um valor absoluto, e a elevação daqueles valores intransigentes que decorrem da própria perenidade das condições humanas, haja vista na perspectiva histórica as incongruências do próprio positivismo, do qual emerge a construção da teoria dos direitos humanos, sendo independentes e prévios à própria noção de Estado;

ii) **solidariedade (art. 3º, I, CF):** não obstante a individualidade a que cada um de nós está revestido, e recebendo a efetiva proteção do ordenamento jurídico neste aspecto, não podemos nos furtar a um projeto comunitário, não restrito a somatória de projetos individuais antagônicos, havendo irremediavelmente um espaço de diálogo e colaboração entre pessoas livres e iguais, o que refletiu na decisão do STF no *leading case* RE n. 661.256, segundo o qual a renúncia do ato de aposentadoria para aproveitamento de contribuições posteriores ao sistema previdenciário após o ato de jubilação (desaposentação) apresenta uma afronta ao princípio da solidariedade, uma vez que no sistema haverá a eleição pela lei dos benefícios disponíveis desde que cumpridos requisitos objetivos, limitados pela perspectiva do equilíbrio atuarial, sem excluir a perspectiva do sistema *bismarkiano* que importa em um pacto de gerações, sem a correspondência imediata entre o valor contribuído e o benefício concedido, não obstante o regime contributivo revelado no art. 201 da CF;

iii) **proteção da vida íntima e privada (art. 5º, X, da CF):** passível de condenação por dano moral a repressão a todo e qualquer ato que tenha por fim a vulneração da vida íntima e privada do indivíduo. Neste ponto, o substitutivo do Projeto de Lei n. 6.787/16 pretende sem qualquer respaldo constitucional, uma vez que a regra em destaque **não distingue sob o aspecto valorativo a intimidade e vida privada da qual faz *jus* qualquer pessoa humana sob jurisdição brasileira, quer na qualidade de cidadão ou empregado**, e passa a disciplinar sob uma **visão maniqueísta o dano extrapatrimonial** no âmbito das relações do trabalho atrelado a um padrão inferior de proteção, consentindo com a visão conservadora burguesa de que o custo da mão de obra deve ser visto como mero fator de produção, franqueando a previsibilidade da qual se reveste o próprio sistema capitalista. A regra do art. 223-A da CLT admite um conjunto dissociado de regras que venham a tratar dos danos extrapatrimoniais no âmbito das relações de emprego, valendo o destaque do contexto político e econômico circundante, que fica evidente ao transparecer diante da posição assumida pelo Presidente do Tribunal Superior do Trabalho, o Ministro Ives Gandra Filho, que declarou ao jornal *O Globo* que a Justiça do Trabalho ainda é muito paternalista, de *"dá de mão beijada R$ 1 milhão para um trabalhador"*, por danos morais, quando não há nada previsto na legislação trabalhista sobre este tema[28].

Art. 223-A. **Aplicam-se à reparação de danos de natureza extrapatrimonial** decorrentes da relação de trabalho **apenas os dispositivos deste Título**.

[...]

Art. 223-G. Ao apreciar o pedido, o juízo considerará:

§ 1º Se julgar procedente o pedido, o juízo fixará a indenização a ser paga, a cada um dos ofendidos, em um dos seguintes parâmetros, vedada a acumulação:

I — ofensa de natureza leve, até três vezes o último salário contratual do ofendido;

II — ofensa de natureza média, até cinco vezes o último salário contratual do ofendido;

III — ofensa de natureza grave, até vinte vezes o último salário contratual do ofendido;

IV — ofensa de natureza gravíssima, até cinquenta vezes o último salário contratual do ofendido.

§ 2º Se o ofendido for pessoa jurídica, a indenização será fixada com observância dos mesmos parâmetros estabelecidos no § 1º deste artigo, mas em relação ao salário contratual do ofensor.

§ 3º Na reincidência entre partes idênticas, o juízo poderá elevar ao dobro o valor da indenização.

---

(28) Alguns trechos da entrevista vinculados a este assunto: O Globo — O que a própria justiça trabalhista poderia fazer para aliviar a crise? Ives Gandra Filho — Discutir a jurisprudência. Este Tribunal pode colaborar mais ou menos com a superação da crise econômica, se levar em consideração o efeito que pode ter uma decisão no modelo econômico. O Globo — Poderia dar um exemplo?
Ives Gandra Filho — Hoje você tem praticamente, em toda a reclamação trabalhista, pedido de indenização por danos morais. O simples fato de eu ter sido despedido me causou uma dor tão grande diz o trabalhador. E quem sai feliz despedido? Ninguém. Mas não há nada na legislação trabalhista sobre este tema. Você pega a legislação civil e começa aplicar na Justiça do Trabalho, sem parâmetros, sem critérios. O TST poderia criar esses parâmetros. Outro exemplo é ampliação da teoria do risco: você está indo para o trabalho no seu carro e vem outro e bate em você e você se machuca muito. Quem bateu? Um terceiro. Não é que o TST entende que é acidente de trabalho e a empresa fica responsável e tem que arcar com tudo, inclusive danos morais. Tem gente que ganha R$ 100 mil, R$ 500 mil. Virou uma loteria.

Ainda que possamos retomar as questões relacionadas aos novos contornos do dano moral dentro das relações de trabalho, não é demais registrarmos os contornos de abusividade alcançados pelo Dano Moral na Justiça brasileira, da qual não fica de fora a Justiça do Trabalho, e Yussef Said Cahali (2011, p. 18) justifica este fenômeno da seguinte forma: *"O desabrochar tardio da reparabilidade do dano moral em nosso direito fez **desenfrear uma 'demanda reprimida'**, que por vezes tem degenerado em excessos inaceitáveis, com exageros que podem comprometer a própria dignidade do instituto"*, e neste ponto é importante ressaltar novamente os efeitos de um movimento pendular de regulamentação, como já destacado, no sentido de que o retorno ao **sistema de tarifação do dano moral**, rechaçado no passado pelo sistema do livre convencimento motivado do julgador, e seguindo a tendência do STJ de traçar parâmetros objetivos a violação do bem jurídico atrelado ao direito de personalidade, possa vir a ser o caminho encontrado para a preservação da efetividade do instituto, colocado "em cheque" pela abusividade representada na judicialização excessiva desta demanda social, que por este motivo, vem permitindo a relativização do sentimento humano pela perspectiva subjetiva do julgador ao restringir um sem número de situações à carga simbólica exarada na expressão "mero melindre do espírito humano".

Ainda quanto à questão do dano extrapatrimonial, pelo fato do art. 5º, X, da CF não prescrever um rol eminentemente taxativo, não haveria como os arts. 223-C e 223-D o fazê-lo, discriminado de forma categórica os bens jurídicos imateriais passíveis de proteção perante a lei, justificando uma interpretação conforme a Constituição para preservar-lhe a vigência, representando o dispositivo em rol exemplificativo.

Neste sentido o magistério de Goffredo Telles Junior (2008, p. 298): *"Note-se que a personalidade, considerada em si mesma, não é um direito. Não é um direito, porque a personalidade é qualidade natural — é sua qualidade necessária, inconsútil, indefectível, intransferível, irrenunciável. O fato de ter personalidade não depende das leis. Todo o homem tem sua personalidade, independentemente do que manda o Direito. Os Direitos de Personalidade não são direitos de ter uma personalidade, mas, isto sim, Direitos Subjetivos de defender essa primordial propriedade humana"*. Esse raciocínio é complementado por Yussef Said Cahali (2011, p. 19), dano extrapatrimonial consiste no agravo que não gera consequências de ordem material, a repercussão se dá em valores imateriais de natureza ética, uma realidade multifacetária que repercute nos valores fundamentais inerentes a personalidade, até em razão da polissemia da palavra "moral", logo não há como *"enumerá-los exaustivamente"*.

1.6. Função social da propriedade

A exigência constitucional da função social da propriedade (art. 5º, XXIII e art. 170, III, da CF/88) passa a irradiar em todo o ordenamento jurídico infraconstitucional a exigência de uma **postura ética dos agentes econômicos**, em especial, no nosso caso, atrelada a figura jurídica do empregador, com a entrada em vigor do Código Civil de 2002, houve uma verdadeira mudança de paradigma, uma vez que a nova legislação passa a estar sustentada nos seguintes princípios: eticidade, operacionalidade e sociabilidade.

Por intermédio do artigo jurídico *Visão geral do projeto de Código Civil: tramitação do projeto*, publicado na Revista dos Tribunais (n. 752, p. 22-30, jun. 1998), Miguel Reale, autor do anteprojeto, adverte que se não houve a vitória do socialismo, houve o **triunfo da 'socialidade'**, fazendo prevalecer os valores coletivos sobre os individuais, sem perda, porém, do valor fundante da pessoa humana. Por outro lado, o projeto se distingue pela maior aderência à realidade contemporânea, com a necessária revisão dos direitos e deveres dos cinco personagens tradicionais do Direito Privado: o proprietário, o contratante, o empresário, o pai de família e o testador.

Ao analisar o pilar da **eticidade**, Flávio Tartuce (2014, p. 80) trata do novo paradigma do Código Civil que tenta desvencilhar-se do estuário formal da codificação precedente, utiliza-se do recurso às **"cláusulas gerais"** para permitir um encaixe perfeito entre normas e fatos (absorção de novos valores pelo sistema sem importar na necessidade de uma nova codificação, apta ao realinhamento dos fatos e sua consequente normatização jurídica, dentro do espectro de discricionariedade destas mesmas cláusulas gerais, com a oxigenação das próprias regras prescritivas do ordenamento), ética Kantiana pautada em uma expectativa de conduta, a "confiança" analisada por meio de uma acepção meramente objetiva (art. 113 do CC).

Para nós os fundamentos que justificam os preceitos jurídicos indeterminados se entrecruzam com a finalidade da própria jurisprudência, ao harmonizar os extremos representados pela norma prescritiva encartada na lei e pelo ideal de justiça que esta mesma prescrição deve representar, superando o aspecto anacrônico do formalismo jurídico, já que para De Page: *"[...] a lei é uma roupa feita que serve a todos porque não se assenta bem em ninguém [...] a justiça exige uma roupa sob medida"*.

> **Qual o entendimento do STJ sobre o assunto?:** Estes fundamentos do sistema reforçam na atualidade os contornos dados pelo STJ para a **teoria da confiança**, consoante argumento expendido pelo Ministro Luis Felipe Salomão no REsp n. 1.309.972 da 4ª Turma, para quem: "A responsabilidade pela quebra da confiança possui a mesma ratio da responsabilidade pré-contratual. O ponto que as aproxima é o fato de que uma das partes pode gerar na outra uma expectativa legítima que após não se concretiza. O que as diferencia é que na responsabilidade pré-contratual a formalização de um contrato é o escopo perseguido, enquanto que na outra ele não será inicialmente almejado. Foi gerado para o autor expectativa de contratação".

De acordo com Fábio Konder Comparato (1995, p. 3), a empresa deve ser vista como uma instituição eminentemente social, com extremo poder de transformação da realidade social subjacente, provendo a garantia da dignidade humana a uma gama expressiva da população por meio do pagamento dos salários, como contraprestação mínima do trabalho subordinado, mantendo o orçamento das pessoas políticas por intermédio das receitas derivadas decorrente do pagamento dos tributos, fonte de recursos indispensáveis à manutenção dos programas sociais mantidos pelo próprio Estado. Apenas, não se pode admitir o alargamento indevido da referida compreensão para que a empresa, sem disciplina legal específica (princípio da legalidade, art. 5º, II, da CF: *"ninguém será obrigado a fazer ou deixar de fazer alguma coisa senão em virtude de lei"*), venha a absorver os deveres próprios do Estado no plano do desenvolvimento social.

Pela perspectiva da empresa, esta não deve atender somente o interesse imediato dos seus proprietários/acionistas, mas também da coletividade com ela direta ou indiretamente relacionada, aplicação da **teoria dos** *stakeholders*, destacando a figura do empregado dentro do referido conceito, identificado como fator produtivo essencial para a produção de bens e serviços, devendo prevalecer sua integridade física e moral, diante da constitucionalização do direito privado por força da prevalência da dignidade do trabalhador sob o poder diretivo empregatício do empregador, que decorre da livre-iniciativa, e assunção integral dos riscos do empreendimento por este último (art. 2º da CLT), idealização doutrinária atrelada a sustentabilidade da célula empresarial no logo prazo.

Ainda que seja um instrumento extremamente novo no ambiente empresarial brasileiro, o **balanço social** constitui em uma ferramenta essencial como indicador da qualidade empresarial, somente a partir da sua avaliação pormenorizada é possível que a empresa passe a fazer *jus* do *slogan "empresa cidadã"*. Devemos notar que o art. 154, § 4º, da Lei n. 6.404/76 (S/A) é um incentivo ao balanço social, instrumento hábil a divulgação e mensuração dos intangíveis relacionados a todas as atividades da empresa, realizadas no âmbito da voluntariedade da "responsabilidade social da empresa" sem a carga do impositivo legal por detrás da função social, incentivando a prática de condutas do gênero, ao permitir, inclusive, a dedução dos gastos com liberalidades consideráveis em prol dos empregados ou da comunidade.

Esta nova postura é exigida a partir de uma nova formulação teórica denominada de **nova empresarialidade**, que não exige o sacrifício extremo do empresário em prol da comunidade em forma de prejuízo, para Adalberto Simão Filho[29] pretende-se uma **aproximação da ética com o direito**, passando pela função social da propriedade e boa-fé contratual, que com escólio nas lições de Eduardo C. B. Bittar admite uma **solução ética dos conflitos, extraída de forma pacífica das partes**, que possuem a real disposição de, por meios informais, alcançar a plenitude do meio termo indispensável à plena satisfação das partes em conflito.

A ideia vinculada à teoria da nova empresarialidade para ter sido incorporada pelo legislador infraconstitucional, uma vez que admite nos termos do art. 510-A da CLT a criação de uma comissão de empregados que tenha a finalidade de promover o entendimento direto com empregadores, e dentre as atribuições discriminadas no art. 510-B da CLT, prescreve: i) Aprimoramento do relacionamento entre a empresa e seus empregados com base nos princípios de boa-fé e respeito mútuo (inciso II); ii) Promoção do diálogo e o entendimento no ambiente de trabalho com o fim de prevenir conflitos (inciso III); e, iii) Buscar soluções para os conflitos decorrentes da relação de trabalho, de forma rápida e eficaz; ou seja, um verdadeiro canal para a promoção a emancipação do trabalhado diante de uma possível relativização da teoria da hipossuficiência.

Neste ponto é interessante destacar a arguta percepção de Fábio Konder Comparado, citado por Saulo Bichara Mendonça (2012, p. 6), quanto à preocupação da **teoria social da empresa** ser utilizada como referencial teórico para a estratégia de abandono das políticas sociais pelo Estado, havendo, aqui, na verdade, sob a nossa percepção, uma relação de complementaridade que deve ser fomentada, tendo em vista o poder de regulamentação das relações intersubjetivas, por meio de instrumento de modernização das ferramentas de gestão da força de trabalho, exigindo-se a contrapartida, por meio da preservação do conceito ético inserido no âmbito da teoria da nova empresarialidade.

No direito comparado, Edward R. Freeman (1984, p. 198) destaca a essência da teoria dos *stakeholders*: *"One can say that business ethics is an ancient discipline with works that go back to the origins of moral philosophy. In another, more technical sense, business ethics is a new field with a relative short history that dates back only a few decades while we want to highlight a few of the stronger connections to intellectual roots of the field, we also want to say a little about the more recent history of this distinct academic discipline, including what brought it into being and what propels it forward. If we go back to ancient Greek philosophy, it doesn´t take long to discover that Aristotle was very concerned about economic life as a critical part of what it meant to live well, both an individual and as a community. We also see considerable attention given to the ethics of economic life in St. Thomas Aquinas who was particularly concerned about 'usury' (loans that involved the charging of interest), and alone with Aristotle, considered the idea of making a profit to be deeply immoral. Indeed, before the nineteenth century and the shift to a more 'scientific' approach to economics, grounded in a positive epistemology, most noted economists were also moral philosophers, including the father of Western-style capitalism, Adam Smith. A. K. Sen´s work,*

---

(29) A nova empresarialidade. *Revista do Instituto dos Advogados de São Paulo*, São Paulo, v. 9, n. 18, p. 46, jul./dez. 2006.

among others, note this connection and laments the fracturing of the two fields in more recent history. Of course, the thematic concern with both ethics and business of an array of distinguished scholars has a long history, but that is significantly different from discussing a group of professionals who are trained in a discipline called 'business ethics', who largely have their academic appointments in business schools, who teach and consult directly with business practitioners (in-training) and who see themselves as doing 'applied ethics'".

O pensamento sintetizado pela teoria dos *stakeholders* não passou despercebido pela doutrina clássica de Mozart Victor Russomano (1997, p. 39) para quem a crescente proteção legal somente poderá ceder **espaço à negociação coletiva**, em especial pela fragmentação do movimento Sindical na realidade vivenciada no Brasil e no Mundo, somente pode avançar suas fronteiras quando **lastreado na responsabilidade social da empresa**, em especial nas palavras do autor pelo princípio da colaboração, permitindo a reconciliação dos interesses entre capital e trabalho, aparentemente antagônicos. Estar-se-á por alcançar um *locus* privilegiado de normatização trabalhista, apto a captar a cultura obreira emergente, permitindo a construção de uma consciência coletiva consistente, que perpassa necessariamente por uma capacidade de articulação e ação, com senso de responsabilidade na tomada de decisão.

Hodiernamente, a teoria da função social da propriedade ganha novos contornos pelo transbordo que lhe e consagrado por meio do novel **princípio da preservação da empresa**, positivado por meio do art. 47 da Lei n. 11.101/05, que prescreve: *"A recuperação judicial tem por objetivo viabilizar a superação da situação de crise econômico-financeira do devedor, a fim de permitir a manutenção da fonte produtora, do emprego dos trabalhadores e dos interesses dos credores, promovendo, assim, a preservação da empresa, sua função social e o estímulo à atividade econômica"*, fundamentado na ideia de que a empresa promove uma teia de relações com extraordinária repercussão social, especialmente como ponto de alocação do trabalho, que não pode simplesmente desaparecer sem deixar profundas sequelas no tecido social.

Por esta razão, Waldo Fazzio Júnior (2005, p. 35) adverte que: *"a atividade empresarial desborda dos limites estritamente singulares para alcançar dimensão socioeconômica bem mais ampla. Afeta o mercado e a sociedade, mais que a singela conotação pessoa. Daí porque urge prevenir a insolvência da empresa"*. A finalidade do provimento judicial intencionado transcende não apenas a crise econômico-financeira de um empresário, mas mais do que isso, admite e intenciona a preservação da própria "unidade econômica produtiva", uma concepção cirúrgica da nova lei, que resguarda a empresa economicamente viável, passível de uma reorganização verdadeiramente eficiente, do contrário, o resgate deixa de ser legalmente desejável.

Todavia, a representatividade deste princípio na jurisprudência reiterada do STJ vem acarretando inegáveis distorções no sistema, diante do volume crescente de empresas com plano de recuperação aprovado em sede de recuperação judicial, provocando diante do conceito da *vis atractiva* do juízo universal a ineficiência da execução trabalhista um retrocesso ao *neoconcretismo* ao qual estaria direcionado o Processo Civil moderno, descuidando da natureza alimentar do crédito trabalhista, submetido a um mecanismo que no aspecto informal representa meio de postergação de dívidas de devedor solvente, submetendo a classes concursais definidas por natureza do crédito (art. 83 da Lei n. 11.101/05), que marginaliza a sistemática da penhora, nos processos individuais do trabalho.

De acordo com a Súmula n. 54 do TRT da 3ª Região, é compatível com a Recuperação Judicial o deferimento do redirecionamento imediato da execução ao devedor subsidiário, por inteligência do § 1º do art. 49 da Lei n. 11.101/05[30], uma vez que os efeitos da Recuperação Judicial restringem-

---

(30) Art. 49. Estão **sujeitos à recuperação judicial** todos os **créditos existentes na data do pedido**, ainda que não vencidos.

se ao devedor principal, e não exclui da competência da justiça do trabalho o prosseguimento das execuções individuais em relação aos demais sócios sucessores (com exceção da hipótese do art. 60 da Lei n. 11.101/05[31]), ainda que integrantes do mesmo grupo econômico, em especial quanto aos bens não abrangidos pelo plano de recuperação da empresa. Neste sentido, Súmula n. 28 do TRT da 12ª Região, dado o caráter alimentar das verbas trabalhistas, decretada a falência ou a recuperação judicial do devedor principal, a execução volta-se imediatamente contra o devedor subsidiário.

> **Qual o entendimento do TRT da 3ª Região sobre o assunto? Súmula n. 54 do TRT da 3ª Região: RECUPERAÇÃO JUDICIAL. REDIRECIONAMENTO DA EXECUÇÃO.** I. Deferido o processamento da recuperação judicial ao devedor principal, cabe redirecionar, de imediato, a execução trabalhista em face do devedor subsidiário, ainda que ente público. Inteligência do § 1º do art. 49 da Lei n. 11.101/2005. II. O deferimento da recuperação judicial ao devedor principal não exclui a competência da Justiça do Trabalho para o prosseguimento da execução em relação aos sócios, sucessores (excetuadas as hipóteses do art. 60 da Lei n. 11.101/2005) e integrantes do mesmo grupo econômico, no que respeita, entretanto, a bens não abrangidos pelo plano de recuperação da empresa.

Segundo a Súmula n. 55 do TRT da 3ª Região, na hipótese de Recuperação Judicial, e considerando a decisão exarada pelo STJ, em conflito de competência (alínea "d", inciso I, do art. 105 da CF), ao analisar a extensão dos efeitos vinculantes da decisão, prescreve que entre o juízo trabalhista e o juízo da recuperação judicial, o efeito vinculativo cingir-se-á ao processo no qual tenha sido proferida, a decisão, com exceção a determinação judicial que contenha eficácia normativa, o que parece não ter sido o caso.

Em conformidade com a Tese Jurídica Prevalecente n. 9 do TRT da 3ª Região, ultrapassado o período de suspensão de 180 dias, contatos do processamento da medida judicial, e nos termos do art. 6º, § 4º, da Lei n. 11.101/05[32], reestabelece-se para o credor o direito de prosseguir na execução da Justiça do Trabalho, ainda que o crédito trabalhista já esteja inscrito no quadro geral de credores. Neste sentido é o Enunciado n. 18 da Jornada Nacional de Execução na Justiça do Trabalho: *"RECUPERAÇÃO JUDICIAL. EXCLUSÃO DO CONCURSO UNIVERSAL. HIPÓTESE. Quando sobrevier recuperação judicial da empresa, após atos cautelares ou de execução que garantam o recebimento de valores por credores trabalhistas, vencido o prazo do § 4º do art. 6º da Lei n. 10.101/05, os bens ou valores arrestados ou penhorados ficam excluídos do concurso universal e serão expropriados pelo juiz do Trabalho"*.

---

§ 1º Os credores do devedor em recuperação **judicial conservam seus direitos e privilégios contra os coobrigados, fiadores e obrigados de regresso.**

(31) Art. 60. Se o plano de recuperação judicial aprovado envolver alienação judicial de filiais ou de unidades produtivas isoladas do devedor, o juiz ordenará a sua realização, observado o disposto no art. 142 desta Lei. Parágrafo único. **O objeto da alienação estará livre de qualquer ônus** e não haverá **sucessão do arrematante nas obrigações do devedor**, inclusive as de natureza tributária, observado o disposto no § 1º do art. 141 desta Lei.

(32) Art. 6º A decretação da falência ou o **deferimento do processamento da recuperação judicial suspende o curso da prescrição e de todas as ações e execuções em face do devedor**, inclusive aquelas dos credores particulares do sócio solidário. § 4º **Na recuperação judicial, a suspensão de que trata o caput deste artigo em hipótese nenhuma excederá o prazo improrrogável de 180 (cento e oitenta) dias contado do deferimento do processamento da recuperação**, restabelecendo-se, após o decurso do prazo, o direito dos credores de iniciar ou continuar suas ações e execuções, independentemente de pronunciamento judicial.

Fica evidente diante dos julgados a celeuma existente perante os Tribunais a respeito da temática propostos no contexto da limitação interpretativa a ser dada em relação à função social da propriedade, a exigir a ponderação destes valores para que seja preservada a razoabilidade, sem a concessão de privilégios indevidos ao empresário que recorre à ferramenta normativa com o intuito meramente fraudulento, que pretende apenas evitar a falência.

Em uma reportagem da *Revista Exame*, de 12.4.2017, Edição n. 1135, com o título *As lições de quem sobreviveu*, foi evidenciado um recorde no pedido de recuperação judicial nos últimos 12 meses com percentual baixo das empresas que saem formalmente da recuperação na faixa de 6%, e alguns pontos devem ser levados em consideração para um processamento exitoso do plano de recuperação aprovado pelos credores, como a venda de ativos em deságio e ter a exata dimensão do momento oportuno do requerimento do pedido na Justiça, devendo haver ainda dinheiro suficiente para pagamento de salário e capital de giro para a aquisição de matéria-prima. A empresa de biscoitos Cory de Ribeirão Preto é um caso de sucesso segundo a reportagem.

Cabe ainda refletir, neste mesmo contexto da função social da propriedade, a respeito das possíveis respostas normativas diante da violação do princípio, e neste ponto, merece destaque para a **teoria do abuso de direito** elevado a qualidade de ato ilícito pelo art. 187, CC: *"Também comete ato ilícito o titular de um direito que, ao exercê-lo, excede manifestamente os limites impostos pelo seu fim econômico ou social, pela boa-fé ou pelos bons costumes"*, hipótese de **standard jurídico** revelado por meio de preceito jurídico indeterminado e cláusula aberta, sintonizada com o pilar da eticidade trazida pelo Código Civil de 2002, aplicável no âmbito trabalhista por força do art. 8º, parágrafo único, da CLT, o que pode encontrar uma barreira interpretativa da disposição limitativa da regulamentação do dano extrapatrimonial trabalhista prevista no art. 223-A da CLT, embora a intenção normativa extrapole os limites do bem jurídico disciplinado na nova legislação, traduzindo em **hipótese de antijuridicidade autônoma** daquela prevista no art. 186 do CC, sendo dispensável o ato ilícito e comprovação do dano, não obstante a construção jurisprudencial, também trabalhista, da presunção (*in re ipsa*), pela objetividade do dano presentes nas condições factuais. A codificação civil na Alemanha em 1896, representada pelo BGB (Código Civil Alemão), ainda que resultado da evidência das vertentes do liberalismo e do positivismo, concede um amplo espaço para a construção jurisprudencial por meio da ampliação, no seu texto, do recurso a técnica das *"cláusulas abertas"*.

Neste sentido, ter-se-á a obrigação de reparar o dano, já que os atos abusivos são equiparados nos seus efeitos, pela lei, ao ato ilícito, por força do art. 927 do CC, que prescreve: *"aquele que, por ato ilícito (arts. 186 e 187), causar dano a outrem, fica obrigado a repará-lo"*, uma vez que a conduta abusiva subverte o **fim social e econômico** da regra, sendo inegável o alcance do objetivo-finalístico da norma, uma vez que o **Enunciado n. 37 da 1ª Jornada de Direito Civil** prescreve: *"Art. 187: a responsabilidade civil decorrente do abuso do direito independe de culpa e fundamenta-se somente no critério objetivo-finalístico"*.

Ademais, como já destacado, o **Enunciado n. 539 da 6ª Jornada de Direito Civil** esclarece: *"O abuso de direito é uma categoria jurídica autônoma em relação à responsabilidade civil. Por isso, o exercício abusivo de posições jurídicas desafia controle independentemente de dano"*.

> **Enunciado n. 539 da 6ª Jornada de Direito Civil:** O abuso de direito é uma categoria jurídica autônoma em relação à responsabilidade civil. Por isso, o exercício abusivo de posições jurídicas desafia controle independentemente de dano.

Como antecedente histórico, o art. 160 do Código Civil de 2016 já deixava entrever a assunção da teoria no ordenamento jurídico pátrio, ao prescrever: *"**Não constituem atos ilícitos**: I. Os praticados em legítima defesa ou no **exercício regular de um direito reconhecido**"*.

A doutrina de Vólia Bonfim Cassar, citando Heloísa Carpena, ressalta os efeitos do instituto, inclusive no âmbito trabalhista (2013, p. 34), vejamos: *"O **ilícito**, sendo resultante **da violação dos limites formais, pressupõe a existência de concretas proibições normativas**, ou seja, é a **própria lei que irá fixar limites para o exercício do direito**. No abuso de direito não limites definidos e fixados aprioristicamente, pois estes serão **dados pelos princípios que regem o ordenamento**, os quais contêm seus valores fundamentais".*

```
REGULAMENTAÇÃO COM RESPOSTA
JURÍDICA DA ZONA CINZENTA
    ├── LIMITES DA LEI: TEXTO NORMATIVO
    ├── AMPLIAÇÃO LIMITE NORMATIVO: STANDARD TEORIA DO ABUSO DE DIREITO
    └── EXERCÍCIO REGULAR DO DIREITO
```

E acrescenta, agora ao citar Gustavo Tepedino (2013, p. 46), um dos grandes precursores do Direito Civil Constitucional, ao entender: *"**A intenção do legislador** foi a de **abarcar as diferentes concepções de abuso de direito, impondo limites éticos ao exercício de posições jurídicas**, seja por meio do princípio da boa-fé objetiva, da noção dos bons costumes ou da função socioeconômica dos direitos".*

Devemos notar, ainda, a ideia de convergência que extrapola os próprios limites do direito material no desenvolvimento do processo moderno após o movimento de concretização de sua instrumentalidade, uma vez que pela sua concepção finalística, sintetizada na efetividade da realização do direito material, o abuso de posições jurídicas na relação jurídica processual encontra solução na tutela de evidência do art. 311 do CPC, espécie de tutela provisória que não se confunde com a tutela de urgência, para Cássio Scarpinella Bueno (2015, p. 238) aquela não exige a *"demonstração de perigo de dano ou risco ao resultado útil do processo"* é uma técnica processual de reafirmação do direito sob o julgo da maior probabilidade, ou seja, preservação do interesse daqueles que *"portarem maior juridicidade, recomendarem proteção jurisdicional"*.

1.7. Teoria da hipossuficiência

A definição da natureza jurídica de uma disciplina no universo do direito é de extrema importância prática, e não meramente um debate acadêmico, pois permite aglutinar os institutos decorrentes de uma matriz própria, delineando as diretrizes do seu regime jurídico, sob o qual deverá estar submetidas às relações jurídicas e sociais a ele aplicáveis, utilizando-se da taxonomia ou enciclopédia jurídica para classificação das figuras jurídicas dentro de uma disciplina própria, com "elos" de ligação entre cada um dos seus institutos, elemento indissociável para o fim desta aglutinação.

Diante da clássica divisão do direito feita por Ulpiano, entre direito público e direito privado, pretende-se a classificação do Direito do Trabalho, iniciativa que vem sendo abandonada por alguns doutrinadores, ante a dificuldade na atualidade de se delinear a sua subdivisão, seja pela **publicização do direito privado**, ou ainda, pela **privatização do direito público**. No primeiro caso podemos destacar a regra do art. 421 do CC, a partir da qual a liberdade de contratar deverá ser estabelecida nos limites da função social do contrato, não podendo ser utilizado para alcançar atividades abusivas, afastando-se a máxima *pacta sunt servanda*, e o art. 173, § 4º, da CF absorve a constitucionalização do direito privado, eis que não admite negócio jurídico que implique em abuso de poder econômico, dominação de mercados, ou ainda, aumento arbitrário de lucros.

Ademais, cabe ressaltar que o art. 1º, § 1º, da Lei n. 9.307/96, que regulamenta a arbitragem no Brasil, foi alterado pela Lei n. 13.129/15, permitindo a arbitragem no contexto da Administração Pública Direta e Indireta, para dirimir conflitos relativos a direito patrimonial disponível, o que demonstra uma indisfarçável alteração de paradigma do direito pátrio, que passa a estar conectado com a tendência internacional de promoção dos meios alternativos à solução dos conflitos de interesses, inclusive em matéria pública afeta, até então ao princípio da indisponibilidade do interesse público, havendo novos contornos em relação à arbitragem no direito do trabalho, com a nova redação do art. 507-A da CLT, a ser analisado oportunamente.

Talvez este fetiche da divisão de Ulpiano entre direito público e privado não mais possa vir a ser justificado diante do atual estágio de evolução do direito em que se percebe a publicização do direito privado (Direito do Consumidor), e privatização do direito público (Ampliação dos limites da transação, aplicação dos meios alternativos de composição dos conflitos de interesses, como a mediação e arbitragem, a serem admitidos no âmbito do Direito Público).

Na verdade, a fragmentação do pensamento refletido nas disciplinas acadêmicas é subproduto exclusivo do método cartesiano do reducionismo da ciência, crença de que a compreensão de fenômenos complexos decorra da redução de suas partes constituintes, que este método pela ausência de uma visão holística e interdisciplinar resulta no atual desequilíbrio cultural.

De qualquer forma destacamos as principais correntes relativas à natureza jurídica do Direito do Trabalho, a do **direito público** estaria atrelada à classificação que decorre da natureza das regras laborais, imperativas e cogentes, intervenção estatal concretizada por um conjunto de normas heterônomas capazes de assegurar um **conteúdo mínimo ao contrato de trabalho**, contudo, não seria aplicável pelo fato do Estado não ser sujeito da relação jurídica subjacente, não obstante, as normas referentes à fiscalização do trabalho, destacando a atuação do Ministério do Trabalho e Emprego em matéria de medicina e segurança do trabalho.

Em posição antagônica a classificação anteriormente proposta, a relação intrínseca do direito do trabalho com o ramo taxonômico do **direito privado**, tem por elo o contrato celebrado entre agentes privados, dentro de um contexto de livre-iniciativa que irradia no sistema suas diretrizes ideológicas, obviamente dentro da perspectiva socioeconômica admitida no art. 170 da CF, diante da liberdade das partes em estipular as condições de execução do contrato de trabalho, mesmo que a autonomia da vontade própria do direito contratual seja relativizada como um autêntico contrato de adesão, diante da evidência do conteúdo mínimo do contrato de trabalho que sobressai da regra do art. 444 da CLT.

Com uma perspectiva eminentemente social, Cesarino Junior (1957, p. 35) propõe a existência de uma terceira categoria de direitos, o **direito social**, um verdadeiro *tertium genus*, com respaldo na situação fática de hipossuficiência do trabalhador, revelando um caráter protetivo e social do direito do trabalho, propondo a intervenção estatal com o intuito de garantir o equilíbrio das relações jurídicas desiguais no plano fático, social e econômico, citando, neste ponto, Gallart Folch: *"Compensar com uma superioridade jurídica, a inferioridade econômica"*.

Contudo, essa é uma realidade em diversos outros ramos do direito a exemplo: família, previdência, consumidor etc.; nem por isso, a construção doutrinária de cada um destes ramos específicos da árvore do direito, propõe a criação de um terceiro gênero, para o referido autor, o direito social seria uma pretensa nova disciplina em oposição à corrente individualista da Revolução Francesa (1957, p. 17), com a predominância do interesse público sobre o individual, justificada pelo hipossuficiente, sujeito economicamente débil[33].

A socialização propõe a visão do direito como instrumento de justiça social, adaptação da lei a realidade fundante, como representativo do momento histórico vivenciado, e nesse contexto Octavio Bueno Magano (1980, p. 49) avalia que o termo "social" é uma expressão vaga e imprecisa, representa um contraponto ao direito individualista que decorre da Revolução Francesa, não se presta a particularização da disciplina por apresentar uma característica própria a todo o direito.

Duas outras proposições intermediárias pretendem sobressair, em primeiro lugar, a do direito misto, que por sua vez não insere nada de relevante e inovador ao debate acadêmico, apenas permite a aglutinação destes diversos elementos na descrição de uma realidade individual, na qual sobressai a liberdade e autonomia da vontade na formação do contrato, com a incidência de um conjunto mínimo de regras indisponíveis, previstas especialmente no texto celetista, uma coexistência de regras em diversos sentidos, adaptadas às características da relação jurídica que se pretende regular, aglutinando a perspectiva institucionalista prevista na exposição de motivos da CLT.

E em segundo lugar, a proposição do direito unitário foi sustentada por Evaristo de Moraes Filho (1978, p. 77), e está centrada na argumentação segundo a qual a divisão usual entre o direito público e privado não é adequada para retratar a realidade intrínseca às relações do trabalho, o direito do trabalho como um direito unitário e homogêneo pode ser sintetizado por meio da seguinte ideia: *"ao trazer para o seu âmbito matéria primitivamente amorfa e heterogênea, fundiu-a o **novo espírito jurídico** num **todo orgânico diferenciado e tanto quanto possível autossuficiente**. Todas estas normas amalgamaram-se numa **substância nova**, diferente, criando-se uma nova **combinação de elementos até então diversos entre si**, e não uma mistura. Perdem aqueles elementos de origens estranhas as suas antigas características, acabando por ganhar as novas de um direito unitário"*. É a combinação orgânica das características do direito público e privado, não obstante o fetiche que ainda provoca a dicotomia proposta por Ulpiano.

Na proposta de reforma trabalhista, por meio do substitutivo ao Projeto de Lei n. 6.787/16 apresentado na Câmara dos Deputados, tramitando no Senado Federal por meio do PLC n. 38/17, o texto proposto para o art. 444, parágrafo único da CLT[34], permite a emancipação do trabalhador

---

(33) Para Almir Pazzianotto, ex-presidente do TST, citado na reportagem: A batalha das reformas. *Revista Exame*, edição n. 1135, 12.4.2017, a "Justiça do Trabalho trata o empregado com vítima, como se fosse incapaz de saber o que é melhor para ele".

(34) Art. 444. [...] Parágrafo único. A livre estipulação a que se refere o *caput* deste artigo aplica-se às hipóteses previstas no art. 611-A desta Consolidação, com a mesma eficácia legal e preponderância sobre os instrumentos coletivos,

portador de diploma universitário que perceba remuneração superior a 2 (duas) vezes o teto dos benefícios instituídos no âmbito da previdência social, relativizando os instrumentos de proteção do trabalhador hipossuficiente, de forma a excepcional uma parcela de trabalhadores não vulneráveis, que estariam a margem da tutela do Estado e dos Sindicatos.

Não nos apresenta como argumento jurídico válido o valor da remuneração como presunção legal de não vulnerabilidade, relativizando o conceito de ordem pública do art. 17 da LINDB que sempre esteve atrelado à espinha dorsal do texto celetista (arts. 9º, 444 e 468 da CLT), atrelados à ineficácia dos atos fraudulentos e que representem alteração contratual lesiva, estaríamos por relativizar direitos indisponíveis, irrenunciáveis e intransacionáveis, por um aspecto meramente representativo do nível social do trabalhador, escravizado por distintas necessidades sociais e pessoais próprias do patamar em que passe a ocupar, dentro da perspectiva da hierarquia das necessidades humanas que modelam o comportamento dos indivíduos, da forma como proposta pela teoria de Abraham Maslow[35], havendo a definição de 5 (cinco) categorias: fisiologias, de segurança, participação, estima e autorrealização.

De forma precisa, Jorge Luiz Souto Maior (2000, p. 276) ressalta a impossibilidade de incluir de forma abrangente a ideia da ampliação do espaço da autonomia individual na teorização do direito do trabalho, uma vez que na realidade atual sua disseminação implica no retrocesso social, para o seu adequado funcionamento necessitamos de um equilíbrio entre a oferta e a procura, inexistente, chegando ao ponto de inadmitir a existência de um verdadeiro contrato de trabalho, que teria por pressuposto a igualdade das partes, negada pela própria vertente doutrinária que visualiza a existência de um verdadeiro contrato de adesão.

Ao tratar a doutrina a respeito da perda de poder de barganha pelo trabalhador, seja pelo enfraquecimento do movimento sindical, seja pela introdução de novas tecnologias na concepção de novos modelos de negócio, a exemplo do Uber, ressaltando na metodologia da divisão do trabalho fórmulas alternativa de inserção do trabalhador no processo produtivo, chamamos a atenção para a concorrência do Uber no tradicional mercado de táxi convencional na Inglaterra, cuja preparação de um taxista inglês exigia um treinamento extenuante para aprendizado das rotas na Capital Londrina, o que passa a estar superado com a utilização dos aplicativos de localização "Waze", segundo reportagem do jornal *New York Times*, de 4.7.2017 com o título *On London's Streets, Black Cabs and Uber Fight for a Future*, vejamos: *"And yet the clash in London is different, less about the disruptive power of an app, or a new business model, than about the disruption of Britain. London's cabby wars echo the culture wars that fueled Britain's vote last summer to leave the European Union — and that have brutally flared up again in recent weeks: immigrant versus native, old versus new, global versus national. London's black cabs trace their lineage to 1634. To earn a badge, cabbies spend years memorizing some 25,000 streets and 100,000 landmarks for "the Knowledge," the world's toughest taxi exam. Most cabbies are white and British. Uber arrived in 2012, just before the London Olympics, but its 40,000 drivers already far outnumber the city's 21,000 traditional cabbies. They use satellite navigation to find their way around. Most of them are nonwhite, and many, like Mrs. Bakkali, are immigrants"*.

---

no caso de empregado portador de diploma de nível superior e que perceba salário mensal igual ou superior a duas vezes o limite máximo dos benefícios do Regime Geral de Previdência Social.

(35) Nas palavras de Antônio Cesar Amaru Maximiano, na obra *Introdução à administração* (2000, p. 351), uma vez atendida, a necessidade deixa de fazer sentido, a motivação da pessoa, dentro do aspecto organizacional, passaria a estar direcionada ao atendimento da ordem seguinte das necessidades, permitindo-nos dizer, no âmbito do direito do trabalho, que a posição social não seria suficiente para superar o conceito de vulnerabilidade, uma vez que a fonte de renda seria igualmente indispensável a satisfazer outra necessidade, que dentro de cada uma das escalas e perspectivas, não deixa de ser menos importante que as necessidades fisiológicas a serem satisfeitas.

1.8. Pontos de vulnerabilidade na reforma trabalhista

Não obstante a doutrina reconheça a necessidade da **retipificação do contrato de trabalho** no sentido da ampliação dos contratos a prazo, neologismo utilizado por Amauri Mascaro Nascimento (segundo Nelson Mannrich — 1998, p. 71 — termo utilizado no V Congresso de Direito Individual da LTr, em 1991), em especial diante da **inexorável reabsorção de parcela das relações de trabalho pela prestação de serviço do Direito Civil**, segundo Luiz Carlos Amorim Robortella (2010, p. 28) por meio da **revalorização dos contrato civis**, a partir da **retomada do diálogo entre o direito do trabalho e direito civil**, caminho inverso do imperialismo da relação de emprego pós-revolução industrial, as principais instituições responsáveis pela preservação dos direitos sociais do trabalhadores postaram-se contra em diversos aspectos.

Por meio da nota técnica n. 2, emitida pelo Ministério Público do Trabalho, em 23 de janeiro de 2017, foi observada a crescente precarização do mercado de trabalho a partir da crise econômica de 2008, diante da substituição constante e paulatina do contrato de trabalho por tempo integral, por aquele de tempo parcial, situação que contribui significativamente para o aprofundamento das desigualdades econômicas e socais; estas em níveis já sobejamente elevados no Brasil, e que poderiam recrudescer com a linha tênue traçada entre contrato parcial e integral pelo Projeto de Lei n. 6.787/16 e PLC n. 38/17, elevando o número de horas semanais de 25 horas para 30 horas, enquanto o padrão geral persiste em 44 horas semanais, nos termos do art. 7º, XIII, da CF.

Neste sentido, devemos destacar a interessante perspectiva traçada no relatório da OIT *World Employment and Social Outlook 2015: The changing nature of jobs*[36], relatório este citado na nota técnica do MPT mencionada, apresentando na Europa o fechamento de 3,3 milhos de postos de trabalho em tempo integral, com a abertura de 2,1 milhões de postos em tempo integral, denotando o movimento inexorável de **precarização dos níveis de proteção social** por intermédio da legislação trabalhista, o que até então, nos termos do relatório, não ocorria com o Brasil, especialmente diante da sensação irreal de pleno emprego criada ao final do governo do Presidente Lula.

Ainda, neste mesmo relatório da Organização Internacional do Trabalho, foi ressaltado o círculo vicioso entre os níveis de emprego e de consumo[37], o que certamente justifica um baixo crescimento econômico, razão pela qual alguns doutrinadores sustentam que os níveis de emprego não estão diretamente relacionados com a pseudo "modernização da legislação trabalhista", eufemismo capaz de absorver a sua mera precarização, uma vez que o crescimento econômico está lastreado na distribuição de renda, que necessariamente é feito pela legislação trabalhista, capaz de manter a própria coesão do "contrato social" definido por Rousseau.

---

(36) Texto original (p. 29): *"In the vast majority of countries with available information, the rise in the number of part-time jobs outpaced gains in full-time jobs between 2009 and 2013. In France, Italy, Japan, Spain and the EU-28, more broadly, increases in part-time employment occurred alongside losses in full-time jobs — leading in some instances to overall job losses during this period. For instance, in the EU-28, full-time employment declined by nearly 3.3 million, while part-time employment increased by 2.1 million. Among the countries with available data, only Brazil, the Russian Federation and the United States saw overall employment gains, driven predominantly by an increase in full-time employment over this period. In each of these cases, the increase in full-time jobs more than offset declining part-time employment".*

(37) Texto original (p. 32): *"This chapter has analyzed the vicious circle of weak global aggregate demand, slow growth and slow employment creation that has characterized the global economy and many labour markets throughout most of the post-crisis period. It has argued that, in the present context, and particularly in the advanced economies, it is important to recognize that pro-employment policies also promote aggregate consumption and economic growth".*

Durante as discussões da reforma trabalhista no Congresso Nacional, foram travados diversos debates a respeito da efetiva viabilidade do aumento dos postos de trabalho pela mera "modernização" da regulamentação trabalhista (para muitos diga-se "precarização" da regulamentação trabalhista), valendo destacar que os níveis de empregos estão atrelados a questões macroeconômicas, especialmente em um mundo globalizado, valendo o alerta de Arion Sayão Romita (2008, p. 79): "A função do Direito do Trabalho como estimulante da criação de empregos não pode ser superestimada. A adoção de medidas flexibilizadoras da legislação do trabalho não tem o condão de, por si só, gerar postos de trabalho. O Direito do Trabalho pode muito, mas não pode tudo. Numa sociedade capitalista, o nível de emprego (isto é, o número de trabalhadores ocupados) tende a equivaler às necessidades dos sistemas produtivos. Não há empresário que, por mais flexível que seja a regulação do trabalho, contrate empregados se considerar que sua presença na empresa é inútil; da mesma forma, não há empresário que, a despeito de toda a rigidez da lei, deixe de admitir um empregado se este for imprescindível ao sistema produtivo".

Ainda, nesta mesma linha de raciocínio, o relatório da Organização para Cooperação e Desenvolvimento Econômico (OECD), no seu relatório de 2015: *"In It Together: Why Less Inequality Benefits All: OVERVIEW OF INEQUALITY TRENDS, KEY FINDINGS AND POLICY DIRECTIONS", aponta neste mesmo sentido, chamando a atenção para a necessidade da adoção de políticas públicas que venham a fomentar empregos de maior qualidade, de tempo integral, sob pena do aprofundamento das desigualdades econômicas e sociais: vejamos:* "Policy needs to focus on access to jobs and labour market integration in order to increase both equality and growth. But only focusing on the number of jobs is not enough; Chapter 4 of this report shows that it is about policies for quantity and quality of jobs; jobs that offer career and investment possibilities; jobs that are stepping stones rather than dead ends".

No artigo do jornal *New York Times*, com o título *Preparing for 'Brexit,' Britons Face Economic Pinch at Home*, publicado em 11 de junho de 2017, Peter S. Goodman, analisando os efeitos no mercado de trabalho Inglês após os reveses econômicos provocados pela operacionalização do *"Brexit"*, saída da Inglaterra do Comunidade Europeia, há a constatação do enfraquecimento dos sindicatos perante o *"gig economy"*, permitindo a substituição dos trabalhos em tempo integral por tempo parcial, com arrefecimento das demandas por adequadas políticas salariais[38].

Dentro desta mesma concepção da precarização do patamar civilizatório mínimo, a nota técnica n. 1, emitida pelo Ministério Público do Trabalho, em 23 de janeiro de 2017, salienta a **flagrante inconstitucionalidade da jornada de trabalho intermitente**[39] sustentando na lógica perversa da remuneração atrelada às horas efetivamente trabalhadas, sem qualquer ajuste prévio a respeito do quantitativo prévio de horas a serem cumpridas no mês, dispositivo que denota flagrante inconstitucionalidade diante do comprometimento do "mínimo existencial", levando a quebra de harmonia entre capital e trabalho, reconhecendo este último como um mero insumo produtivo, em total descompasso com a Declaração da Filadélfia[40] adotada pela Organização Internacional

---

(38) Texto original: *"Unions are far weaker than years ago. The gig economy has replaced full-time jobs with part-time and temporary stints, diluting the power of workers to demand higher pay"*.
(39) Vejamos a proposta de redação do dispositivo: "Art. 452-A. O contrato de trabalho intermitente deve ser celebrado por escrito e deve conter especificamente o valor da hora de trabalho, que não pode ser inferior ao valor horário do salário mínimo ou àquele devido aos demais empregados do estabelecimento que exerçam a mesma função em contrato intermitente ou não. § 1º O empregador convocará, por qualquer meio de comunicação eficaz, para a prestação de serviços, informando qual será a jornada, com, pelo menos, três dias corridos de antecedência".
(40) Chama-nos sempre a atenção para os consensos ao entorno das Declarações de Direito que estariam por extrair sua validade e seus pleitos de pretensões universalistas ao entorno da ideia legitimadora dos sistemas jurídicos, e reco-

do Trabalho em 1944 (após a 2ª Guerra Mundial) que estabelece como princípio institucional no item I, "a": *"o trabalho não é uma mercadoria"*.

Vislumbramos a tentativa de compartilhamento do risco do empreendimento, sem a contrapartida do elemento justificador "lucro", violando diversos dispositivos constitucionais, dentre eles: i) art. 1º, inciso III, da CF: dignidade da pessoa humana; ii) art. 1º, IV c/c art. 170, *caput*, da CF: valor social do trabalho; e, iii) art. 170, inciso III, da CF: Função Social da Propriedade.

Segundo o posicionamento defendido pelo Ex-Presidente do TST, Almir Pazzianotto, o contrato intermitente apenas estaria por regulamentar o "bico", uma realidade existente entre nós[41], contudo, o relatório no relatório aprovado na Comissão de Assuntos Econômicos (CAE), no Senado Federal (6.6.2017), pelo Relator Ricardo Ferraço (PSDB-ES), houve a sugestão de veto ao trabalho intermitente[42], como forma de evitar que o projeto retornasse à Câmara dos Deputados diante da apresentação de uma emenda.

A nova redação do art. 443 da CLT, pela Lei n. 13.467/17, autoriza a adoção alternativa do contrato intermitente[43], que segundo § 3º deve ser considerado todo aquele no qual a prestação de serviços é executada mediante subordinação, porém de modo não contínuo, admitido indiscriminadamente em qualquer atividade econômica, com exceção do aeronauta submetido à legislação

---

nhecida a partir da *"consciência universal"*, vejamos: i) Declaração Universal dos Direito do Homem e do Cidadão 1789 — segundo o seu art. 1º *"Os homens nascem e são livres e iguais em direitos. As distinções sociais só podem fundar-se na utilidade comum"*; e, ii) Declaração Universal dos Direitos Humanos de 1948, segundo o art. XXIII, item "1": *"Todo ser humano tem direito ao trabalho, à livre escolha de emprego, a condições justas e favoráveis de trabalho e à proteção contra o desemprego"*.

(41) Disponível em: <http://www.dci.com.br/politica/reforma-trabalhista-regulamenta-o-bico-id618592.html>. Acesso em: 13.6.2017.

(42) *Art. 443. O contrato individual de trabalho poderá ser acordado tácita ou expressamente, verbalmente ou por escrito, por prazo determinado ou indeterminado, **ou para prestação de trabalho intermitente**.*

(43) *Art. 443. O contrato individual de trabalho poderá ser acordado tácita ou expressamente, verbalmente ou por escrito, por prazo determinado ou indeterminado, **ou para prestação de trabalho intermitente**.*
*Art. 452-A. O contrato de trabalho intermitente deve ser **celebrado por escrito** e deve conter especificamente o valor da hora de trabalho, que não pode ser inferior ao valor horário do salário mínimo ou àquele devido aos demais empregados do estabelecimento que exerçam a mesma função em contrato intermitente ou não.*
§ 1º O empregador convocará, por qualquer meio de comunicação eficaz, para a prestação de serviços, informando qual será a jornada, com, pelo menos, três dias corridos de antecedência.
§ 2º Recebida a convocação, o empregado terá o prazo de um dia útil para responder ao chamado, presumindo-se, no silêncio, a recusa.
§ 3º A recusa da oferta não descaracteriza a subordinação para fins do contrato de trabalho intermitente.
§ 4º Aceita a oferta para o comparecimento ao trabalho, a parte que descumprir, sem justo motivo, pagará à outra parte, no prazo de trinta dias, multa de 50% (cinquenta por cento) da remuneração que seria devida, permitida a compensação em igual prazo.
§ 5º O período de inatividade não será considerado tempo à disposição do empregador, podendo o trabalhador prestar serviços a outros contratantes.
§ 6º Ao final de cada período de prestação de serviço, o empregado receberá o pagamento imediato das seguintes parcelas:
I — remuneração;
II — férias proporcionais com acréscimo de um terço;
III — décimo terceiro salário proporcional;
IV — repouso semanal remunerado; e
V — adicionais legais.
§ 7º O recibo de pagamento deverá conter a discriminação dos valores pagos relativos a cada uma das parcelas referidas no § 6º deste artigo.
§ 8º O empregador efetuará o recolhimento da contribuição previdenciária e o depósito do Fundo de Garantia do Tempo de Serviço, na forma da lei, com base nos valores pagos no período mensal e fornecerá ao empregado comprovante do cumprimento dessas obrigações.
§ 9º A cada doze meses, o empregado adquire direito a usufruir, nos doze meses subsequentes, um mês de férias, período no qual não poderá ser convocado para prestar serviços pelo mesmo empregador."

especial. Este contrato deverá ser celebrado por escrito, bem como para sua validade deverão ser observadas as regras procedimentais do art. 452-A da CLT.

Neste mesmo contexto, devemos refletir a respeito da fórmula encontrada na Europa para tratar da flexibilização das normas trabalhistas, discutindo especialmente o papel do Estado nesta engrenagem, considerando o custo elevado das iniciativas relacionadas com as garantias de emprego em geral, que para muitos são responsáveis pela redução da produtividade e custo direto da mão de obra, valendo destacar o modelo Dinamarquês de 'flexissegurança", sustentado em três pilares: i) flexibilidade na relação de emprego; ii) sistema generoso de prestações por desemprego; e, iii) nova política de ativação do mercado de trabalho.

Para Arion Sayão Romita (2008, p. 44), a proteção do emprego não é transferida à empresa, mas assumida pelo estado por meio de um amplo programa de proteção do emprego, capaz de preencher as lacunas do modelo justrabalhista autônomo de flexibilização do mercado de trabalho, alinhados com programas de capacitação profissional que desenvolva o conceito de "empregabilidade", de forma que não haja confusão com meras iniciativas assistencialistas, alinhado com o amadurecimento do movimento sindical, com foco em objetivos mais amplos e de longo prazo que não se confundam com as meras campanhas salariais.

O obstáculo de sua transposição para o Brasil foi muito bem explorado na coluna do ex-ministro do planejamento Nelson Barbosa (*Folha de S. Paulo*, 9 de junho de 2017), para quem a sua concepção em terras nacionais teria problemas de ordem conjuntural e estrutural, a primeira em razão da experiência vivenciado em outros países em que a flexibilização do mercado do trabalho não representa o aumento proporcional de postos de trabalho na exata medida da diminuição do poder de barganha do trabalhador em períodos de baixo crescimento econômico, e em segundo lugar, a reforma trabalhista acontece em um cenário de desmonte da rede de proteção social pela "PEC do Estado Mínimo"[44] crescimento "zero" do gasto público nos próximos 20 anos, sem qualquer iniciativa de fomento das taxas de sindicalização do trabalhador.

---

(44) Com a promulgação da EC n. 95, de 15 de dezembro de 2016, a nova redação do art. 107 da CF passa a instituir "teto" (limites) para o gasto público, permitindo apenas a sua correção pelo IPCA nos termos do seu § 1º, II, do dispositivo constitucional em destaque.

CAPÍTULO II

FUNDAMENTOS DO DIREITO DO TRABALHO

2.1. DISCURSO DA MODERNIZAÇÃO DO DIREITO DO TRABALHO

Antes de tratarmos das justificativas apresentadas ao substitutivo apresentado na Câmara dos Deputados ao Projeto de Lei n. 6.787/16, pelo relator Deputado Rogério Marinho (PSDB-RN), que seguiu tramitando no Senado Federal por meio do PLC n. 38/17, de relatoria do Senador Ricardo Ferraço (PSDB-ES), no sentido da **modernização** das regras celetistas como forma de **estabilização das relações do trabalho**, e por oportuno, valorizando a **segurança jurídica** do empreendedor em períodos turbulentos de **informalidade e subemprego**, devemos revisitar a doutrina na tentativa de transposição de modelos vivenciados e consolidados em outros países.

Para Jorge Luiz Souto Maior (2000, p. 281), o direito corresponde à *"narração histórica de um povo"*, destaca a existência de um suporte cultural que dá sustentação a própria regulamentação subsequente, uma vez que a amplitude da **regulamentação autônoma** somente se justifica enquanto sindicatos e empregadores mantiverem esforços de boa-fé para solucionar seus dissídios sem o envolvimento do governo, à medida que esta condição básica cessar justificar-se-á pontualmente a intervenção Estatal. Ainda quanto à arbitragem, este mesmo autor (2000, p. 283), justifica a disseminação de recurso de solução de conflito de interesses em solo americano, pelo fato de inexistir Órgão Jurisdicional especializado em matéria trabalhista.

Até mesmo pelo suporte cultural que permeia cada uma das fontes, do direito, eleitas em cada um dos sistemas, parece-nos um tremendo equívoco a tentativa de traçar um comparativo/paralelo entre a legislação nacional e americana, ou ainda, refletir a respeito da efetividade de cada um dos modelos utilizados para a solução dos conflitos de interesses trabalhistas, e neste ponto é extremamente esclarecedor o artigo do Professor Cássio Casagrande com o título *A reforma trabalhista e o 'sonho americano'*, publicado em 11 de junho de 2017[45], que discute a realidade

---

(45) Disponível em: <https://jota.info/artigos/a-reforma-trabalhista-e-o-sonho-americano-11062017>. Acesso em: 29.6.2017.

a respeito do **"custo Brasil"** diante dos seguintes aspectos: **i) hipertrofia da legislação estatal** (o fato dos EUA não terem a sua CLT); **ii) inexistência de uma justiça laboral**; e, **iii) excesso de judicialização das questões trabalhistas.**

Em primeiro lugar, discute-se a **flexibilização do modelo** diante da inexistência de um código de leis, já que nos termos da exposição de motivos do próprio texto celetista a consolidação estaria localizada entre uma compilação e um código representador por *momentos extremos de um processo de corporificação do direito"*, fato este que decorre exclusivamente da tradição da *common law* capaz de revelar o direito por intermédio de leis esparsas e precedentes judiciais, havendo, inclusive, legislação federal no EUA, ao par da competência legislativa Estadual em matéria trabalhista, revelada pelo *Federal Labor Standards Act* (FLSA), editado antes da própria CLT em 1938, pelo Presidente Franklin Delano Roosevelt, no transcorrer da implantação das políticas do *New Deal*, legislação que tem sofrido alterações ao longo do tempo sem a pecha do "anacronismo".

No tocante a **inexistência de uma Justiça do Trabalho**, diversamente do sistema da *civil law*, o modelo de organização judiciária americana não segue o padrão de especialização em razão da matéria (*rationae materiae*), contudo, não deixamos de identificar uma legítima "jurisdição trabalhista" que trata de matérias similares àquelas discutidas nas cortes brasileiras[46], que por meio do modelo de precedentes permite a adoção de decisões judiciais dos Tribunais com efeito vinculante, este último efeito devido ao sistema *stare decisis* próprio da *common law*, não havendo justificativa, dentro da perspectiva do paralelo traçado entre os sistemas, para as críticas da excessiva sumularização do TST, que estaria excedendo aos limites do art. 2º da CF ao representar inovação na ordem jurídica em determinadas matérias, sem correlação com as circunstâncias fáticas que lhe tenham justificado (art. 926, § 2º, do CPC), a título de exemplo, o citado articulista menciona a decisão da Suprema Corte dos EUA no caso *Friedrichs v. California Teachers Associtation*, tratando da constitucionalidade da fixação de contribuição assistencial compulsória em acordos coletivos.

E ainda, quanto à **excessiva judicialização trabalhista** no Brasil, que não difere da realidade vivenciada pelos demais Órgãos judiciários brasileiros, o que denota um completo descaso moral com o adimplemento voluntário das obrigações assumidas, seja na seara civil, consumeirista ou trabalhista, uma forma peculiar de organização do tecido social brasileiro, devendo ressaltar que no sistema americano a ação trabalhista típica é uma *class action*, uma ação coletiva promovidas por um único trabalhador que extrapola os seus efeitos em relação a todos aqueles que vivenciem idêntica situação de fato e de direito, a semelhança do instituto da "substituição processual", sem falar é claro na disseminação da arbitragem em solo americano.

O Projeto de Lei da "Reforma Trabalhista" pretende estancar a **excessiva "litigiosidade das relações trabalhista"** em duas frentes: i) **Estímulo à conciliação extrajudicial** e composição prévia entre capital e trabalho, por meio de um **procedimento de jurisdição voluntária** regulamentado nos arts. 855-A a 855-E da CLT[47], sem criar qualquer obstáculo ao amplo acesso ao Poder Judiciário

---

(46) *i) Independent contractor missclassification* (reconhecimento de vínculo de emprego em contexto fraudulento de trabalho autônomo); *ii) Overtime pay e exemption clause* (não pagamento de horas extras, e exclusão ao regime de controle de jornada); *iii) Missed rest and break meals* (supressão do intervalo intrajornada); *iv) Transportation to and from work site* (horas *in itinere*); e, *v) Harassment* (ações discriminatórias e de abuso de poder, como o assédio moral e sexual).

(47) Art. 855-B. O processo de homologação de acordo extrajudicial terá início por petição conjunta, sendo obrigatória a representação das partes por advogado. § 1º As partes não poderão ser representadas por advogado comum. § 2º Faculta-se ao trabalhador ser assistido pelo advogado do sindicato de sua categoria. Art. 855-C. O disposto neste Capítulo não prejudica o prazo estabelecido no § 6º do art. 477 desta Consolidação e não afasta a aplicação da multa prevista no § 8º, art. 477, desta Consolidação. 'Art. 855-D. No prazo de quinze dias a contar da distribuição da petição, o juiz analisará o acordo, designará audiência se entender necessário e proferirá sentença. Art. 855-E. A petição de homologação de acordo extrajudicial suspende o prazo prescricional da ação quanto aos direitos nela especificados.

(ADIs ns. 2.139 e 2.160 do STF que suspenderam a obrigatoriedade das Comissões de Conciliação Prévia prevista no art. 625-D da CLT); e ainda, ii) **Superação do conceito da "litigância sem risco"**, excluindo a presunção da insuficiência de recursos (art. 790, §§ 3º e 4º[48]) para efeito da concessão da assistência judiciária gratuita, de constitucionalidade duvidosa diante da amplitude do direito fundamental estabelecido no art. 5º, LXXIV, da CF.

Destacamos o posicionamento de Amauri Mascaro Nascimento (2011, p. 154), na obra *Direito Contemporâneo do Trabalho*, para quem: *"postula-se, sem razão a transferência da solução dos conflitos trabalhistas para a exclusiva esfera econômica ou social afastada de qualquer conotação jurídica. Essa padece do defeito de não perceber que o direito, na sociedade, é a organização normativa dos comportamentos, o que mostra a inviabilidade dessa cogitação. Pode-se, no entanto, questionar a excessiva judicialização de alguns sistemas, quando não estruturado na adequada distribuição do peso que deve ter cada técnica compositiva, o que pode desequilibrar o sistema"*. E acrescenta (2011, p. 157): *"A jurisdição é inafastável, mas não deve ser a única forma de composição. Um sistema que se proponha a resolver os conflitos resultantes dos contratos individuais do trabalho não pode prescindir da coparticipação de outros mecanismos aptos a reduzir sua carga, como as comissões sindicais de arbitragem, de mediação ou outros órgãos destinados a filtrar as questões antes de se apresentarem ao Judiciário"*.

Contudo, não tem sido esta a opção política reconhecida no Brasil, ao destacarmos o veto da Presidente Dilma Rousseff ao art. 33 do NCPC/15 que autorizaria a conversão da ação individual em ação coletiva, seja pela "relevância social" do objeto debatido no processo, ou ainda pela necessidade de uma solução uniforme à tutela coletiva que venha alcançar "relação jurídica plurilateral", bem como pelo veto ao § 4º do art. 4º na Lei n. 9.307/96, lei de arbitragem, cuja redação proposta pela Lei n. 13.129/15 permitiria ao "[...] empregado ocupante de cargo ou função de administrador ou de direção estatutário [...]" a pactuação de cláusula compromissória desde que o empregado tome a iniciativa de instituir a arbitragem ou concorde expressamente com a sua instituição, segundo a mensagem de veto n. 162, de 26 de maio de 2015, essa possibilidade acabaria por "[...] realizar uma distinção indesejada entre empregados, além de recorrer a um termo não definido tecnicamente na legislação trabalhista, com isso, colocaria em risco a generalidade de trabalhadores que poderiam se ver submetidos ao processo arbitral".

A única hipótese de **arbitragem** em matéria trabalhista individual autorizada pelo legislador pátrio está vinculada à possibilidade da implantação das Comissões de Conciliação Prévia pela Lei n. 9.958/00, meio alternativo de solução de conflitos de interesses trabalhistas por excelência, ainda não judicializados, passível de ser instituído seja no âmbito intersindical ou empresarial (art. 652-A, parágrafo único, da CLT), meio de baixíssima eficácia, por ausência do seu *Ethos* de justificação, que no grego representa um padrão moral arraigado nos costumes e nos traços comportamentais de cada povo, uma convergência encontrada nas críticas realizadas em relação à possibilidade de ampliação do diálogo social por meio das negociações coletivas.

Sua funcionalidade depende necessariamente de um suporte cultural, moral e ético, e neste ponto, não há como deixar de sublinhar o posicionamento de Adalberto Simão Filho (2003, p. 47), que ao tratar da **teoria da nova empresarialidade** especificamente da eficiente solução de conflitos, utiliza-se das lições de Eduardo C. B. Bittar, para afirmar que a **solução ética dos conflitos** é

Parágrafo único. O prazo prescricional voltará a fluir no dia útil seguinte ao do trânsito em julgado da decisão que negar a homologação do acordo.
(48) Art. 790. § 3º É facultado aos juízes, órgãos julgadores e presidentes dos tribunais do trabalho de qualquer instância conceder, a requerimento ou de ofício, o benefício da justiça gratuita, inclusive quanto a traslados e instrumentos, àqueles que perceberem salário igual ou inferior a 40% (quarenta por cento) do limite máximo dos benefícios do Regime Geral de Previdência Social. § 4º O benefício da justiça gratuita será concedido à parte que comprovar insuficiência de recursos para o pagamento das custas do processo.

aquela que se extrai de forma pacífica das próprias partes interessadas, lastreada na real disposição de, por meios informais, alcançar a plenitude da resolução ponderada capaz de por fim a uma pendência interpessoal, sobre a orientação de preceitos éticos.

Ou seja, o próprio empresariado que exige mudanças na direção da modernização da relação capital e trabalho, será responsável por meio de uma conduta ética de legitimar os novos meios propostos na reforma, especialmente na jurisdição voluntária relativa às transações extrajudiciais, sob pena destas iniciativas terem o mesmo destino das Comissões de Conciliação Prévia, que inclusive poderiam ser revitalizadas em momentos de grandes transformações.

No estudo realizado pelo Direito da FGV-Rio, em 2012, com o título: *Tribunal Multiportas: investindo no capital social para maximizar o sistema de solução de conflitos no Brasil*, Kazuo Watanabe, ao dissertar a respeito da perspectiva contemporânea do princípio do amplo acesso ao Poder Judiciário (art. 5º, XXXV, da CF), esclarece que o mesmo não comporta um mero acesso formal aos Órgãos do Poder Judiciário, mas um acesso qualificado capaz de franquear ao jurisdicionado o **meio "adequado" à ordem jurídica justa**, sem descuidar, obviamente, das características da efetividade e tempestividade, faz-se necessário um movimento no sentido da "aderência ao caso concreto".

Para o autor, o foco deve estar não apenas na tendência mundial, afastando-nos das tentações quanto à mera absorção de metodologias alienígenas, ou ainda restringir o debate a questão, não menos importante, da "morosidade da justiça", mas especialmente possibilitar a "solução mais adequada e justa aos conflitos de interesses" (2012, p. 88), pela presente inadequação do método adjudicatório a oferecer respostas a situações peculiares decorrentes da natureza diferenciada do conflito e condições/necessidades especiais das partes em conflito, razão pela qual Carnelutti, citado por Mauro Schiavi (2016, p. 42), afirma: "A conciliação é uma sentença dada pelas partes e a sentença é uma conciliação imposta pelo Juiz".

A Lei n. 13.467/17 que trata da Reforma Trabalhista revoluciona a questão da arbitragem em matéria de direito individual do trabalho, até então vinculado a teoria da indisponibilidade das normas trabalhista, diante da carga imperativa das disposições legais que compõe o chamado conteúdo mínimo do contrato de trabalho. O art. 507-A da CLT passa a admitira a adoção de cláusula compromissória de arbitragem nos contratos individuais do trabalho cujo trabalhador perceba remuneração superior a 2 (duas) vezes o limite máximo estabelecido para os benefícios do Regime Geral da Previdência Social.

SOLUÇÃO DIFERENCIADA

(i) Natureza peculiar: das circunstâncias e pessoas envolvidas, ou pela existência de uma relação jurídica pretérita e duradoura.

(ii) Preservação/coexistência: da relação entre as partes pela superação do conflito, situação certamente contingenciada na relação capital e trabalho.

Ainda quanto ao paralelo americano, a proposta relativa à adoção de um **modelo justrabalhista autônomo** de gestão da força de trabalho, nos moldes daquele praticado nos Estados Unidos da América, idealizado como panaceia de todos os males diante de uma excessiva intervenção do Estado nas relações privadas do trabalho, com direitos sociais autorregulamentados pelo próprio mercado, apresenta-se insuficiente diante dos efeitos e desafios da globalização, matéria veiculada em 18 de outubro de 2016, no Jornal *New York Times*, intitulada *Ford plants go to México, but US Jobs stay around*[49], evidencia o esvaziamento da cidade de Detroit, conhecida como "cidade fantasma" após a severa recessão econômica de 2008, havendo a migração de postos de trabalho para o México, seja em razão dos acordos multilaterais de comércio exterior como o *North American Free Trade Agreement* (Nafta), vivenciado nos últimos 22 (vinte e dois) anos, ou, ainda, a forte atuação dos *Trade Union* (Sindicatos), em que o custo da mão de obra do operário americano custa $ 29,00 (vinte e nove dólares), três vezes superior ao do operário mexicano.

Talvez esta realidade esteja por trás da eleição de Donald J. Trump, o presidente dos Estados Unidos da América, ou mesmo, da vitória do Brexit, saída da Inglaterra da Comunidade Econômica Europeia, acontecimentos relevantes do ano de 2016, que denotam um movimento nacionalista na contramão do fenômeno da globalização, com uma presença marcante da China no plano internacional, especialmente, pelo enfraquecimento da participação americana no *Trans Pacific Partnership*, segundo matéria do *New York Times* do dia 18 de novembro de 2016, como título *China's Influence Grows in Ashes of Trans-Pacific Trade Pact*[50].

De acordo com o filósofo Alain Badiou, no artigo *Guerra à vista: a democracia em crise e o mundo tenso como se 1914 fosse hoje*, publicado no Jornal *Folha de S. Paulo*, de 16 de abril de 2017, o viés conservador à direita vivenciado na política americana está relacionado diretamente com **processo de desindustrialização** vivenciado nos EUA, efeito do protagonismo Chinês apresentado no setor de manufaturas nos últimos anos, o que certamente foi captado pelo Direito do Trabalho pátrio por meio das construções ao entorno do conceito acadêmico do *Dumping* Social, vejamos: "É uma vitória que eu chamaria de niilista. É o preço pago pela desindustrialização violenta dos EUA. As produções foram deslocadas para a China, o Camboja [...]. Exatamente como em certas regiões da França. A primeira vitória de Trump ocorreu nas primárias republicanas, com um discurso populista. Ele prometeu expulsar os mexicanos, criar empregos, repatriar fábricas. Na França, desempregados de áreas industriais foram do voto comunista ao voto na Frente Nacional. A eleição de Trump indica que a desindustrialização, o puro financiamento do capitalismo das grandes metrópoles, cria uma clientela disponível para as hipóteses fascistas. Sobretudo porque nada está previsto contra isso. Só há Le Pen[51] e Trump para dizer essas coisas que, afinal, eles não cumprirão. Ninguém acredita que os EUA voltarão a ser o grande país industrial do passado. Ou então será instalado um verdadeiro protecionismo, que conduzirá à guerra. A eleição de Trump é o sinal de que há uma doença".

Desta forma, a exposição de motivos da reforma trabalhista explora a ideia da **informalidade do mercado de trabalho**, ressaltando um contingente expressivo de trabalhadores a margem da legislação social, havendo a necessidade premente de uma **retipificação contratual**,

---

(49) Disponível em: <www.nytimes.com/2016/10/19/business/yes-ford-is-building-plants-in-mexico-no-its-not-cutting-us-jobs.html?_r=0>. Acesso em: 17.4.2017.
(50) Disponível em: <www.nytimes.com/2016/11/20/business/international/apec-trade-china-obama-trump-tpp-trans-pacific-partnership.html>. Acesso em: 17.4.2017.
(51) Ressaltamos a vitória nas urnas em 2017 do Presidente Francês Emmanuel Macron, político de centro, que tem a intenção de retomar a discussão da reforma trabalhista na França em meio a um percentual de 9,6% de desempregados. A reforma proposta em 2016 pelo socialista François Hollande foi barrada pela mobilização dos Sindicatos contrários à tentativa de flexibilização do mercado de trabalho, movimento sintomático da globalização que não afeta apenas o Brasil.

capaz de reduzir os estoques de processos na Justiça do Trabalho, fortalecendo a **segurança jurídica na relação de emprego**, diante da constatação do Ministro do TST João Oreste Dalazen de tratar-se o texto celetista de uma regulamentação rígida, detalhista, confusa e permeada de lacunas que estimulam o dissenso a respeito dos critérios adequados a sua colmatação, bem como cita Celso Pastore para quem a legislação trabalhista atual "constitui um verdadeiro convite ao litígio".

2.2. Economia disruptiva no contexto da 4ª revolução industrial — uberização

Em meados da década de 1980, muitos economistas latino-americanos haviam abandonado a antiga visão estatizante das décadas de 1950 e 1960, a favor do que veio a ser denominado **"Consenso de Washington"** — a melhor maneira de promover o crescimento é por meio de orçamentos equilibrados, inflação baixa, **mercados desregulamentados** e livre comércio.

O grande desafio do direito do trabalho diante das exigências incessantes por maior produtividade e lucratividade, lastreadas em setor privado cada vez mais pujante e competitivo, amparado por **inovações tecnológicas**[52] que neutraliza as distâncias físicas, e a regulamentação social dos países passa a ser encarada como moeda de troca para a atração dos investimentos, e ao mesmo tempo, constrói-se um suporte mínimo de conteúdo econômico e social, um patamar mínimo civilizado representado pelos direitos humanos.

Em 1914, após a 1ª Guerra Mundial, passamos a identificar a **2ª Revolução Industrial**, com ganhos de escala e produtividade no setor industrial, suplantando os efeitos da mera **divisão do trabalho** com a adoção da linha de produção. Eis que até o começo do século XX a atividade industrial era dominada pelos métodos artesanais, houve um novo salto de inovação promovida por Henry Ford, o fundador da *Ford Motor Company*, criador da linha de montagem móvel que viria a estabelecer um novo e universal padrão dos processos produtivos, com reflexos na regulamentação trabalhista em todo o mundo, realidade sintetizada na expressão **Fordismo**.

Para Antonio Cesar Amaru Maximiano (2009, p. 56), é possível observar no ambiente empresarial Americano um crescente movimento de aumento de **eficiência dos processos de produção** de empresas como *Ford, General Motors, Goodyer e General Eletric*, alcançando um patamar superior àquele alcançado durante a Revolução Industrial do século XVIII ocorrida na Inglaterra, representado pela busca incessante do aumento da eficiência dos trabalhadores por meio da **racionalização do trabalho**, e entre os resultados apresentados por Frederick Winslow Taylor está o pagamento de altos salários atrelados a custo reduzido de produção, podendo ser este alcançado pela definição dos melhores meios de execução das tarefas, o que poderia ser representado pela padronização dos movimentos.

Em linhas gerais, a **racionalização do trabalho** é uma técnica específica, a partir da qual se pretende o aumento da eficiência por meio da simplificação dos movimentos e minimização do tempo necessária para a execução de determinada tarefa produtiva, uma vez que esta é estudada de forma sistemática de modo a permitir o seu aprimoramento, promovendo alterações mais racionais e eficientes, fórmulas encontradas *downsize* do **toyotismo**, com a eliminação de estoques pelo método do *just-in-time*.

---

(52) As incertezas trazidas pelo novo, em especial as inovações tecnológicas, já decretaram no passado o fim dos empregos especialmente pelo movimento ludista retratado por Daron Acemoglu e James A. Robinson (2012, p. 85), na obra *"Why nations fail: the origins of Power, posperity, and poverty"*: *"The aristocracy was not only loser from industrialization. Artisans whose manual skills were being replaced by mechanization likewise opposed the spread of industry. Many organized against it, rioting and destroying the machines they saw as responsible for decline of their livelihood. They were Luddites, a word that has today become synonymous with resistance to technological change".*

Mais uma vez, nos valemos da análise de Dorothee Susanne Rüdiger (1999, p. 22-25) sobre o contexto da 2ª Revolução Industrial, um quadro de inovações efetuadas pelo modelo de administração empresarial *toyotista* distinto do já disseminado modelo *fordista*, este último caracterizado pela produção em larga escala para o mercado, os produtos são fabricados numa linha de montagem em unidades fabris concentradas que, por sua vez, juntam muitos trabalhadores em torno de uma produção fragmentada, porém coletiva, existindo um rigoroso controle de tempo e uma hierarquia funcional que garante a separação funcional entre a concepção e a execução das diversas tarefas.

Já a unidade produtiva *toyotista* trabalha no sentido inverso, a produção é adaptada à demanda de mercado, é o consumo que determina a produção e não o contrário, uma vez que as demandas do mercado são individualizadas e só se repõe o produto após a verificação dessa demanda. Esse sistema exige uma produção flexível, uma organização do trabalho que aproveite ao máximo o tempo dos trabalhadores disponíveis, para tanto, a mão de obra fixa da empresa deve ser polivalente e organizada de maneira **horizontal** para que possa planejar e executar diversas tarefas na hora em que estas se fazem necessárias. Além dessa mão de obra fixa polivalente, a empresa contrata, conforme a demanda do mercado, trabalhadores de empresas prestadoras de serviços ou então empresas fornecedoras que complementam sua atividade, quando necessário.

Mas não devemos deixar de registrar que estes caminhos são, por vezes, deveras tortuosos, segundo o Diretor Geral da Organização Internacional do Trabalho, Juan Somovia, na Conferência realizada em 2000: "Os métodos de trabalho mais flexíveis, os recursos cada vez mais frequentes à subcontratação (terceirização) e ao trabalho em regime de tempo parcial dificultam a organização dos trabalhadores para defenderem os seus próprios interesses", limitando a atuação dos próprios Sindicatos.

Entendemos ser inexorável, a reboque da revolução tecnológica provocada pela 3ª Revolução Industrial, em 1960, pelo uso intensivo da informática, a evolução para um mundo cada vez mais sem emprego, o que está por provocar uma reestruturação do mercado de trabalho, as vítimas deste processo não estão localizadas apenas nos países em desenvolvimento, representativos da expressão BRICS (Brasil, Rússia, Índia, China e África do Sul), são encontradas em solo americano, arrebatadas pelo recrudescimento dos níveis de proteção no mercado varejista Norte Americano, simbolizado pelas grandes cadeias de *fast-food*, situação sintetizada pela expressão *MacJobs*, representando os trabalhos por tempo parcial (*part-time*) e ausência de um piso salarial (*minimum wage*) que possa garantir padrões mínimos de sobrevivência (*living standards*) aceitos nos países desenvolvidos, e sem qualquer perspectiva de desenvolvimento na carreira[53].

Na obra *The Shift: The future of work is already here*, Lynda Gratton, professora da *London Business School*, faz diversas observações em relação ao trabalho, como a **fragmentação das ativi-**

---

(53) O artigo MacJobs e UberJobs. *Revista The Economist*, 4 de julho de 2015: retrata a modificação inexorável do mercado de trabalho, vejamos: *"The fundamental problem is that in America, as in many other rich countries, employment law has failed to keep up with the changing realities of modern work. Its labour rules are rooted in a landmark piece of legislation, the Fair Labour Standards Act, passed in 1938 during Franklin Roosevelt's presidency. In those days a far larger proportion of American men worked in manufacturing; most women did not work; and the difference between employees, who worked full-time for a company, and contractors, who were typically tradesmen such as plumbers, seemed much clearer. The post-war growth of franchising, and the expansion of companies like Amway and Avon that used freelance door-to-door sellers, began to blur the distinction. Now, the "on-demand" economy is all but obliterating it, by letting people sell their labour and rent out their assets — from cars to apartments — in a series of short-term assignments arranged by smartphone app"*. O Jornal New York Times retratou esta realidade em artigo publicado, em 27 de outubro de 2012, com o título: "A Part-Time Life, as Hours Shrink and Shift", que retrata este modelo de baixa remuneração das cadeias de *fast food* incapazes de garantir uma condição econômica mínima para suprir as necessidades básicas dos cidadãos e seus familiares: *"While there have always been part-time workers, especially at restaurants and retailers, employers today rely on them far more than before as they seek to cut costs and align staffing to customer traffic. This trend has frustrated millions of Americans who want to work full-time, reducing their pay and benefits"*.

dades decorrente da exigência crescente de profissionais flexíveis e multifuncionais, com evidente perda de qualidade uma vez que foco e concentração são indispensáveis ao alcance dos níveis de excelência *"the first shift is your conscious construction of working life is based on mastery"*; aliado ao próprio **isolamento dos trabalhadores** com superação dos conceitos de escritórios físicos, eis que as ferramentas tecnológicas permitem a prestação de serviço dissociada do elemento espacial, *"the second shift is the realisation that the opposite of fragmentation is not isolation. The challenge is to construct a working life in the future that has both self-focus and strong relationship with others"*. Dentro desta mesma perspectiva contemporânea a autora destaca os novos modelos de negócio, que passa a exigir atividades repetitivas de baixa qualificação, gerando um grande contingente de trabalhadores a margem dos sistemas sociais de proteção, mal remunerados e vinculados a empregos de tempo parcial que não asseguram o mínimo necessário a uma vida digna, não acompanhando a elevação do custo de vida de questões essenciais, como habitação e alimentação, especialmente nos grandes centros urbanos[54].

Esta é a percepção no Brasil de Nelson Mannrich (1998, p. 79), para quem o custo da mão de obra, que decorre das garantias de emprego no âmbito individual e coletivo, é fato responsável pela *"[...] introdução de novas tecnologias que não necessitam de mão de obra, estimulando a utilização do trabalhador em tempo parcial"*.

Estes pontos têm repercussão na OECD (*Organisation for Economic Co-operation and Develompment*), que por meio do seu relatório *Employment Outlook 2015* — organização internacional para o desenvolvimento que congrega 34 países, criada inicialmente para gerir o *Plano Marshall* (reconstrução da Europa pós 2ª Guerra Mundial) — ressalta a necessidade de atuação em duas frentes: garantir **as habilidades da força de trabalho** exigidas pelas **novas tecnologias**, sem excluir a preocupação com um **patamar mínimo de remuneração** para trabalhadores vinculados a vagas de trabalho tradicionalmente desvalorizadas pela economia de mercado[55].

Como síntese da nova realidade do mercado de trabalho redimensionado por uma **economia disrruptiva**, reflexo de uma nova economia que promove a reinvenção de modelos de negócios estáveis e tradicionais (promovendo uma ampla reestruturação dos sistemas de produção, consumo,

---

(54) Na referida obra, a autora narra uma série de histórias de vida que retratam os desafios atuais com as realidades vivenciadas no mercad,o de trabalho, vejamos alguns trechos: *By 11.30 Briana is getting ready for the short walk to the local burguer bar where she has part-time job — five afternoons a week. She enjoys the work and likes the crowd she gets to spend time with. By 6.00 the evening shift are coming in and Briana leaves for home. After quick dinner with her family she does what she does many nights — tries to find more permanent work. She spends the next hour surfing the web to see if there are any jobs that might suit her". "Frank makes a living now working in a hardware store in Detroit, but it´s long hours an doesn´t really use his skills. As the evening closes Briana sits on the porch to chat with her grandfather. Now aged he would love to work, but like Frank is finding it tough to get work that would interest him"*.

(55) Vejamos: *"The structural changes in the economy are part of continuous process of adaptation to new technologies and processes, as well as globalization. In this context, workers must have the opportunity to build the skills needed by employers in labour demand and to use their skills fully on the job. This is of crucial importance to ensure human capital plays its expected role in boosting innovation and productivity, but also to make growth inclusive. [...] For workers at the bottom of earnings ladder, adequate income support is needed to prevent in-work poverty and make work pay. Mandatory minimum wage which now exist in 26 OECD contries, can help underpin the wages of low-paid workers. Evidence suggests that, when set at an appropriate level, minimum wage tend to have a small adverse effect on employment. Sensible minimum-wage tend to have only a small adverse effect on employment. Sensible minimum-wage design includes: I) taking account of differences by region in economic conditions — as applied largely in federal countries, II) including lower minima for very young, inexperienced people, and III) ensuring adjustments of the level of the minimum wage are considered on a regular schedule and informed by objective assessment of their potential impacts on low-skilled employment and living conditions. The comparative analysis in the employment outlook of minimum wage arrangements also highlights the importance of coordination minimum wage with other policy instruments, especially the tax/benefit system. For example, social security contributions can be set at lower level minimum wage workers so as to limit disemployment effects interactions between the minimum wage and the tax/benefit system also have a large impact on how effectively increase into minimum wage translate into increased disposable income for working poor"*.

transporte de bens e a entrega de serviços), que sempre empregaram um grande contingente de trabalhadores, o Fórum Econômico Mundial (*46th Annual Economic Forum*) realizado em Davos na Suíça, em 20 de janeiro de 2016, teve como temática a **4ª Revolução Industrial**, com suporte teórico na obra de Klaus Schwab, com o título *The Forth Industrial Revolution*, revelando uma economia com forte presença das tecnologias digitais, mobilidade e conectividade de pessoas, distinguindo-se das anteriores pela intensidade dos ciclos de inovação[56].

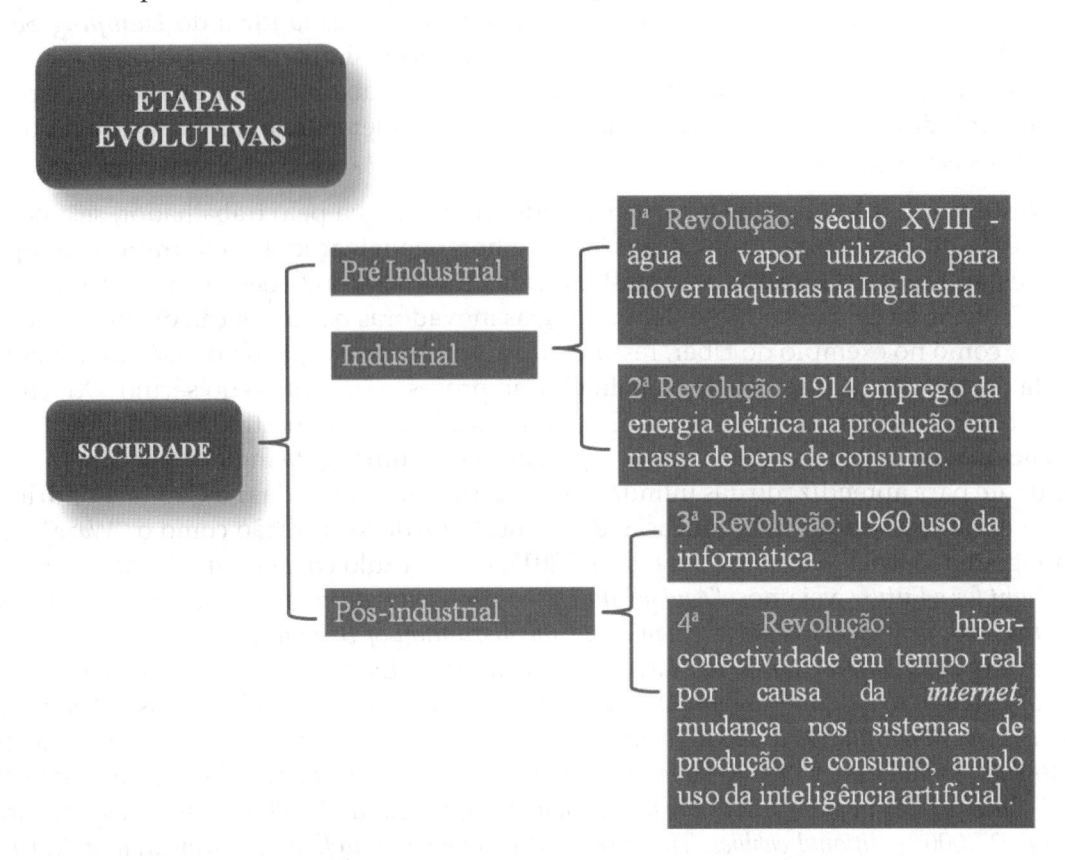

ETAPAS EVOLUTIVAS

SOCIEDADE
- Pré Industrial
- Industrial
  - 1ª Revolução: século XVIII - água a vapor utilizado para mover máquinas na Inglaterra.
  - 2ª Revolução: 1914 emprego da energia elétrica na produção em massa de bens de consumo.
- Pós-industrial
  - 3ª Revolução: 1960 uso da informática.
  - 4ª Revolução: hiperconectividade em tempo real por causa da *internet*, mudança nos sistemas de produção e consumo, amplo uso da inteligência artificial.

No campo do direito do trabalho o que talvez cause maior perplexidade seja o *Uber*, maior empresa de táxi do mundo, sem nenhum veículo ou empregado (contexto empregatício), devendo notar os aspectos que talvez afastem o reconhecimento do vinculo de emprego nas Cortes Trabalhistas dos diversos países em que atua, havendo um comparativo com os trabalhadores da *FedEx*, no artigo de Brishen Rogers, com o título *The Social Costs of Uber*, publicado na *The University of Chicago Law Review Dialogue*, uma vez que os taxistas do Uber tem plena autonomia na definição do horário de trabalho, além de utilizarem seus próprios veículos, mas com **custo social** sem precedentes a ser identificado com o passar dos anos[57].

---

(56) As incertezas trazidas pelo novo, em especial as inovações tecnológicas, já decretaram no passado o fim dos empregos especialmente pelo movimento ludista retratado por Daron Acemoglu e James A. Robinson (2012, p. 85), na obra *"Why nations fail: the origins of Power, posperity, and poverty"*: *"The aristocracy was not only loser from industrialization. Artisans whose manual skills were being replaced by mechanization likewise opposed the spread of industry. Many organized against it, rioting and destroying the machines they saw as responsible for decline of their livelihood. They were Luddites, a word that has today become synonymous with resistance to technological change"*.
(57) Vejamos: *"Granted, early signs are not encouraging for workers. For example, the company often acts unilaterally toward its drivers, changing terms and conditions at will, even when drivers have invested in cars in reliance on Ubers policies. It is also the subject of lawsuits alleging that it misled drivers and the public by stating that 20 percent tips were built into fares and arguing that Uber drivers are actually employees and therefore eligible for reimbursement for employment-related expenses such as gas and*

Entendemos que o já reconhecido processo de **"Uberização"** das relações do trabalho reflete a emergência de um novo padrão de organização do trabalho lastreado nos avanços tecnológicos, uma evolução do modelo dos *Macjobs*, representados pelo trabalho fragmentado de baixa qualificação disseminado mundo afora a partir do modelo de negócio das grandes cadeias varejistas americanas, especialmente aquelas de *fast-food*, que poderá ser considerado o embate jurídico do século (colocando o modelo de negócio do aplicativo em risco na hipótese do reconhecimento do vínculo formal de emprego), uma vez que sintetiza a própria ideia do *Dumping Social*, impossibilitando qualquer tipo de concorrência em mercados similares que utilizem o conceito da "relação de emprego", representado no mundo todo pelo trabalho subordinado, o que pode vir a contaminar toda a economia e mercado de trabalho, como elemento indispensável a rentabilidade das empresas e negócios.

Neste ponto, não obstante a perda do poder de barganha pelo trabalhador, seja pelo enfraquecimento do movimento sindical, ausência de **homogeneização das reivindicações** operárias, inerentes ao modelo Fordista, pela existência das mesmas condições de trabalho no "chão de fábrica", ou ainda pela introdução de tecnologias inovadoras na concepção de novos modelos de negócio, como no exemplo do Uber, ressaltando aqui a metodologia da divisão do trabalho reestilizada para efeito de inserção do trabalhador no processo produtivo do século XXI, chamamos a atenção para a concorrência desleal (*Dumping* Social) do Uber no tradicional mercado de taxi convencional na Inglaterra, uma vez que a preparação de um taxista inglês exigia um treinamento extenuante para aprendizado das infindáveis rotas a serem exploradas na Capital Londrina, o que passa a estar superado com a utilização dos aplicativos de localização como o "*Waze*", segundo reportagem do jornal *New York Times*, de 4.7.2017, com o título On London's Streets, Black Cabs and Uber Fight for a Future, vejamos: *"And yet the clash in London is different, less about the disruptive power of an app, or a new business model, than about the disruption of Britain. London's cabby wars echo the culture wars that fueled Britain's vote last summer to leave the European Union — and that have brutally flared up again in recent weeks: immigrant versus native, old versus new, global versus national. London's black cabs trace their lineage to 1634. To earn a badge, cabbies spend years memorizing some 25,000 streets and 100,000 landmarks for 'the Knowledge', the world's toughest taxi exam. Most cabbies are white and British. Uber arrived in 2012, just before the London Olympics, but its 40,000 drivers already far outnumber the city's 21,000 traditional cabbies. They use satellite navigation to find their way around. Most of them are nonwhite, and many, like Mrs. Bakkali, are immigrants".*

Em outubro de 2016, o *Employment Tribunal* de Londres na Inglaterra, no *Case n. 2202550/2015*, **Mr. J. Farraz vs. Uber London LTD** reconheceu a existência da relação de emprego pela convicção de que o Uber tem por objeto social uma legítima atividade de transporte de passageiros[58], e não

---

insurance. In one such suit, a federal judge in California denied Ubers motion for summary judgment on the issue of employment status. I'm skeptical, though, that many courts will find Uber drivers to be employees. The test under most federal and state employment statutes is whether the putative employer has the right to control the work in question. The most analogous recent cases, in which courts have split, involve FedEx drivers. Those that found for the workers have noted, for example, that FedEx requires uniforms and other trade dress, that it requires drivers to show up at sorting facilities at designated times each day, and that it requires them to deliver packages every day. Uber drivers are different in each respect. They use their own cars, need not wear uniforms, and most importantly they work whatever hours they please. Uber could also deploy sticks rather than carrots. It might, for example, insert a non compete clause into its driver contracts, thus prohibiting drivers from working for other ride-sharing companies. While such clauses are difficult to enforce in some states, including California, other states have enforced them even against independent contractors. That may deter drivers from leaving Uber regardless of enforceability. Uber may also wield the possibility of shifting to driverless cars to prevent drivers from organizing, and given its past behavior toward adversaries, there is little reason to think it will not do so when feasible".

(58) A questão da atividade econômica realizada pelo Uber, seu objeto social efetivo, pelo crivo até do princípio da primazia da realidade foi devidamente retratado no Processo n. 1001492-33-2016-5-02-0013 por meio da sentença proferida pelo Juiz do Trabalho Eduardo Rockenbach Pires, da 13ª Vara do Trabalho de São Paulo do TRT da 2ª Re-

uma mera plataforma tecnológica que tenha por usuários de seu aplicativo motoristas independentes, esclarecendo na decisão: *"Our scepticism is not diminished when we are reminded of the many things said and written in name of Uber unguarded moments which reinforce the Claimants´ simple case that the organisation runs a transportation business and employ drivers to that end"*. Nos Estados Unidos, o precedente **Abdul Kadir Mohamed vs. Uber Technologies Inc** afastou a obrigatoriedade de submissão da demanda ao juízo arbitral.

No Brasil, os contornos da discussão jurídica a respeito da relação de emprego dos motoristas do Uber podem ser representados pelas primeiras decisões em sentido opostos proferidas pela 33ª Vara do Trabalho de Belo Horizonte (Processo n. 0011359-34.2016.5.03.0112), na qual o Juiz do Trabalho Márcio Toledo Gonçalves reconhece o vínculo de emprego, decisão revertida em sede de recurso ordinário pelo TRT da 3ª Região, e a decisão da 37ª Vara do Trabalho de Belo Horizonte (Processo n. 001186-62.2016.5.03.0137) proferida pelo Juiz do Trabalho Filipe de Souza Sickert que nega a sua existência.

Para nós, a percepção do Juiz do Trabalho Márcio Toledo Gonçalves da 33ª Vara do Trabalho de Belo Horizonte (Processo n. 0011359-34.2016.5.03.0112) foi de extrema clareza ao afirmar na sentença (p. 25): "E assim, entramos neste 'admirável mundo novo' no qual os atos humanos de **exteriorização do poder diretivo e fiscalizatório** não mais se fazem necessários e são substituídos por **combinações algorítmicas**, novas dimensões teóricas e atualizações do direito do trabalho, para que este importante e civilizatório ramo do direito não deixe de passar despercebida a totalizante forma de subordinação e controle construídos dentro de uma fórmula de flexibilização" [...]. "Um controle de novo tipo, o controle algorítmico com base em plataformas e espaços virtuais constitui uma realidade estabelecida por essa inovadora forma de organização do trabalho humano. Um controle que admite a possibilidade de término de uma relação de emprego sem a intervenção humana".

Neste ponto, haveria o encaixe perfeito da teoria da **subordinação estrutural** para a qual a dinâmica de inserção do trabalhador na estrutura do empreendimento revela, por ela mesma, a subordinação, diante de uma tendência que deva acompanhar a alteração dos fatos sociais, viabilizando o alagamento do campo de incidência do Direito do Trabalho, resposta jurisprudencial (futuramente normativa?) às profundas transformações do modelo de expropriação do trabalho, independentemente da configuração dos comandos diretos, inserção objetiva do trabalhador na atividade essencial do empreendimento, nos moldes da **subordinação objetiva**, conceito a ser retomado na discussão da **parassubordinação**.

Mauricio Godinho Delgado (2014, p. 305), traça um paralelo entre a dimensão clássica da subordinação, que enaltece o aspecto meramente subjetivo, com a pretensa **objetivação** desta mesma

---

gião, para quem: "A retórica da contestação é bem construída, amparada em expressões contemporâneas e na assim chamada. Todavia, ela não corresponde economia do compartilhamento à realidade. Basicamente, não é verdade que o produto explorado pela empresa é meramente a ferramenta eletrônica, o aplicativo oferecido aos motoristas. A ré oferece no mercado um produto principal: o transporte de passageiros. O aplicativo é um instrumento, um acessório ao bom funcionamento do serviço. E os consumidores do produto da ré não são os motoristas, mas sim os passageiros. Para chegar a tal conclusão, recorde-se que o modelo capitalista de sociedade se ampara em uma célula fundamental: a forma mercadoria. Daí a referência ao produto em sentido amplo, que abrange a noção de serviço oferecido no mercado. Em linhas gerais, o capital é investido na produção de mercadorias, e a circulação destas gera a extração de um excedente; parte do excedente é reinvestida na produção (daí a reprodução do modelo), e outra parte é acumulada pelo capitalista na forma de lucro. É dessa forma básica que são derivadas as relações sociais capitalistas. No que mais importa no caso concreto, para compreender a natureza da relação jurídica de que se trata, a questão é indicar qual é a mercadoria de que a ré extrai o seu excedente econômico. E a resposta deve ser enunciada de maneira clara: a mercadoria da ré é o serviço de transporte. Nenhuma dúvida me ocorre quanto a isso. Não é por outra razão que é da ré (e não do motorista) o poder fundamental de quantificar o valor na circulação da mercadoria. É a ré que fixa o preço do serviço de transporte que o passageiro irá pagar".

subordinação, e conforme já debatido, a distinção estaria na *"intensidade das ordens do tomador de serviços"*, ou mesmo na *"integração do trabalhador nos fins e objetivos do empreendimento do tomador dos serviços"*, razão pela qual formula concepção da subordinação estrutural na hipótese de captar no campo da discricionariedade normativa a criação de uma realidade artificial com a única intenção de fraudar a proteção decorrente da aplicação do modelo de normatização justrabalhista. A inserção do trabalhador na dinâmica do tomador de seus serviços, independentemente de receber (ou não) suas ordens diretas, mas acolhendo, estruturalmente, sua dinâmica de organização e funcionamento, em uma dimensão própria da subordinação, não importa que o trabalhador se harmonize (ou não) aos objetivos do empreendimento, nem que receba ordens diretas das específicas chefias deste, o fundamental é que esteja estruturalmente vinculado à dinâmica operativa da atividade do tomador de serviços. O trabalhador pode realizar tanto atividade-meio como atividade-fim do tomador de serviços, será, porém, subordinado caso se ajuste, estruturalmente, ao sistema organizacional e operativo da entidade tomador de serviços, absorvendo sua cultura e sua lógica empresariais durante o ciclo de prestação de seu labor e, na medida dessa aculturação, seu poder direcionador e dirigente.

Posteriormente a referida decisão, em 2 de abril de 2017, o *Jornal New York Times*, por meio de um ensaio com o título: *How Uber Uses Psychological Tricks to Push Its Drivers' Buttons*, escrito por Noam Scheiber, alentando para o fato de que a *Gig Economy*, que utiliza trabalhadores independentemente do conceito formal de relação de emprego, transformando trabalhadores em empreendedores ou franqueando um meio alternativo de "fazer dinheiro" em seu tempo ocioso, havendo a necessidade do desenvolvimento de novos mecanismos que permitam o efetivo exercício do poder diretivo, um melhor controle e fiscalização do negócio (atividade econômica), sem o custo marginal do passivo trabalhista provocado pela nitidez da subordinação, fato social que deverá ser repensado pelo próprio direito (na nossa visão), e como alternativa propõe-se a criação de um ambiente de virtual de *game* que venha a fomentar a competição entre os próprios motoristas, premiados pela quantidade de tempo com *login* no aplicativo, de forma a compatibilizar a oferta de corridas à crescente demanda pelo serviço, vejamos: *"Ubers innovations reflect the changing ways companies are managing workers amid the rise of the freelance-based 'gig economy'. Its drivers are officially independent business owners rather than traditional employees with set schedules. This allows Uber to minimize labor costs, but means it cannot compel drivers to show up at a specific place and time. And this lack of control can wreak havoc on a service whose goal is to seamlessly transport passengers whenever and wherever they want. Uber helps solve this fundamental problem by using psychological inducements and other techniques unearthed by social science to influence when, where and how long drivers work. It's a quest for a perfectly efficient system: a balance between rider demand and driver supply at the lowest cost to passengers and the company. Employing hundreds of social scientists and data scientists, Uber has experimented with video game techniques, graphics and noncash rewards of little value that can prod drivers into working longer and harder — and sometimes at hours and locations that are less lucrative for them"*.

Em sequência, em 10 de abril de 2017, o mesmo jornal *New York Times*, e na esteira da reportagem mencionada no parágrafo anterior, fez um alerta da situação por meio de seu editorial: *The Gig Economy's False Promise* a respeito da falsa promessa por detrás da *Gig Economy*, alertando para a nova fórmula de exploração da força de trabalho, por meio da submissão a longas jornadas, alcançada por meio dos métodos disseminados na indústria do *video game*, repassando ao trabalhador parcela do risco do empreendimento (ideia de compartilhamento de risco distinta do compartilhamento do lucro) em troca da mera sobrevivência, e na maioria das vezes, como visto nos precedentes de outros países, utilizando-se de mão de obra de imigrantes, o que passa a alimentar o movimento de xenofobia principalmente na Europa, vejamos:

"In reality, there is no utopia at companies like Uber, Lyft, Instacart and Handy, whose workers are often manipulated into working long hours for low wages while continually chasing the next ride or task. These companies have discovered they can harness advances in software and behavioral sciences to old-fashioned worker exploitation, according to a growing body of evidence, because employees lack the basic protections of American law."

"A recent story in The Times by Noam Scheiber vividly described how Uber and other companies use tactics developed by the video game industry to keep drivers on the road when they would prefer to call it a day, raising company revenue while lowering drivers' per-hour earnings. One Florida driver told The Times he earned less than $ 20,000 a year before expenses like gas and maintenance. In New York City, an Uber drivers group affiliated with the machinists union said that more than one-fifth of its members earn less than $ 30,000 before expenses."

"Gig economy workers tend to be poorer and are more likely to be minorities than the population at large, a survey by the Pew Research Center found last year. Compared with the population as a whole, almost twice as many of them earned under $ 30,000 a year, and 40 percent were black or Hispanic, compared with 27 percent of all American adults. Most said the money they earned from online platforms was essential or important to their families."

Para efeito de contextualização, passaremos a avaliar cada um dos elementos fático-jurídicos da relação de emprego, com engrenagem e ferramenta legal que permita a inserção do trabalhador no sistema de proteção da CLT, fazendo dois alertarem indispensáveis para a exata compreensão da problemática: i) não obstante a configuração da relação de emprego não se exija a presença simultânea de todos os seus elementos, entre as situações jurídicas antagônicas da relação de emprego e trabalho autônomo, passando pela intermediária da parassubordinação, entendemos haver a presença destes mesmos elementos em maior ou menor **intensidade**, de forma decrescente da relação de emprego para o trabalho autônomo, motivo pelo qual estes elementos não devem ser extraídos genericamente do modelo de negócio em si, mas pela observância do princípio da primazia da realidade, devemos analisar a sistemática contratual daquela relação jurídica individualizada por protagonizar o próprio objeto do processo, neste sentido interessante a posição adotada no Processo n. 1001492-33-2016-5-02-0013, por meio da sentença proferida pelo Juiz do Trabalho Eduardo Rockenbach Pires, da 13ª Vara do Trabalho de São Paulo do TRT da 2ª Região, vejamos: *"Quanto à característica da não eventualidade, sua aferição concreta depende, evidentemente, da situação pessoal do autor, e não das modalidades de trabalho compatíveis com a plataforma criada pela ré. Na medida em que se deixa isso claro, evita-se o erro de incidir em excludentes genéricas descritas pela contestação. Parece correto dizer que a plataforma da ré admite o trabalho eventual. As testemunhas ouvidas em audiência afirmaram, de fato, que não existe um limite de tempo para o motorista permanecer inativo* (off line)*, tampouco existe uma imposição de número mínimo de horas de trabalho por dia ou por semana. Todavia, dizer que o trabalho eventual é admitido não equivale a dizer que o trabalho de todos os motoristas é eventual"*; e por outro lado, ii) há de ressaltar no contexto da própria eficiência da economia contratual, tendo por escopo a satisfação das necessidades do tomador do serviço justificadoras do vínculo estabelecido por intermédio do contrato, sustenta um mínimo de resquícios do **"poder de comando"** próprio da subordinação, *"situação jurídica derivada do contrato de trabalho, pela qual o empregado compromete-se a acolher o poder de direção empresarial no modo de realização de sua prestação de serviços"* (DELGADO, 2015, p. 311) registrado na decisão da 37ª Vara do Trabalho de Belo Horizonte (Processo n. 001186-62.2016.5.03.0137) proferida pelo Juiz do Trabalho Filipe de Souza Sickert, que nega a existência do vínculo de emprego, vejamos: "Ou seja, a subordinação jurídica se refere ao dever que o empregado tem de acatar as ordens dadas pelo empregador no que diz respeito ao modo da prestação dos serviços. Não se confunde com a subordinação jurídica a mera existência de obrigações contratuais entre as partes — o que é comum em todo tipo de contrato —, sendo, na verdade, fundamental que o próprio modo da prestação de serviços seja dirigido pela outra parte para que esteja configurada a subordinação a que se refere o art. 3º, *caput*, da CLT".

EM RESUMO, são estes os elementos fático-jurídicos da relação de emprego descrita na conjugação dos arts. 2º e 3º da CLT:

i) Subordinação: trata-se da subordinação jurídica (e não aquela eminentemente técnica ou econômica), na **concepção clássica**, a direção, controle e fiscalização quanto ao modo da execução do serviço, já que o risco da atividade e o produto da prestação do serviço são integrais do empregador, e na **concepção objetiva** representa a integração permanente do trabalhador na atividade econômica do tomador do serviço;

ii) Pessoalidade: ainda que com a anuência do empregador, e desde que não decorra de situação excepcional, sob pena de formação de um novo vínculo contratual entre o empregador e substituto, o empregado não pode substituir-se na prestação dos serviços;

iii) Não eventualidade: aqui não foi observada a teoria da continuidade, logo, não se exige trabalho ininterrupto no transcorrer da semana, na verdade é suficiente a habitualidade, configurada sempre que houver labor em dias pré-determinados no decorrer da semana representando a legítima expectativa de um compromisso entre empregado e empregador, permitindo a contrário *sensu* a caracterização do **trabalho eventual**, episódico, que por sua vez não gera vínculo de emprego;

iv) Onerosidade: intenção deliberada quanto ao recebimento de salário pela ótica do empregado, em contraponto ao exercício de atividades de cunho filantrópico, próprias do 3º setor (ONGs).

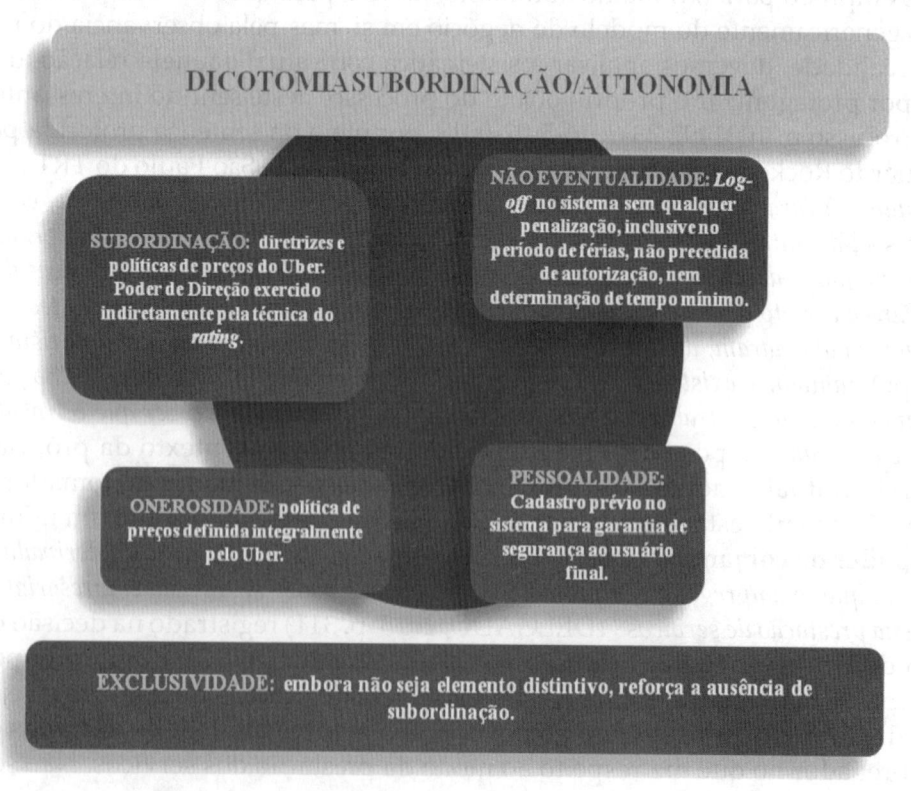

DICOTOMIA SUBORDINAÇÃO/AUTONOMIA

SUBORDINAÇÃO: diretrizes e políticas de preços do Uber. Poder de Direção exercido indiretamente pela técnica do *rating*.

NÃO EVENTUALIDADE: *Log-off* no sistema sem qualquer penalização, inclusive no período de férias, não precedida de autorização, nem determinação de tempo mínimo.

ONEROSIDADE: política de preços definida integralmente pelo Uber.

PESSOALIDADE: Cadastro prévio no sistema para garantia de segurança ao usuário final.

EXCLUSIVIDADE: embora não seja elemento distintivo, reforça a ausência de subordinação.

> Qual o entendimento do TRT da 3ª Região sobre o assunto? Decisão da 9ª Turma do TRT 3ª Região, Processo n. 0011359-34.2016.5.03.0112 — Relatora Desembargadora Maria Stela Álvares da Silva Campos: Descreve a prevalência do modo autônomo de organização do trabalho: *"Em relação à subordinação, em defesa, a reclamada aduziu que o reclamante nunca foi seu empregado, mas parceiro comercial, trabalhando de forma autônoma, com absoluta independência e autonomia no uso do aplicativo, podendo recusar passageiros e ligar o desligar o "app" como lhe aprouvesse, decidindo quando, como e a forma de utilização da plataforma (id. d27b239 — p. 15-16), alegações que têm respaldo nas declarações do próprio autor (vide depoimento pessoal de id. 34c8e7b, transcrito acima), onde, além de informar que o próprio motorista tinha liberdade de definir seu próprio horário de trabalho (utilizando os recursos on line e off line), expressamente declarou que era ele, reclamante, quem definia seus horários".*

Em linhas gerais, alguns elementos próprios da relação jurídica estudada chamam a atenção pela dúvida quanto à possibilidade de enquadramento nos elementos fático-jurídicos já discutidos:

i) Pessoalidade: cadastramento prévio do motorista inviabiliza eventual compartilhamento da conta, justificável no caso, pelos motivos de segurança, mesmo porque, a infungibilidade pode ser um elemento incidental nos demais contratos-atividade;

ii) Onerosidade: repasse de um percentual do valor pago pelo usuário final, definido pelo Uber;

iii) Subordinação: definição da política de preços exclusivamente pelo Uber, com o agravante da transferência, ou agravamento do risco do empreendimento, repassando ao motorista, dentro do modelo de negócio, os custos fixos de: aquisição do veículo, manutenção do veículo e combustível. Neste ponto, alguns dos institutos interventivos do Direito Civil na economia do contato, dirigismo contratual, serão de grande valia para efeito de minimizar a situação extrema de exploração, como: resilição contratual[59], onerosidade excessiva[60] e enriquecimento sem causa[61].

iv) Não eventualidade: a transitoriedade do serviço depende da perspectiva adotada, seja pela intermitência da prestação do serviço, a critério de quem? Diante da possibilidade de regulamentação do contrato de trabalho intermitente no bojo da reforma trabalhista[62]

---

(59) Art. 473. A resilição unilateral, nos casos em que a lei expressa ou implicitamente o permita, opera mediante denúncia notificada à outra parte. Parágrafo único. Se, porém, dada a natureza do contrato, uma das partes houver feito investimentos consideráveis para a sua execução, a denúncia unilateral só produzirá efeito depois de transcorrido prazo compatível com a natureza e o vulto dos investimentos.
(60) Art. 478. Nos contratos de execução continuada ou diferida, se a prestação de uma das partes se tornar excessivamente onerosa, com extrema vantagem para a outra, em virtude de acontecimentos extraordinários e imprevisíveis, poderá o devedor pedir a resolução do contrato. Os efeitos da sentença que a decretar retroagirão à data da citação.
(61) Art. 884. Aquele que, sem justa causa, se enriquecer à custa de outrem, será obrigado a restituir o indevidamente auferido, feita a atualização dos valores monetários. Parágrafo único. Se o enriquecimento tiver por objeto coisa determinada, quem a recebeu é obrigado a restituí-la, e, se a coisa não mais subsistir, a restituição se fará pelo valor do bem na época em que foi exigido.
(62) Vejamos a proposta de redação do dispositivo: "Art. 452-A. O contrato de trabalho intermitente deve ser celebrado por escrito e deve conter especificamente o valor da hora de trabalho, que não pode ser inferior ao valor horário

por meio da redação do art. 425-A da CLT pelo Projeto de Lei n. 6.787/16, o que estaria em consonância com a teoria do evento, contudo, ao entendermos que a atividade do Uber é transporte, esta percepção não se justifica pela perspectiva da teoria dos fins do empreendimento, o que foi captado no Processo n. 1001492-33-2016-5-02-0013 por meio da sentença proferida pelo Juiz do Trabalho Eduardo Rockenbach Pires, da 13ª Vara do Trabalho de São Paulo do TRT da 2ª Região, para quem: *"A retórica da contestação é bem construída, amparada em expressões contemporâneas e na assim chamada. Todavia, ela não corresponde economia do compartilhamento à realidade. Basicamente, não é verdade que o produto explorado pela empresa é meramente a ferramenta eletrônica, o aplicativo oferecido aos motoristas. A ré oferece no mercado um produto principal: o transporte de passageiros. O aplicativo é um instrumento, um acessório ao bom funcionamento do serviço. E os consumidores do produto da ré não são os motoristas, mas sim os passageiros. Para chegar a tal conclusão, recorde-se que o modelo capitalista de sociedade se ampara em uma célula fundamental: a forma mercadoria. Daí a referência ao produto em sentido amplo, que abrange a noção de serviço oferecido no mercado. Em linhas gerais, o capital é investido na produção de mercadorias, e a circulação destas gera a extração de um excedente; parte do excedente é reinvestida na produção (daí a reprodução do modelo), e outra parte é acumulada pelo capitalista na forma de lucro. É dessa forma básica que são derivadas as relações sociais capitalistas. No que mais importa no caso concreto, para compreender a natureza da relação jurídica de que se trata, a questão é indicar qual é a mercadoria de que a ré extrai o seu excedente econômico. E a resposta deve ser enunciada de maneira clara: a mercadoria da ré é o serviço de transporte. Nenhuma dúvida me ocorre quanto a isso. Não é por outra razão que é da ré (e não do motorista) o poder fundamental de quantificar o valor na circulação da mercadoria. É a ré que fixa o preço do serviço de transporte que o passageiro irá pagar"*.

Por fim, achamos realmente inovador o meio indireto de exercício do poder disciplinar, não há penalidades pelo fato do motorista não estar em *login* no sistema, mas a técnica do *rating*, que pode inclusive desligar o motorista da plataforma, é uma técnica inédita de vigilância da força de trabalho, inovação da organização *Uberiana* do trabalho com potencial exponencial de replicação em escala global, provoca um controle difuso e rarefeito realizado: *"por todos e ninguém ao mesmo tempo"*.

Logo, as transformações contemporâneas do mercado de trabalho, no plano interno ou internacional, expressão de uma possível e provável 4ª Revolução Industrial, que apresenta sinais claros de uma economia disruptiva, têm provocado a reestruturação das atividades econômicas que sempre foram responsáveis pela utilização de um grande contingente de mão de obra assalariada, novos modelos de negócio surgem em uma velocidade impressionante, a exemplo do UBER, NETFLIX, WHATSAPP, SPOTIFY, entre outros, sepultando empresas sólidas e respeitadas em sua área de atuação, que estaria por exigir a remodelação do sistema justrabalhista até então centrado na definição jurídica da relação de emprego, decorrência lógica, por exigências econômicas e sociais, de uma sociedade industrial, e no transcorrer da evolução da sociedade da informação a insistência neste arquétipo padrão tem provocado a crescente ampliação do mercado informal do trabalho.

Klaus Schwab (2016, p. 35), fundador e *Chairman* do Fórum Econômico Mundial, com uma visão privilegiada dos impactos das novas tecnologias sobre o mercado de trabalho, traz em sua

---

do salário mínimo ou àquele devido aos demais empregados do estabelecimento que exerçam a mesma função em contrato intermitente ou não. § 1º O empregador convocará, por qualquer meio de comunicação eficaz, para a prestação de serviços, informando qual será a jornada, com, pelo menos, três dias corridos de antecedência".

obra *The Fourth Industrial Revolution*⁽⁶³⁾, uma análise arguta dos possíveis resultados decorrentes das novas tecnologias sobre o mercado de trabalho, havendo duas previsões em sentido diametralmente opostos, a primeira no sentido de que a tecnologia e a automação nos levará a um período de grande **instabilidade social** pelos baixos níveis de ocupação no mercado de trabalho, em outro ponto, estas novas tecnologias serão responsáveis por uma revolução, criando novas ocupações até então inexistentes, acompanhadas de novos negócios e novas indústrias: *"There are roughly two opposing camps when it comes to the impact of emerging technologies on the labor market: those who believe in a happy ending — in which workers displaced by technology will unleash a new era of prosperity; and those who believe it will lead to a progressive social and political Armageddon by creating technological unemployment on a massive scale. History shows that the outcome is likely to be somewhere in the middle".*

Segundo este mesmo autor, as previsões catastróficas não foram confirmadas, especialmente na transformação da sociedade rural por meio do processo de urbanização, onde quase 90% da mão de obra estava alocada na agricultura, havendo recentemente o florescimento de uma **nova economia** até então não existente, o desenvolvimento pela *Apple* da indústria dos aplicativos para *smartphones*, que passa a atrair um novo contingente de força de trabalho, exigindo novas e indispensáveis habilidades que lhes permitam operar novas tecnologias, vejamos: *"It has always been the case that technological innovation destroys some jobs, which it replaces in turn with new ones in a different activity and possibly in another place. Take agriculture as an example. In the US, people working on the land consisted of 90% of the workforce at the beginning of the 19ᵗʰ century, but today, this accounts for less than 2%. This dramatic downsizing took place relatively smoothly, with minimal social disruption or endemic unemployment. The app economy provides an example of a new job ecosystem. It only began in 2008 when Steve Jobs, the founder of Apple, let outside developers create applications for the iPhone. By mid-2015, the global app economy was expected to generate over $ 100 billion in revenues, surpassing the film industry, which has been in existence for over a century".*

Contudo, não devemos deixar de registrar o provável prognóstico quanto à inexorável automação dos trabalhos manuais e repetitivos, por excelência, uma vez que há notícias de programas de computador capazes de substituir com perfeição a atividades de jornalistas na confecção da notícia, todavia, vale o alerta de Klaus Schwab: *"Many different categories of work, particularly those that involve mechanically repetitive and precise manual labor have already been automated".*

Inegável a existência de um ponto de consenso dentre os especialistas, segundo reportagem especial da revista *The Economist*, com o título *Lifelong education: learning and earning* (14ᵗʰ jan. 2017)⁽⁶⁴⁾, segundo a qual fica evidente a necessidade dos trabalhadores virem a adquirir

---

(63) *Despite the potential positive impact of technology on economic growth, it is nonetheless essential to address its possible negative impact, at least in the short term, on the labor market. Fears about the impact of technology on jobs are not new. In 1931, the economist John Maynard Keynes famously warned about widespread technological unemployment "due to our discovery means of economizing the use of labor outrunning the pace at which we can find new uses for labor". This proved to be wrong, but if this time it were true? [...] In light of these driving factors, there is one certainty: New technologies will dramatically change the nature of work across all industries and occupations. [...] To get a grasp on this, we have to understand the two competing effects that technology exercises on employment. First, there is a destruction effect as technology-fueled disruption and automation substitute capital for labor, forcing workers to become unemployed or to reallocate their skills elsewhere. Second, this destruction effect is accompanied by a capitalization effect in which the demand for new goods and services increases and leads to the creation of a new occupations, business and even industries. [...]The acknowledge that technology can be disruptive but claim that it always ends up improving productivity and increase wealth, leading in turn to greater demand for goods an services and new types of jobs to satisfy it. The substance of the argument goes as follows: Human needs and desires are infinite, so the process supplying them should also be infinite. Barring the normal recessions and occasional depressions, there will always be work for everybody.*

(64) *This analysis buttresses the view that technology is already playing havoc with employment. Skilled and unskilled workers alike are in a trouble. Those with a better education are still more likely to find work, but there is now fair chance that it will be enjoyable. Those who never made it to college face being squeezed out of workforce altogether. This is the argument of techno-pes-*

novas habilidades por toda a vida profissional, preservando-lhes a própria empregabilidade, havendo no mercado de trabalho uma ampla variação das formas desejáveis da prestação dos serviços: "*Changes in labour-market patterns may play a part too: companies now have a broader range of options for getting the job done, from automation and offshoring to using self-employed workers and crowdsourcing*".

As incertezas trazidas pelo novo, em especial as inovações tecnológicas, já decretaram no passado o fim dos empregos especialmente pelo movimento ludista retratado por Daron Acemoglu e James A. Robinson (2012, p. 85), na obra *Why nations fail: the origins of Power, posperity, and poverty*: "*The aristocracy was not only loser from industrialization. Artisans whose manual skills were being replaced by mechanization likewise opposed the spread of industry. Many organized against it, rioting and destroying the machines they saw as responsible for decline of their livelihood. They were Luddites, a word that has today become synonymous with resistance to technological change*".

Na verdade, vale a reflexão de Nelson Mannrich (1998, p. 71) no sentido de que há uma inegável relutância dos empregadores de se submeterem a qualquer tipo de regulação das condições do trabalho, em especial a discussão global a respeito da existência do vínculo de emprego no modelo de negócios do Uber, resistindo "[...] o esforço da Organização Internacional do Trabalho — OIT em estabelecer um standard de direitos trabalhistas, por meio de convenções e recomendações que, servindo de base para a justiça social, busca garantir a 'paz universal e duradoura'".

Segundo ensaio monográfico de Alexei Almeida Chapper, citado por Leone Pereira (2013, p. 70), a Organização Internacional do Trabalho passou a adotar o termo "**economia informal**" como forma de contemplar o sem número de relações informais do trabalho que se desenvolvem a margem do sistema de proteção do Estado, acreditava-se nos anos 50 tratar-se de um fenômeno passageiro, uma vez que a mão de obra de baixa qualificação e vinculada às unidades produtivas instáveis e precárias seriam paulatinamente absorvidas por um setor moderno da economia, que pelos efeitos da massificação da urbanização e utilização das inovações tecnológicas foi insuficiente para absorver este contingente, havendo a necessidade do desenvolvimento de políticas públicas tendentes a fortalecer o emprego e a economia nacional, com uma maior intervenção no mercado de trabalho e na economia.

A dificuldade em combater as teses neoliberais está no fato de que não há como promover os níveis de pleno emprego por meio do recurso a decretos e leis, estes devem refletir as condições decorrentes do próprio desenvolvimento econômico, havendo a discussão de alguns instrumentos paliativos no âmbito da OIT, a exemplo da Convenção n. 168 da OIT que trata da promoção do emprego diante dos altos níveis de desemprego e informalidade do mercado de trabalho, ou ainda a Convenção n. 158 da OIT, que intenciona disciplinar as dispensas coletivas nos momentos agudos de crise econômica.

---

simists, exemplified by the projections of Carl Benedikt Frey and Michael Osborne, of Oxford University, who in 2013 famously calculated that 47% of existing jobs in America are susceptible to automation. There is another, less apocalyptic possibility. James Bessen, an economist at Boston University, has worked out effects of automation on specific professions and finds that since 1980 employment has been growing faster in occupations that use computers than in those that do not. That is because automation tends to affect tasks within an occupation rather than wiping out jobs in their entirely. Partial automation can actually increase demand by reducing costs: despite the introduction of the barcode scanner in supermarkets and the ATM in banks, for example, the number of cashier and bank tellers has grown. [...] Such specific expertise is meant to be acquired on the job, but employers seem to have become less willing to invest in training their workforces. [...] Perhaps employers themselves are not sure what kind of expertise they need. But it could also be the training budgets are particularly vulnerable to cuts when the pressure is on. [...] And a growing number of people are self-employed. In America the share of temporary workers, contractors and freelancers in workforce rose from 10.1% in 2005 to 15.8% in 2015.

Os efeitos não estão restritos ao campo do Direito do Trabalho, são infinitamente nefastos e perniciosos no contexto previdenciário, seja pela predileção do sistema de custeio pelo modelo *Bismarckiano*, inclusivo apenas para a figura jurídico do empregado (relação empregatícia) e funcionário público, incidência das contribuições sobre a folha de salários, base de cálculo estável e que permite a racionalização do sistema de contribuição diante da posição privilegiada da fonte pagadora, devendo a empresa ser a responsável legal pela retenção, com a inserção compulsória no sistema da figura jurídica do segurado obrigatório, ao qual são franqueados os serviços e benefícios de proteção, reconhecidos como riscos sociais elegíveis na lei previdenciária, e de pretensões universalistas.

O alerta foi feito por Fábio Zambitte Ibrahim (2011, p. 2), na obra *A Previdência Social no Estado Contemporâneo*, para quem: "[...] a empreitada começa pela sociedade de risco, a qual, entre vários aspectos, traz novas relações de trabalho, que diminuem o quantitativo dos contratos de emprego típicos, expondo novas vulnerabilidades e incrementando a pobreza. A sociedade de risco, ao mesmo tempo que impõe algum tipo de mecanismo de segurança social, demanda revisão dos paradigmas existentes, especialmente do modelo bismarkiano de previdência social, o qual, como se verá, foi originário de uma sociedade industrial que não mais existe".

Neste ponto, Aliomar Baleeiro (2012, p. 542), analisando a perspectiva orçamentária do Estado do bem-estar social, destaca os **desequilíbrios orçamentários** sucessivos exigidos dos países ocidentais para a manutenção desta teia de proteção social, alcançadas por intermédio das políticas públicas de Estado, interferências defendidas por meio da teoria *Keynesiana*, com reflexos econômicos à medida que se passa a tolerar um razoável *déficit* orçamentário nos períodos de crises econômicas, com ciclos cada vez mais curtos nos tempos atuais, de forma a injetar grandes somas de dinheiro na economia para o fomento do seu reaquecimento, com vistas ao pleno emprego, sempre sob a sombra do descontrole inflacionário, sem perder de vista o ponto de exaurimento do repasse das receitas derivadas, na forma de tributos, extraídos do patrimônio individual dos contribuintes.

De qualquer forma, Amartya Sen (2010, p. 61)[65] destaca a importância da **livre-iniciativa** diante da perspectiva orçamentária do Estado Social, eis que o desenvolvimento econômico fundada no direito de autodeterminação dos agentes privados que atuam no mercado de bens e serviços, está atrelado às transações econômicas realizadas entre estes mesmos agentes, representando o grande motor do crescimento econômico amplamente aceito no mundo ocidental. Estas relações permanecem pouco reconhecidas, e precisam ser mais plenamente compreendidas na análise das políticas públicas, uma vez que o crescimento econômico pode ajudar não só elevando rendas privadas, mas também possibilitando ao Estado financiar a seguridade social e a intervenção governamental ativa.

Estes são alguns dos argumentos prós e contras dos movimentos, certamente haverá um custo social a ser suportado pela sociedade em gela em um "dado momento", ou um fato social que exija adaptações diante de um novo movimento pendular da normatização jurídica, já que a reforma trabalhista foi sensivelmente alheia a questão da passubordinação, ou mesmo, na melhor recepção do trabalhador pelo Código Civil, na perspectiva residual do contrato de prestação de serviços, conceitos que serão melhor explorados ao longo da obra.

---

(65) Foi laureado com o Prêmio de Ciências Econômicas em Memória de Alfred Nobel de 1998, pelas suas contribuições à teoria da decisão social e do *welfare state*. Amartya Sen lecionou na *London School of Economics*, Universidade de *Oxford* e Universidade de *Harvard*. Reitor da *Universidade de Cambridge*, é também um dos fundadores do Instituto Mundial de Pesquisa em Economia do Desenvolvimento (Universidade da ONU). Seus livros mais importantes incluem: *On Economic Inequality, Poverty and Famines* e *On Ethics and Economics*.

2.3. Redefinição do objeto do Direito do Trabalho

As transformações contemporâneas do mercado de trabalho, no plano interno ou internacional, expressão de uma possível e provável 4ª Revolução Industrial, que apresenta sinais claros de uma **economia disruptiva**, têm provocado a reestruturação das atividades econômicas que sempre foram responsáveis pela utilização de um grande contingente de mão de obra assalariada, novos modelos de negócio surgem em uma velocidade impressionante, a exemplo do UBER, NETFLIX, WHATSAPP, SPOTIFY, entre outros, sepultando empresas sólidas e respeitadas em sua área de atuação, que estaria por exigir a remodelação do sistema justrabalhista até então centrado na definição jurídica da relação de emprego, decorrência lógica, por exigências econômicas e sociais, de uma sociedade industrial, e no transcorrer da evolução da sociedade da informação a insistência neste arquétipo padrão tem provocado a crescente ampliação do mercado informal do trabalho.

Klaus Schwab (2016, p. 35), fundador e *Chairman* do Fórum Econômico Mundial, com uma visão privilegiada dos **impactos das novas tecnologias** sobre o **mercado de trabalho**, traz em sua obra *The Fourth Industrial Revolution*[66], uma análise arguta dos possíveis resultados decorrentes das novas tecnologias sobre o mercado de trabalho, havendo duas previsões em sentido diametralmente opostos, a primeira no sentido de que a tecnologia e a automação nos levará a um período de grande **instabilidade social** pelos baixos níveis de ocupação no mercado de trabalho, em outro ponto, estas novas tecnologias serão responsáveis por uma revolução, criando novas ocupações até então inexistentes, acompanhadas de **novos negócios e novas indústrias**: *"There are roughly two opposing camps when it comes to the impact of emerging technologies on the labor market: those who believe in a happy ending — in which workers displaced by technology will unleash a new era of prosperity; and those who believe it will lead to a progressive social and political Armageddon by creating technological unemployment on a massive scale. History shows that the outcome is likely to be somewhere in the middle"*.

Segundo este mesmo autor, as previsões catastróficas não foram confirmadas, especialmente na transformação da sociedade rural por meio do processo de urbanização, onde quase 90% da mão de obra estava alocada na agricultura, havendo recentemente o florescimento de uma **nova economia** até então não existente, o desenvolvimento pela *Apple* da indústria dos aplicativos para *smartphones*, que passa a atrair um novo contingente de força de trabalho, exigindo novas e indispensáveis habilidades que lhes permitam operar novas tecnologias, vejamos: *"It has always been the case that technological innovation destroys some jobs, which it replaces in turn with new ones in a different activity and possibly in another place. Take agriculture as an example. In the US, people working on the land consisted of 90% of the workforce at the beginning of the 19th century, but today, this accounts for less than 2%. This dramatic downsizing took place relatively smoothly, with minimal social disruption or endemic unemployment. The app economy provides an example of a new job ecosystem. It only began in 2008 when Steve Jobs, the founder of Apple, let outside developers create applications for the iPhone. By*

---

(66) *Despite the potential positive impact of technology on economic growth, it is nonetheless essential to address its possible negative impact, at least in the short term, on the labor market. Fears about the impact of technology on jobs are not new. In 1931, the economist John Maynard Keynes famously warned about widespread technological unemployment "due to our discovery means of economizing the use of labor outrunning the pace at which we can find new uses for labor". This proved to be wrong, but if this time it were true? [...] In light of these driving factors, there is one certainty: New technologies will dramatically change the nature of work across all industries and occupations. [...] To get a grasp on this, we have to understand the two competing effects that technology exercises on employment. First, there is a destruction effect as technology-fueled disruption and automation substitute capital for labor, forcing workers to become unemployed or to reallocate their skills elsewhere. Second, this destruction effect is accompanied by a capitalization effect in which the demand for new goods and services increases and leads to the creation of a new occupations, business and even industries. [...] The acknowledge that technology can be disruptive but claim that it always ends up improving productivity and increase wealth, leading in turn to greater demand for goods and services and new types of jobs to satisfy it. The substance of the argument goes as follows: Human needs and desires are infinite, so the process supplying them should also be infinite. Barring the normal recessions and occasional depressions, there will always be work for everybody. By*

mid-2015, the global app economy was expected to generate over $ 100 billion in revenues, surpassing the film industry, which has been in existence for over a century".

Contudo, não devemos deixar de registrar o provável prognóstico quanto à inexorável automação dos trabalhos manuais e repetitivos, por excelência, uma vez que há notícias de programas de computador capazes de substituir com perfeição a atividades de jornalistas na confecção da notícia, todavia, vale o alerta de Klaus Schwab: *"Many different categories of work, particularly those that involve mechanically repetitive and precise manual labor have already been automated".*

Inegável a existência de um ponto de consenso dentre os especialistas, segundo reportagem especial da revista *The Economist*, com o título *Lifelong education: learning and earning* (14th jan. 2017)[67], segundo a qual fica evidente a necessidade dos trabalhadores virem a adquirirem novas habilidades por toda a vida profissional, preservando-lhes a própria **empregabilidade**, havendo no mercado de trabalho uma ampla variação das formas desejáveis da prestação do serviços: *"Changes in labour-market patterns may play a part too: companies now have a broader range of options for getting the job done, from automation and offshoring to using self-employed workers and crowdsourcing".*

Estes efeitos não estão restritos ao campo do Direito do Trabalho, são infinitamente nefastos e perniciosos no contexto previdenciário, seja pela predileção do sistema de custeio pelo **modelo Bismarckiano**, inclusivo apenas para a figura jurídico do empregado (relação empregatícia) e funcionário público, incidência das contribuições sobre a folha de salários, base de cálculo estável e que permite a racionalização do sistema de contribuição diante da posição privilegiada da fonte pagadora, devendo a empresa ser a responsável legal pela retenção, com a inserção compulsória no sistema da figura jurídica do segurado obrigatório, ao qual são franqueados os serviços e benefícios de proteção, reconhecidos como **riscos sociais** elegíveis na lei previdenciária, e de pretensões universalistas.

O alerta foi feito por Fábio Zambitte Ibrahim (2011, p. 2), na obra *A Previdência Social no Estado Contemporâneo*, para quem: "[...] a empreitada começa pela sociedade de risco, a qual, entre vários aspectos, traz novas relações de trabalho, que diminuem o quantitativo dos contratos de emprego típicos, expondo novas vulnerabilidades e incrementando a pobreza. A sociedade de risco, ao mesmo tempo em que impõe algum tipo de mecanismo de segurança social, demanda revisão dos paradigmas existentes, especialmente do modelo bismarkiano de previdência social, o qual, como se verá, foi originário de uma sociedade industrial que não mais existe".

Após a 1ª Revolução Industrial iniciada na Inglaterra (século XVIII), o gênero trabalho, analisado pela perspectiva de uma prestação de serviço em favor de outrem, passou a corresponder a toda energia física ou intelectual empregada pelo homem com finalidade produtiva, permitindo

---

(67) *This analysis buttresses the view that technology is already playing havoc with employment. Skilled and unskilled workers alike are in a trouble. Those with a better education are still more likely to find work, but there is now fair chance that it will be enjoyable. Those who never made it to college face being squeezed out of workforce altogether. This is the argument of techno-pessimists, exemplified by the projections of Carl Benedikt Frey and Michael Osborne, of Oxford University, who in 2013 famously calculated that 47% of existing jobs in America are susceptible to automation. There is another, less apocalyptic possibility. James Bessen, an economist at Boston University, has worked out effects of automation on specific professions and finds that since 1980 employment has been growing faster in occupations that use computers than in those that do not. That is because automation tends to affect tasks within an occupation rather than wiping out jobs in their entirely. Partial automation can actually increase demand by reducing costs: despite the introduction of the barcode scanner in supermarkets and the ATM in banks, for example, the number of cashier and bank tellers has grown.[...] Such specific expertise is meant to be acquired on the job, but employers seem to have become less willing to invest in training their workforces. [...] Perhaps employers themselves are not sure what kind of expertise they need. But it could also be the training budgets are particularly vulnerable to cuts when the pressure is on. [...] And a growing number of people are self-employed. In America the share of temporary workers, contractors and freelancers in workforce rose from 10.1% in 2005 to 15.8% in 2015.*

dentro deste universo a delimitação do objeto de estudo do Direito do Trabalho, que atrai a aplicação, em regra, das disposições legais previstas na Consolidação das Leis do Trabalho, desde que caracterizada a relação de emprego, ou seja, a prestação subordinada do serviço, núcleo central desta disciplina.

Esta prestação subordinada do serviço consiste no poder jurídico, delimitado pelo próprio ordenamento, que tem por fundamento o poder empregatício legitimado pelo princípio da livre--iniciativa, até porque o risco do empreendimento é exclusivo do empregador, e a subordinação compreende as diretrizes que o empregado deve observar em relação ao modo da prestação do serviço.

Talvez, estejamos vivenciando um momento de profunda **crise da subordinação**, dentro do conceito subjetivo albergado pelo nosso ordenamento jurídico. Segundo Alice Monteiro de Barros (2016, p. 177), este conceito tradicional construído sob a ótica subjetivista, considera a subordinação sob o prisma da **direção, controle e fiscalização** do empregador, e o consequente dever legal de obediência do empregado. Na concepção moderna talvez o poder disciplinar passe a ser revelado pela mera articulação dos fatores de produção, que passe a exigir o conceito integrativo do trabalhador na engrenagem representada pela atividade econômica.

Neste ponto, justifica-se a adaptação do referido conceito por meio da opção pela **subordinação objetiva**, ressaltada por Riva Sanseverino (1976, p. 65), que a partir do sistema jurídico Italiano descreve como elemento de enquadramento do trabalhador, ao conjunto normativo, a sua integração no contexto da atividade empresarial explorada; permitindo um vínculo contratual permanente, do qual decorra o conceito da colaboração alcançada pela prestação do serviço em prol desta mesma atividade, à guisa de aproximar-se de autêntica definição objetiva.

Excepcionalmente, e denotando o **caráter expansionista do direito** do trabalho, por disposição constitucional específica e não pela natureza da relação jurídica (art. 7º, inciso XXXIV, da CF), admite a aplicação das normas trabalhistas ao trabalhador avulso, a relação jurídica assemelhada, o que poderia permitir a absorção da parassubordinação dentro do modelo padrão, ainda que em qualquer das situações jurídicas não seja possível identificar os elementos essenciais da relação de emprego, o que nos permitiria um novo direcionamento no sentido de absorver estes novos conceitos inerentes aos avanços tecnológicos, diante da necessidade da regulamentação do teletrabalho no art. 6º, *caput* e parágrafo único, da CLT, por intermédio da Lei n. 12.551/11, como forma de amenizar o propalado desemprego estrutural, que nos termos do Projeto de Lei n. 6.787/16 passaria a ter seus contornos jurídico definidos em negociação coletiva, permitindo sua flexibilização, uma vez que o texto celetista não fazia qualquer distinção em relação aos níveis de proteção, proposta de redação ao art. 611-A, inciso XI, da CLT: "Art. 611-A. A convenção ou o acordo coletivo de trabalho tem força de lei quando dispuser sobre: [...] XI — trabalho remoto".

Já a partir do substitutivo apresentado na Câmara dos Deputados, tramitando no Senado Federal por meio PLC n. 38/17, o teletrabalho passa a ter disciplina legal própria, detalhando o art. 6º da CLT, e principalmente inserindo nova hipótese de exceção do regime de jornada de trabalho no art. 62 da CLT, por meio do inciso III "os empregados em regime de teletrabalho", com a regulamentação por meio dos arts. 75-A a 75-E da CLT.

O conceito legal do art. 75-B da CLT estabelece as seguintes características do teletrabalho: "Considera-se teletrabalho a **prestação de serviços preponderantemente fora das dependências do empregador**, com a utilização de tecnologias de informação e de comunicação que, por sua natureza, **não se constituam como trabalho externo**", a parte final deixa de fazer sentido à medida que o inciso III do art. 62 da CLT equipare os seus efeitos, em relação à exclusão do modelo de jornada de trabalho tipificada, com seus corolários na sobrejornada, a exemplo do que já acontecia com o trabalho externo já previsto na hipótese do inciso I, deste mesmo dispositivo celetista. O parágrafo único, ampliando a segurança jurídica da dinâmica, não permite a descaracterização do regime do teletrabalho em virtude do comparecimento do empregado no estabelecimento para "[...] **realização de atividades específicas** que exijam a presença do empregado [...]", sendo que as condições e atividades deverão estar disciplinadas no contrato individual de trabalho[68], especialmente em relação aos custos decorrentes do trabalho realizado fora do estabelecimento do empregador, tendo em vista o princípio da alteridade que fundamenta o próprio contrato de trabalho, o risco do empreendimento é exclusivo do empregador. A redação deficiente dos dispositivos deixa dúvidas quanto à possibilidade do repasse dos custos de aquisição de equipamentos ao empregado, e o não reembolso das despesas "fixas" indispensáveis a prestação do serviço, que de qualquer forma não integrarão ao contrato de trabalho na modalidade de salário indireto.

Neste sentido, é o entendimento de Gustavo Filipe Barbosa Garcia (2017, p. 115): "[...] se o empregado estiver em conexão permanente com a empresa, com a existência de controle do tempo de labor e da atividade desempenhada, as regras sobre duração do trabalho devem incidir normalmente, o que não pode ser validamente excluído nem mesmo por negociação coletiva".

Vera Regina Loureiro Winter (2005, p. 142) destaca as principais cláusulas contratuais compatíveis com a natureza do teletrabalho, a exemplo da reversibilidade, confidencialidade e não concorrência, não havendo consenso na doutrina a respeito da exclusividade, desde que essa venha a ser indispensável a garantia das duas últimas, confidencialidade e não concorrência.

Então, com a promulgação da Lei n. 12.551/11 alterando a redação do art. 6º, *caput* e parágrafo único da CLT, houve a introdução definitiva da figura jurídica do trabalho remoto no Brasil, **não permitindo, inicialmente, a distinção entre o trabalho realizado no domicílio do empregado**, ou à distância, do que aquele tradicionalmente executado no estabelecimento do empregador (modelo de organização centralizada do trabalho própria da 1ª Revolução Industrial), diretriz flexibilizada com as disposições introduzidas no ordenamento jurídico no bojo da Reforma Trabalhista.

Pelos fundamentos já discutidos, florescimento do setor terciário da economia da prestação de serviço, e economia disruptiva decorrente das inovações tecnológicas advindas no contexto da 4ª Revolução Industrial, inegável a necessidade de adaptação da norma às exigências sociais, decorrência natural do movimento de **descentralização** e fragmentação das etapas inerentes a determinado **processo produtivo**, permitindo a redução dos custos do empregador com aluguéis e transporte, diante da contrapartida da flexibilização da jornada de trabalho, e o desaparecimento das barreiras físicas que outrora permitiram uma delimitação espacial estanque da relação de emprego pela perspectiva da célula empresarial.

No passado, a interpretação sistemática do texto consolidado a partir do posicionamento reafirmado no art. 6º, parágrafo único, do texto celetista, reafirmava a compatibilidade dos poderes comando, controle e supervisão, com o trabalho remoto, adequado na essência com os limites

---

(68) Art. 75-C. A prestação de serviços na modalidade de teletrabalho deverá constar **expressamente do contrato individual de trabalho**, que **especificará as atividades que serão realizadas pelo empregado**. § 1º Poderá ser realizada a alteração entre regime presencial e de teletrabalho desde que haja mútuo acordo entre as partes, registrado em aditivo contratual. § 2º Poderá ser realizada a **alteração do regime de teletrabalho para o presencial por determinação do empregador**, garantido prazo de transição mínimo de quinze dias, com correspondente registro em **aditivo contratual**. Art. 75-D. As disposições relativas à **responsabilidade pela aquisição, manutenção ou fornecimento dos equipamentos tecnológicos e da infraestrutura** necessária e adequada à prestação do **trabalho remoto**, bem como ao **reembolso de despesas arcadas pelo empregado**, serão previstas em **contrato escrito**. Parágrafo único. As utilidades mencionadas no *caput* deste artigo não integram a remuneração do empregado. Art. 75-E. O empregador deverá instruir os empregados, de maneira expressa e ostensiva, quanto às precauções a tomar a fim de evitar doenças e acidentes de trabalho. Parágrafo único. O empregado deverá assinar termo de responsabilidade comprometendo-se a seguir as instruções fornecidas pelo empregador.

da **subordinação jurídica**, exercida por meios telemáticos e informatizados, até porque, naquele momento, a característica da prestação do serviço fora do estabelecimento da empresa não permitia o enquadramento automático na posição jurídica do art. 62, I, da CLT, para nós, mesmo a atividade externa propriamente dita apenas gera uma presunção da impossibilidade de controle, dentro dos conceitos de eticidade e boa-fé objetiva disseminados no ordenamento jurídico após o Código Civil de 2002, mesmo porque qualquer das hipóteses excepcionais do art. 62, agora o regime de teletrabalho inserido no inciso III, estão por excepcionar o direito fundamental a jornada de trabalho (art. 7º, XIII, CF), a ser definido pelos métodos de organização do trabalho exigidos na dinâmica laboral, e não por mera conveniência do empregador para ver reduzido os custos do contrato de trabalho, contando, em muitas das vezes, com uma jurisprudência conservadora dos Tribunais Superiores.

Sobressaem algumas características essencial que nos permite delinear os contornos do teletrabalho no Brasil, ou "trabalho móvel", normalmente adaptável a dinâmica laboral do trabalhador intelectual (hipótese que não se confundo com o trabalho manufatureiro representado pelo trabalho em domicílio), vejamos:

i) **Flexibilização do conceito espacial:** por meio de novas tecnologias da informação e telecomunicação, as atividades à distância, fora da dimensão física do estabelecimento da empresa, no qual os resultados da prestação de serviço são normalmente esperados, tornam-se comuns, em especial nos grandes centros, diante do custo crescente dos aluguéis corporativos e o tempo improdutivo despendido no deslocamento entre a residência e a sede da empresa;

ii) **Aspecto integrativo da colaboração:** por meio destes mesmos dispositivos eletrônicos, é possível a manutenção de estreitos vínculos de cooperação compatível com a concepção objetiva da subordinação, que nas palavras de Lorena Vasconcelos Porto (2009, p. 253) o conceito da subordinação integrativa assume o seguinte referencial: "**subordinação, em sua dimensão integrativa,** faz-se presente quando **a prestação de trabalho integra as atividades exercidas pelo empregador e o trabalhador não possui uma organização empresarial própria, não assume verdadeiramente os riscos de perdas ou de ganhos** e **não é o proprietário dos frutos de seu trabalho, que pertencem, originariamente, à organização produtiva alheia** para a qual presta sua atividade".

iii) **Controle indireto pelo resultado:** ganham relevo e importância os sistemas de remuneração por produtividade/*performance*, meio indireto de compartilhamento do risco, em especial pela iniciativa da Reforma Trabalhista de fortalecer a tese do pagamento por mera liberalidade, permitindo o arrefecimento da rigidez normativa, e consequentemente o custo indireto da mão de obra denominado de "custo Brasil", uma vez que o art. 457 da CLT passa a recepcionar os §§ 2º e 3º, que assim dispõe: "§ 2º As importâncias, ainda que habituais, pagas a título de ajuda de custo, auxílio-alimentação, vedado seu pagamento em dinheiro, diárias para viagem, **prêmios** e abonos não integram a remuneração do empregado, **não se incorporam ao contrato de trabalho e não constituem base de incidência de qualquer encargo trabalhista e previdenciário.** § 4º Consideram-se **prêmios as liberalidades concedidas pelo empregador** em forma de bens, serviços ou valor em dinheiro a empregado ou a grupo de empregados, em razão de **desempenho superior ao ordinariamente esperado no exercício de suas atividades**".

Prevenção de passivo trabalhista: adoção de medidas preventivas capazes de minimizar o passivo trabalhista, por meio do conceito de *compliance* definido em rígidas políticas de *home office*, em regulamento de empresa, ou mesmo, em CCT e ACT: "Art. 611-A. A **convenção coletiva e o acordo coletivo de trabalho** têm **prevalência sobre a lei** quando, entre outros, dispuserem sobre: [...] VIII — teletrabalho, regime de sobreaviso, e trabalho intermitente".

Em síntese, aqui, o principal elemento de distinção é idêntico aquele utilizado na dicotomia existente entre trabalho autônomo e subordinado, a assunção do risco do empreendimento, exclusivo do empregador no contexto trabalhista e compartilhado no modelo autônomo, sendo relevante a questão do custo dos insumos indispensáveis à execução do serviço no domicílio do trabalhador.

Conforme destacado a respeito do "teletrabalho", gênero que comporta qualquer espécie de serviço realizada à distância, ou seja, fora do ambiente físico do tomador dos serviços, aspecto material próprio de uma sociedade industrial, e que passa a ganhar novos contornos com a evolução da prestação do serviço e seu impacto no mercado de trabalho em geral, podendo ser mitigado nesta sistemática o próprio conceito de subordinação admitido nos moldes tradicionais, os traços da parassubordinação estariam vinculados com a concentração do *know how* da atividade desenvolvida no próprio trabalhador, figura contratual sobre o qual está concentrada toda a técnica.

Ainda dentro do contexto amplo da prestação do serviço em favor de outrem, admitida dentro do gênero trabalho, e desconsiderando o núcleo representado pela figura jurídica do trabalho subordinado (relação de emprego), ressaltamos a **aplicação residual** das normas disciplinadas no Código Civil de 2012 que tratam da prestação do serviço: "Art. 593. A **prestação de serviço, que não estiver sujeita às leis trabalhistas** ou a **lei especial**, reger-se-á pelas disposições deste Capítulo", permitindo em favor do prestador a proteção mínima relativa ao recebimento do preço ajustado, havendo um distanciamento do nível de proteção, com incongruência até mesmo na própria sistematização do Código Civil de 2002, que avança em relação aos institutos da: **boa-fé objetiva** (arts. 113 c/c 422 do CC); **abuso de direito** (art. 187 do CC); responsabilidade objetiva na **atividade de risco** (art. 927, parágrafo único, do CC); e, **onerosidade excessiva** dentro da **perspectiva da teoria da imprevisão** (art. 478 do CC) ou ainda, resilição contratual[69] e enriquecimento sem causa[70]. Na transição do trabalhador para o direito civil, tendência a **pejotização** das atividades de prestação de serviço, por indução legal, hipótese de **flexibilização legal** identificada ao longo do tempo, o trabalhador, ao ser recepcionado pelo Código Civil, deve atrair a proteção destas regras que refletem a sociabilidade própria da vertente moderna do dirigismo contratual incorporada a partir de 2002, uma vez que a aplicação das disposições civilistas sem o arrefecimento destas regras de transição pressupõe o equilíbrio entre os contratantes que justificam a liberdade de contratar pela perspectiva da autonomia da vontade plena.

Quanto à prestação de serviço, continuamos arraigados a matriz individualista do Código Civil de 2016, havendo um distanciamento entre o trabalho autônomo e o subordinado representado pela dicotomia do *all or nothing*. O próprio Código Civil de Napoleão de 1804 não propôs qualquer distinção entre o trabalho material e o intelectual, que passa a exigir uma regulamentação legal específica por meio do conceito de **parassubordinação**, admitindo que o direito operário

---

(69) Art. 473. A resilição unilateral, nos casos em que a lei expressa ou implicitamente o permita, opera mediante denúncia notificada à outra parte. Parágrafo único. Se, porém, dada a natureza do contrato, uma das partes houver feito investimentos consideráveis para a sua execução, a denúncia unilateral só produzirá efeito depois de transcorrido prazo compatível com a natureza e o vulto dos investimentos.

(70) Art. 884. Aquele que, sem justa causa, se enriquecer à custa de outrem, será obrigado a restituir o indevidamente auferido, feita a atualização dos valores monetários. Parágrafo único. Se o enriquecimento tiver por objeto coisa determinada, quem a recebeu é obrigado a restituí-la, e, se a coisa não mais subsistir, a restituição se fará pelo valor do bem na época em que foi exigido.

retratado no texto celetista de 1943 está ligado a realidade do trabalho material da 1ª Revolução Industrial, o que deveria ser objeto de regulamentação.

Desta forma, a relação de emprego e a prestação de serviço autônomo representam posições jurídicas opostas e antagônicas, dentro do espectro amplo da relação de trabalho, e entre elas há uma zona *grise* representada pelo trabalho parassubordinado, sob o qual não incide a proteção nos moldes celetistas, uma vez que a posição doutrinária tradicional exige subordinação no aspecto subjetivo, e não objetivo como no modelo italiano, o que poderia ser objeto de apreciação da reforma trabalhista.

Quanto a este ponto, devemos ressaltar que a inserção permanente do trabalhador no contexto da atividade econômica do tomador do serviço, relação de **coordenação** que envolve a participação integrativa do trabalhador no processo produtivo da empresa, também encontra paralelo na modelagem do trabalho autônomo, motivo pelo qual o trabalhador parassubordinado encontrará proteção pontual por lei específica, a exemplo das disposições da Lei n. 4.886/65 aplicáveis aos representantes comerciais, ficando a margem da lei uma grande quantidade de dinâmicas contratuais que apresentem estas mesmas características, que no art. 1º trata da prestação de serviço por pessoa física, além de jurídica, de caráter não eventual, o que lhe aproxima do modelo padrão da relação de emprego.

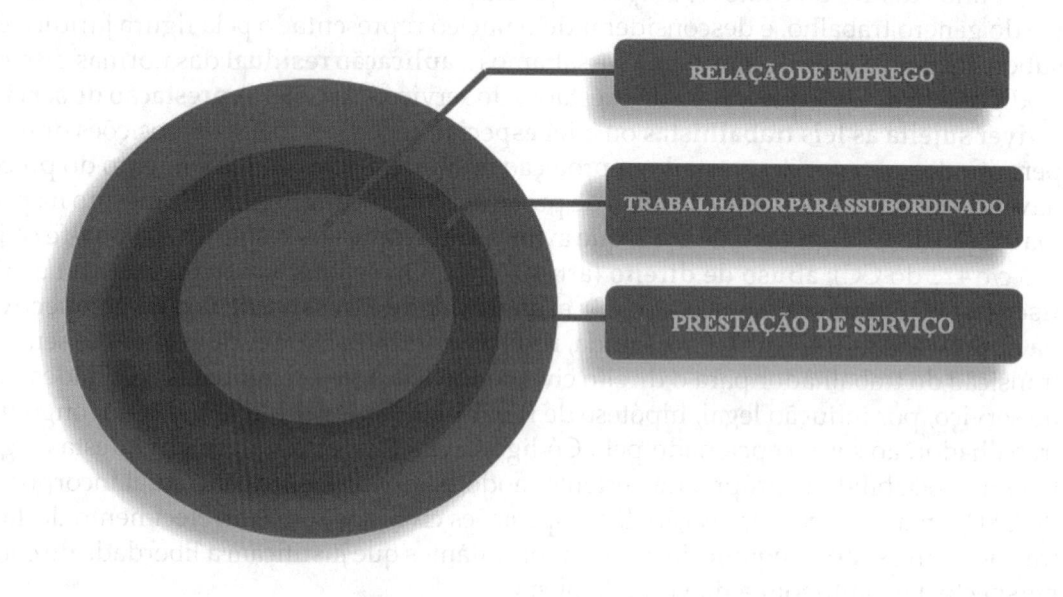

Com a ampliação do recurso às relações de trabalho *lato sensu*, todas elas sumariamente fora do âmbito de proteção normativa intencionada pelo texto celetista, sendo esta remodelação uma exigência da própria evolução social, o trabalho deve ser compreendido como elemento de integração do tecido social, sob pena de esgarçamento, sendo imprescindível a intervenção estatal para sua regulamentação, bem como o fomento de novos arquétipos justrabalhistas alternativos como na relação de trabalho prestado por intermédio de cooperativas de trabalho, atividades laborativas **de proveito comum** (art. 2º da Lei n. 12.690/12) excluído da proteção trabalhista nos termos do art. 442, parágrafo único, da CLT, dispositivo que afasta a formação do vínculo de emprego entre o cooperado e a cooperativa, ou entre aquele e o tomador do serviço, desde que apresente os requisitos da "dupla qualidade" e da "retribuição pessoal diferenciada", características marcantes de construção jurisprudencial que permitem a identificação de práticas abusivas com o propósito deliberado de fraudar a aplicação da lei trabalhista (art. 9º da CLT).

Analisando inclusive a inconstitucionalidade do art. 442, parágrafo único, da CLT, sob o prisma dos valores sociais do trabalho estampados no art. 1º, inciso IV, da CF, Jorge Luiz Souto Maior (2000, p. 324) analisa os efeitos do modelo cooperado no Brasil, que deveria representar apenas uma forma alternativa de organização do trabalho, com o arrefecimento do intuito meramente lucrativo no âmbito do sistema capitalista, e com inegável viés comunitário, vejamos: "Diga-se, ademais, que não é com a prestação de trabalho, mediante o sistema de cooperativas, sem formação de vínculo empregatício, que os trabalhadores irão alcançar melhores condições de vida, até porque, nesse sistema desvirtuado, os trabalhadores não deixam de ser meros prestadores de serviços, não participam da atividade econômica e não usufruem, portanto, livremente, o produto do seu trabalho".

Ainda quanto aos impactos marcantes no redimensionamento do objeto do direito do trabalho, não há como deixar de registrar a **tendência flexibilizante** do legislador infraconstitucional ao neutralizar a relação de trabalho de forma pontual, dentro de contextos contratuais que identifiquem os elementos fáticos jurídicos caracterizadores da relação de emprego, previsão de um modelo alternativo que amplie sua alocação no campo residual do direito civil, estipulando critérios legais aptos a preservar a segurança jurídica do modelo intencionado, uma vez que no curso da história a positivação das regras jurídicas sempre foi a forma de franquear previsibilidade à jurisdição, previsibilidade esta indispensável a manutenção do *establishment* representado pelo modelo capitalista da economia de mercado, captando elementos por vezes reconhecidos pela jurisprudência do TST, no tocante aos contratos de parceria no âmbito dos salões de beleza, especialmente diante da estipulação de um percentual substancial ao parceiro-trabalhador, o que por si só era capaz de denotar a inviabilidade econômica da existência da relação de emprego, atraindo a regulamentação residual da prestação de serviço.

Reforçando a opção do legislador infraconstitucional, pela precarização dos contratos de atividade, com evidente retrocesso social, estes mesmos contratos de parceria, de forma ampla, passam a estar disciplinados pela Lei n. 13.352/16, admitidos no contexto econômico dos salões de beleza e similares (a exemplo das clínicas de podologia), afastando o reconhecimento da relação de emprego nos termos do art. 1º-A, § 11, da Lei n. 12.592/12, a partir das figuras jurídicas: do salão-parceiro e profissional-parceiro. São exigidos os requisitos formais do contrato escrito e homologado pelo Sindicato da categoria ou Ministério do Trabalho e Emprego (art. 1º-A, § 8º, da Lei n. 12.592/12), bem como o material, representado por um percentual incidente sobre o valor econômico dos serviços prestados pelo profissional-parceiro, nominalmente incompatível com o contexto da relação de emprego, o que em última instância acarretaria a própria inviabilidade da atividade explorada. Temos aqui um **recrudescimento do movimento expansionista do direito do trabalho**, ampliando o diálogo com o Direito Civil.

A doutrina reconhece a necessidade da **retipificação do contrato de trabalho** no sentido da ampliação dos contratos a prazo, neologismo utilizado por Amauri Mascaro Nascimento (segundo Nelson Mannrich — 1998, p. 71 — termo utilizado no *V Congresso de Direito Individual*, LTr, 1991), em especial diante da **inexorável reabsorção de parcela das relações de trabalho pela prestação de serviço do Direito Civil**, segundo Luiz Carlos Amorim Robortella (2010, p. 28) por meio da **revalorização dos contrato civis**, a partir da **retomada do diálogo entre o direito do trabalho e direito civil**, caminho inverso do imperialismo da relação de emprego pós-revolução industrial, as principais instituições responsáveis pela preservação dos direitos sociais do trabalhadores postaram-se contra em diversos aspectos.

Para Luiz Carlos Amorim Robortella (2010, p. 28), a **heterogeneidade do mercado de trabalho** estimulado pelas novas tecnologias no contexto de uma sociedade da informação estaria por estimular o diálogo com o direito civil, afastando a visão monopolista da relação de emprego na regulamentação do trabalho, uma vez que o trabalho intelectual mostra-se a cada dia menos acomodável nos estreitos limites da relação de emprego, ressaltando a conhecida MP do "Bem", que no art. 129 da Lei n. 11.196/95, admitia, para fins fiscais e previdenciários, a prestação de serviços intelectuais, por intermédio de pessoa jurídica, ainda que sobressaia o caráter personalíssimo de seus sócios, sujeitando-se tão somente a legislação aplicável às pessoas jurídicas, razão pela qual Almir Pazzianotto Pinto[71], lançando mão do princípio da primazia da realidade às avessas, não há como ignorar o avanço das **empresas individualizadas**, criadas por executivos extremamente bem remunerados, o que seria um movimento de regularização da pejotização.

Neste primeiro momento, poderíamos dizer que dois caminhos são apresentados que passam ao largo da reforma trabalhista em trâmite no congresso nacional, em virtude de uma flexibilização perante a lei em gestação a algum tempo prevendo o **esvaziamento do direito do trabalho**, com a absorção das modelagens contratuais pela prestação de serviço do Direito Civil, com algumas regulamentações pontuais por regras especiais, já citadas, sem avançar na criação de uma figura intermediária própria da parassubordinação, com regulamentação adequada nos termos da lei, proteção social proporcional e razoável.

Então, já que este caminho é inexorável no sentido da pejotização com o esvaziamento do contrato de trabalho, tutela pela própria lei, propomos uma faixa de transição para a recepção deste trabalhador no plano residual da prestação do serviço, uma melhor recepção no Direito Civil, que na esteira do Direito do Consumidor, passa a estar atrelado a ideia da socialidade pelo dirigismo estatal, atraindo a aplicação veemente dos preceitos jurídicos indeterminados, já citados, com destaque especial para a teoria do abuso do direito, preservando a finalidade social da disciplina legal, pela compreensão de que o desequilíbrio econômico não autoriza a aplicação plena das regras que pressupõe a autonomia da vontade própria da liberdade de contratar nos cenários em que seja possível identificar a igualdade substancial da relação fática captada pela normatização do direito.

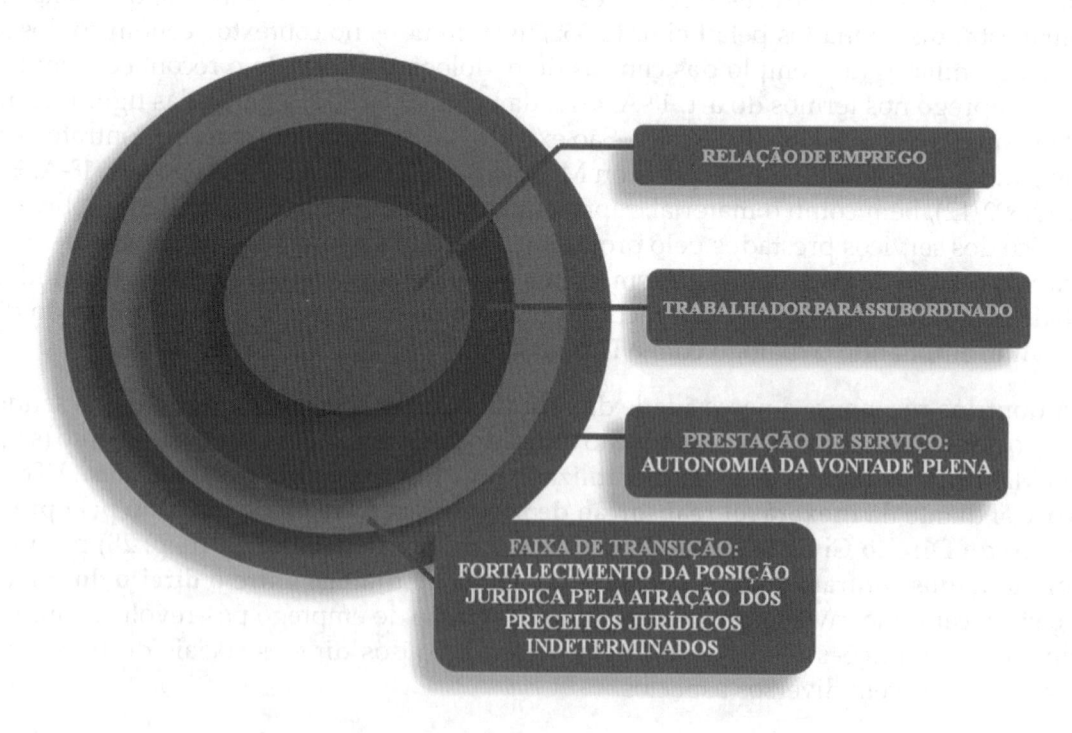

---

(71) *Revista TST*, Brasília, v. 66, n. 3, p. 13, jul./set. 2000.

2.4. Perspectivas do modelo justrabalhista

Ao longo da sua evolução, o Direito do Trabalho apresenta uma tendência *in fieri*, que representa a ampliação crescente do seu âmbito de abrangência, seja no aspecto subjetivo, proteção de espécies de trabalhadores distintos do núcleo do direito do trabalho representado pelo trabalho subordinado, ou na intensidade, aumento da regulamentação protetiva de algumas espécies de empregados.

Esta é a intenção deliberada do art. 7º, *caput*, da CF quando permite a equiparação de direitos entre trabalhadores urbanos e rurais, do seu inciso XXXIV que determina a extensão dos direitos celetistas aos trabalhadores avulsos, ou ainda, a ampliação do rol de direitos do empregado doméstico por meio da EC n. 72/13, alterando o parágrafo único do art. 7º da CF, regulamentado pela LC n. 150/15.

Intrinsecamente relacionado com a sua gênese, o caráter tuitivo denota sua natureza socializante, afastando as máximas do liberalismo econômico, a exemplo da autonomia da vontade nos contratos de conotação individualista, corolário lógico da liberdade de contratar, permitindo a intervenção Estatal na relação laboral para garantir um conteúdo mínimo ao contrato de trabalho, por meio de prescrições previstas em normas de ordem pública e caráter fundamental.

A representatividade da globalização em todos os seus aspectos, político, econômico e social, dentro da perspectiva da construção de consenso ao entorno da ideia da comunidade internacional, não podemos deixar de lado o viés cosmopolita do direito do trabalho, absorvendo as diretrizes traçadas no direito internacional como forma de adaptação do direito interno, com destaque para o papel exercido pela OIT (Organização Internacional do Trabalho), que busca a promoção de melhores condições de trabalho por meio de suas convenções e recomendações, na tentativa inglória de padronizar o nível de proteção do trabalhador no mundo, dentro dos padrões mínimos aceitáveis nas democracias ocidentais desenvolvidas, sendo que a sua eficácia depende da integração das disposições internacionais ao direito interno de cada país, com prevalência da soberania de cada qual, havendo a necessidade da flexibilização destas diretrizes para adequá-las do nível de desenvolvimento socioeconômico dos países signatários, mas de qualquer forma, suas prescrições serão sempre fonte inesgotável de direito material do trabalho.

Modernamente, há uma crescente preocupação com o chamado ***dumping** social*, uma situação de desarmonia concorrencial decorrente do preço final alcançado por produto originário de países com baixo custo social (direitos trabalhistas, garantias previdenciárias etc.), obtido, por esta razão, uma vantagem competitiva ilegítima perante aqueles nos quais as exigências do *rule of law* inviabiliza a própria competição, e neste contexto Valério de Oliveira Mazzuoli (2007, p. 796) destaca que os países desenvolvidos passarão a exigir no âmbito da OMC a chamada "**cláusula social**" como medida *antidumping*, uma espécie de selo que assegure o cumprimento das normas de proteção do trabalho, diante da inexistência de ferramentas de exequibilidade das decisões tomadas no âmbito da OIT (Organização Internacional do Trabalho).

O *Dumping Social* pode ocorrer não só no plano internacional, para José Luiz Souto Maior (2014, p. 20) o fenômeno deve ser representado pelas "[...] práticas econômicas que visem a suprimir a concorrência também no mercado interno. E, quando essas práticas estão ligadas ao rebaixamento das bases sociais, ou seja, desconsideração dos custos necessários para efetivar os direitos trabalhistas e previdenciários, nada mais apropriado do que se denominar esse fenômeno de '*dumping* social'", para o autor a delinquência patronal passa a ter um efeito difuso em prejuízo de toda a sociedade, uma vez que excede as esferas individuais do agressor e ofendido, devendo receber, por este motivo, o repúdio social.

Eis o posicionamento do Enunciado n. 4, da 1ª Jornada de Direito e Processo do Trabalho, vejamos:

> **"*DUMPING* SOCIAL'. DANO À SOCIEDADE. INDENIZAÇÃO SUPLEMENTAR.** As agressões reincidentes e inescusáveis aos direitos trabalhistas geram um dano à sociedade, pois com tal prática desconsidera-se, propositalmente, **a estrutura do Estado social e do próprio modelo capitalista com a obtenção de vantagem indevida perante a concorrência**. A prática, portanto, reflete o conhecido '*dumping* social', motivando a necessária reação do Judiciário trabalhista para corrigi-la. O dano à sociedade configura ato ilícito, por exercício abusivo do direito, já que extrapola limites econômicos e sociais, nos exatos termos dos arts. 186, 187 e 927 do Código Civil. Encontra-se no art. 404, parágrafo único do Código Civil, o fundamento de ordem positiva para impingir ao agressor contumaz uma indenização suplementar, como, aliás, já previam os arts. 652, *d*, e 832, § 1º, da CLT."

O caráter socializante está representado pelo inegável viés social de suas normas, com origem na ação social dos trabalhadores identificada na gênese do Direito do Trabalho, permitindo a prescrição de normas jurídicas adotadas no contexto das Convenções Coletivas de Trabalho, em que a norma de conduta é gestada no próprio seio da sociedade civil, por meio da interlocução dos próprios atores sociais envolvidos, com a supremacia do interesse coletivo sobre o individual.

Por fim, e como arremedo de um nível de proteção compatível com as transformações decorrentes principalmente da crise de petróleo de 1973, apta a exigir um nível crescente de produtividade e competitividade de produtos e serviços no mercado global, sob pena de perecimento, vale lembrar que o direito do trabalho é visto por alguns como direito de transição, afirmação sustenta na necessidade permanente de integração das suas disposições com a realidade econômica subjacente, forte tendência flexibilizante das regras de proteção, garantindo níveis mínimos de emprego, especialmente nos períodos de crise econômica, ainda que por indução da legislação heterônoma, denotando, no direito do trabalho pátrio um hipertrofia das normas Estatais protetivas, o que sufocou a autonomia privada coletiva apta a garantir a construção de normas jurídicas a partir dos instrumentos de negociação coletiva, como contraponto a feição paternalista do Estado na regulamentação da questão social.

A minirreforma trabalhista promovida pelo governo do Presidente Michel Temer representa este efeito no sentido da **privatização dos direitos trabalhistas**, ampliando o espaço da norma negociada.

Este traço fica evidente no discurso de posse do Presidente do Tribunal Superior do Trabalho para o biênio 2016/2018, do Ministro Ives Gandra Martins Filho, ao destacar a **subsidiariedade da intervenção Estatal** na questão social do trabalho, uma negação da construção histórica do próprio direito do trabalho, destacando a necessidade premente da valorização da negociação coletiva, de forma a consagrar o espírito do art. 766 da CLT: "nos dissídios sobre estipulação de salários, serão estabelecidas condições que, assegurando justos salários aos trabalhadores, permitam também justa retribuição às empresas interessadas", permitindo que a dignificação do trabalho humano perpasse pela manutenção da empregabilidade, intrinsecamente atada a sustentabilidade da empresa.

Por esta razão, ao discutir o papel do Estado no contexto político e ideológico dominante do neoliberalismo, vivenciado nos dias atuais, Luiz Carlos Amorim Robortella na obra *O moderno direito do trabalho* (1994, p. 73), firma posição no sentido de que: "**cabe ao Estado restituir à sociedade as prerrogativas e responsabilidades que lhe pertencem e cessar de monopolizar as intervenções sociais**. Deve reencontrar seu papel de regulador do jogo social, abandonado a pretensão de tudo regular".

2.5. Natureza jurídica das disposições normativas

A definição da natureza jurídica de uma disciplina no universo do direito é de extrema importância prática, e não meramente um debate acadêmico, pois permite aglutinar os institutos decorrentes de uma matriz própria, delineando as diretrizes do seu regime jurídico, sob o qual deverá estar submetidas às relações jurídicas e sociais a ele aplicáveis, utilizando-se da taxonomia ou enciclopédia jurídica para classificação das figuras jurídicas dentro de uma disciplina própria, com "elos" de ligação entre cada um dos seus institutos, elemento indissociável para o fim desta aglutinação.

Diante da clássica divisão do direito feita por Ulpiano, entre direito público e direito privado, pretende-se a classificação do Direito do Trabalho, iniciativa que vem sendo abandonada por alguns doutrinadores, ante a dificuldade na atualidade de se delinear a sua subdivisão, seja pela **publicização do direito privado**, ou ainda, pela **privatização do direito público**. No primeiro caso podemos destacar a regra do art. 421 do CC, a partir da qual a liberdade de contratar deverá ser estabelecida nos limites da função social do contrato, não podendo ser utilizado para alcançar atividades abusivas, afastando-se a máxima *pacta sunt servanda*, e o art. 173, § 4º, da CF absorve a constitucionalização do direito privado, eis que não admite negócio jurídico que implique em abuso de poder econômico, dominação de mercados, ou ainda, aumento arbitrário de lucros.

Ademais, cabe ressaltar que o art. 1º, § 1º, da Lei n. 9.307/96, que regulamenta a **arbitragem** no Brasil, foi alterado pela Lei n. 13.129/15, permitindo a arbitragem no contexto da Administração Pública Direta e Indireta, para dirimir conflitos relativos a direito patrimonial disponível, o que demonstra uma indisfarçável alteração de paradigma do direito pátrio, que passa a estar conectado com a tendência internacional de promoção dos meios alternativos à solução dos conflitos de interesses, inclusive em matéria pública afeta, até então ao princípio da indisponibilidade do interesse público.

A Lei n. 13.467/17 que trata da Reforma Trabalhista revoluciona a questão da arbitragem em matéria de direito individual do trabalho, até então vinculado à teoria da indisponibilidade das normas trabalhista, diante da carga imperativa das disposições legais que compõem o chamado conteúdo mínimo do contrato de trabalho. O art. 507-A da CLT passa a admitir a adoção de cláusula compromissória de arbitragem nos contratos individuais do trabalho cujo trabalhador perceba remuneração superior a 2 (duas) vezes o limite máximo estabelecido para os benefícios do Regime Geral da Previdência Social.

Na verdade, a fragmentação do pensamento refletido nas disciplinas acadêmicas é subproduto exclusivo do método cartesiano do reducionismo da ciência, crença de que a compreensão de fenômenos complexos decorra da redução de suas partes constituintes, que este método pela ausência de uma visão holística e interdisciplinar resulta no atual desequilíbrio cultural.

De qualquer forma, destacamos as principais correntes relativas à natureza jurídica do Direito do Trabalho, a do direito público estaria atrelada à classificação que decorre da natureza das regras laborais, imperativas e cogentes, intervenção estatal concretizada por um conjunto de normas heterônomas capazes de assegurar um conteúdo mínimo ao contrato de trabalho; contudo, não seria aplicável pelo fato do Estado não ser sujeito da relação jurídica subjacente, não obstante, as normas referentes à fiscalização do trabalho, destacando a atuação do Ministério do Trabalho e Emprego em matéria de medicina e segurança do trabalho.

Em posição antagônica a classificação anteriormente proposta, a relação intrínseca do direito do trabalho com o ramo taxonômico do direito privado, tem por elo o contrato celebrado entre agentes privados, dentro de um contexto de livre-iniciativa que irradia no sistema suas diretrizes ideológicas, obviamente dentro da perspectiva socioeconômica admitida no art. 170 da CF, diante da liberdade das partes em estipular as condições de execução do contrato de trabalho, mesmo que a autonomia da vontade própria do direito contratual seja relativizada como um autêntico contrato de adesão, diante da evidência do conteúdo mínimo do contrato de trabalho que sobressai da regra do art. 444 da CLT.

Com uma perspectiva eminentemente social, Cesarino Junior (1957, p. 35) propõe a existência de uma terceira categoria de direitos, o direito social, um verdadeiro *tertium genus*, com respaldo na situação fática de hipossuficiência do trabalhador, revelando um caráter protetivo e social do direito do trabalho, propondo a intervenção estatal com o intuito de garantir o equilíbrio das relações jurídicas desiguais no plano fático, social e econômico, citando, neste ponto, Gallart Folch: *"Compensar com uma superioridade jurídica, a inferioridade econômica".*

Contudo, essa é uma realidade em diversos outros ramos do direito a exemplo: família, previdência, consumidor etc.; nem por isso a construção doutrinária de cada um destes ramos específicos da árvore do direito, propõe a criação de um terceiro gênero, para o referido autor, o direito social seria uma pretensa nova disciplina em oposição à corrente individualista da Revolução Francesa (1957, p. 17), com a predominância do interesse público sobre o individual, justificada pelo hipossuficiente, sujeito economicamente débil.

A socialização propõe a visão do direito como instrumento de justiça social, adaptação da lei a realidade fundante, como representativo do momento histórico vivenciado, e nesse contexto Octavio Bueno Magano (1980, p. 49) avalia que o termo "social" é uma expressão vaga e imprecisa, representa um contraponto ao direito individualista que decorre da Revolução Francesa, não se presta a particularização da disciplina por apresentar uma característica própria a todo o direito.

Duas outras proposições intermediárias pretendem sobressair, em primeiro lugar, a do direito misto, que por sua vez não insere nada de relevante e inovador ao debate acadêmico, apenas permite a aglutinação destes diversos elementos na descrição de uma realidade individual, na qual sobressai a liberdade e autonomia da vontade na formação do contrato, com a incidência de um conjunto mínimo de regras indisponíveis, previstas especialmente no texto celetista, uma coexistência de regras em diversos sentidos, adaptadas às características da relação jurídica que se pretende regular.

E em segundo lugar, a proposição do direito unitário foi sustentada por Evaristo de Moraes Filho (1978, p. 77), e está centrada na argumentação segundo a qual a divisão usual entre o direito público e privado não é adequada para retratar a realidade intrínseca às relações do trabalho, o direito do trabalho como um direito unitário e homogêneo pode ser sintetizado por meio da seguinte ideia: *"ao trazer para o seu âmbito matéria primitivamente amorfa e heterogênea, fundiu-a o novo espírito jurídico num todo orgânico diferenciado e tanto quanto possível autossuficiente. Todas estas normas amalgamaram-se numa substância nova, diferente, criando-se uma nova combinação de elementos até então diversos entre si, e não uma mistura. Perdem aqueles elementos de origens estranhas as suas antigas características, acabando por ganhar as novas de um direito unitário".* É a combinação orgânica das características do direito público e privado, não obstante o fetiche que ainda provoca a dicotomia proposta por Ulpiano.

Neste sentido, vale ressaltar a essência da **imperatividade** de algumas espécies de normas jurídicas, a exemplo nas normas trabalhistas, sua razão de existir, Maria Helena Diniz (1998, p. 376) destaca que *"A imperatividade absoluta de algumas normas é motivada pela convicção de que determinadas relações ou estados da vida social não podem ser deixados ao arbítrio individual, o que acarretaria graves prejuízos para a sociedade. As normas impositivas tutelam interesses fundamentais, diretamente ligados ao bem comum, por isso são chamadas de 'ordem pública'".*

Talvez este fetiche da divisão de Ulpiano entre direito público e privado não mais possa vir a ser justificado diante do atual estágio de evolução do direito em que se percebe a publicização do direito privado (Direito do Consumidor), e privatização do direito público (Ampliação dos limites da transação, aplicação dos meios alternativos de composição dos conflitos de interesses, como a mediação e arbitragem, a serem admitidos no âmbito do Direito Público).

2.6. RELEITURA DOS PRINCÍPIOS DO DIREITO DO TRABALHO

O contexto contemporâneo estaria por exigir uma nova diretriz aos princípios do direito do trabalho, inegavelmente estes no plano infraconstitucional teriam por pressuposto de validade as próprias normas constitucionais, e não há como negar a raiz principiológica de construção do estuário normativo a partir do princípio da norma mais favorável enunciado no art. 7º, *caput*, da CF que prescreve: "São direitos dos trabalhadores urbanos e rurais, além de outros que visem à **melhoria de sua condição social**".

A identificação da antinomia no plano normativo, ou seja, a existência de leis potencialmente aplicáveis para regulação de um dado caso concreto, gera os efeitos drásticos da revogação dentro da concepção da teoria geral do direito, no âmbito trabalhistas, ter-se-ia mero preterimento da norma menos favorável dentro do espectro das demais fontes potencialmente aplicáveis, o que não ocorre com os princípios, a exigir na aplicação um critério de ponderação da dimensão peso dos valores que lhe são intrínsecos, de forma que um não venha a sobressair em detrimento do outro, apenas uma exata adaptação daqueles adaptáveis a solução do caso concreto.

Em regra, a imperatividade da norma trabalhista alinhada com o princípio da proteção resulta na indisponibilidade de um **direito de natureza patrimonial**, só que **indisponíveis,** que por este fato torna-o incompatível com o ato estrito de renúncia, ainda que concorra à concordância expressa do trabalhador, efeitos sintetizados pelo princípio da inalterabilidade contratual lesiva gravada no art. 468 da CLT.

As regras do direito do trabalho, pelo interesse público que lhe são inerentes, representam a ordem pública retratada no art. 17 da LINDB, norma de direito internacional privado, uma vez que a lei e as declarações de vontade em geral não terão eficácia no Brasil todas as vezes que *"[...] ofenderem a soberania nacional, a ordem pública e os bons costumes"*, conceitos atrelados ao princípio da *lex loci executionis*, segundo o qual, o contrato de trabalho terá por conteúdo o direcionamento apontado pela lei vigente no local da prestação dos serviços.

Ao largo do debate estéril da viabilidade da arbitragem em matéria de direito individual do trabalho, reconhecemos que autonomia coletiva da vontade foi reconhecida de forma limitada no art. 114, § 2º, da CF, permitindo a construção da norma jurídica por meio do fomento do **diálogo social**, cuja legitimação encontra respaldo no reconhecimento de um centro alternativo de positivação de norma jurídica do art. 7º, XXVI, da CF, seria esta a possibilidade de uma flexibilização das normas trabalhistas mediante tutela sindical (art. 8º, VI, da CF). Ao reconhecer a validade das convenções e acordos coletivos do direito do trabalho, de conteúdo normativo nos termos do art. 611, *caput*, da CLT, não estaria o sistema negando por completo, no plano individual, a autonomia da vontade do trabalhador em qualquer contexto contratual, assentada em uma suposta presunção absoluta de hipossuficiência.

Em nossa ótica estaria com a razão Mauro Schiavi (2016, p. 42), para quem o estado de subordinação subentende a irrenunciabilidade, como regra geral, apenas durante a vigência do contrato de trabalho, cessado o vínculo contratual, e consequentemente o estado de subordinação, o empregado poderia transacionar seus direitos, especialmente, quando estiver diante de órgão imparcial, máxime o Sindicato e a Justiça do Trabalho.

A decisão proferida em 13 de maio de 2009 pelo Supremo Tribunal Federal, afastando liminarmente a obrigatoriedade do rito de passagem dos conflitos trabalhistas pelas Comissões de Conciliação Prévia (art. 625-D da CLT), na ADI n. 2.139, houve um debate travado pelo Ministro Ayres Brito, para quem a solução *"estimula a conciliação e mantém uma tradição da Justiça Trabalhista de tentar a conciliação, sem sacrificar o direito universal de acesso à jurisdição"*, por outro lado, e para que possamos ter uma noção exata da controvérsia pelo debate de ideais, o Ministro Cezar Peluso afirma: "a postura do Corte, restringindo a possibilidade da **tentativa obrigatória de conciliação, está na contramão da história**, porque em vários outros países há obrigatoriedade do recurso às chamadas vias alternativas de resolução de conflitos, até porque o Poder Judiciário não tem dado conta suficiente da carga de processos", a tendência do processo moderno.

Façamos aqui um parêntese para esclarecer que as Comissões de Conciliação Prévia, devem ser entendidas como comissão paritária introduzida no sistema a partir da edição da Lei n. 9.958/00, a ser instituída no âmbito sindical ou da empresa, criando um verdadeiro rito de passagem prevendo a submissão prévia da demanda trabalhista à referida comissão, nos termos do art. 625-D da CLT, com a intenção de desafogar o aumento crescente das demandas trabalhistas. O STF através das ADIs ns. 2.139 e 2.160 afastou a obrigatoriedade das comissões de conciliação prévia, ao maximizar a regra do art. 5º, XXXV, da CF, que reforça o princípio fundamental do amplo acesso a justiça, com registro do Ministro César Peluso de que a decisão da corte segue na contramão da história, tendo em vista a tendência contemporânea do processo quanto a ampliação dos meios alternativos de solução de conflitos. Há a discussão quanto à amplitude do art. 625-E, parágrafo único, da CLT, que trata da eficácia liberatória do termo de conciliação, com exceção das parcelas expressamente ressalvadas, título executivo extrajudicial. Com a reforma trabalhista pela Lei n. 13.467/17 a questão da eficácia liberatória passaria a estar superada, pelo fato de que a nova redação do art. 507-B da CLT admite a figura jurídica do "termo de quitação anual de obrigações trabalhistas", desde que com a intervenção obrigatória do Sindicato da categoria, e o parágrafo único do dispositivo legal em destaque, reforça a eficácia liberatória do termo ajustado em relação às *"parcelas nele especificadas"*, o que poderá trazer uma alteração de paradigma revitalizando as CCPs.

Podemos dizer que esta tendência foi captada por meio do trabalho *"Tribunal Multiportas: investindo no capital social para maximizar o sistema de solução de conflitos no Brasil"*, apresentado em 2012 pela Escola de Direito do Rio da Fundação Getúlio Vargas, segundo o qual há uma perceptível inovação transformadora dos meios alternativos de solução de conflitos no modelo do "Tribunal Multiportas", inserido em um projeto institucional desenvolvido pelo Professor Frank Sander da *Harvard Law School*, que permite o encaminhamento do caso ao fórum mais adequado para a resolução dos interesses em conflito, reconhecendo a especificidade de cada disputa, reservando ao Poder Judiciário um papel meramente subsidiário que incentive a excessiva judicialização das demandas trabalhistas.

Assim, o contexto contemporâneo nos permitiria revisitar a doutrina clássica de Américo Plá Rodriguez (2015, p. 149) a respeito da imperatividade da norma trabalhista, uma perspectiva normativa no sentido contrário ao da autonomia da vontade albergada pelo texto do Código de Napoleão, que no contexto político do liberalismo econômico propiciou o suporte jurídico para a prática rotineira de injustiças sociais, na seara da relação do trabalho. No campo do Direito do Trabalho, a imperatividade de suas normas não impõe a negação da autonomia da vontade, diversamente, a livre manifestação da vontade do trabalhador depende do contingenciamento desta autonomia em determinadas etapas do contrato, em especial na sua formação e execução, momentos nos quais o estado de subordinação jurídica vem a ser sinônimo de despojamento dos direitos tutelares mínimos, sendo que o real sentido da expressão da "responsabilidade social" representaria a imposição voluntária de certos limites.

É necessário que este entendimento seja transposto, dentro dos conceitos de responsabilidade social, ao direito laboral permitindo-se a adoção da melhor solução diante das situações que envolvam a impossibilidade material (econômica) de manutenção dos postos de trabalho em virtude de um arcabouço de normas que no intuito de proteger, em um mundo globalizado, acarretam o efeito inverso quanto às altas taxas de desemprego, e informalidade na gestão da força de trabalho, acrescido de um orçamento previdenciário deficitário incapaz de sanar as mazelas decorrentes das insuficiências de recursos financeiros circunstanciais suficientes para a manutenção de um padrão mínimo de vida, adjetivada por meio da expressão "civilizado".

Interessante notar a iniciativa da sociedade civil organizada no tocante a existência informal dos comitês intraempresariais, aptos a garantir um melhor ajuste entre a norma geral e a realidade empresarial vivenciada por aquela célula social, desde que amparados por um movimento social de trabalhadores "maduro", com identidade própria, sem que este trabalhador tachado indefinidamente como hipossuficiente.

Neste ponto, não há como deixar de sublinhar o posicionamento de Adalberto Simão Filho (2003, p. 47), que ao tratar da **teoria da nova empresarialidade**, e ao tratar especificamente da eficiente solução de conflitos, utiliza-se das lições de Eduardo C. B. Bittar, para afirmar que a solução ética de conflitos é aquela que se extrai de forma pacífica das próprias partes interessadas, lastreada na real disposição de, por meios informais, alcançar a plenitude da resolução ponderada capaz de por fim a uma pendência interpessoal, sobre a orientação de preceitos éticos.

A vertente da nova empresarialidade tem por alicerce a teoria dos *stakeholders* disseminada há alguns anos no mundo ocidental, principalmente nos Estados Unidos da América, tendo por precursor Edward R. Freeman por meio da obra *Stakeholder theory the state of the art* (1984, p. 198)[72], destacando o fato de que o novo campo do conhecimento *business ethics* tem suas origens na própria filosofia moral de Aristóteles, que recebeu especial atenção nas questões éticas da vida econômica dos indivíduos e das pessoas. Segundo São Tomás de Aquino, havia uma preocupação com a usura, empréstimo de dinheiro entre indivíduos por meio do pagamento de juros, considerando a ideia do lucro algo profundamente imoral. Já no século 19, nota-se por meio dos estudos de Adam Smith, a tendência de promover a aproximação destes dois campos do conhecimento, a ética e os negócios econômicos.

Ainda, pela perspectiva do direito comparado, propondo a construção teórica da empresa social, vale notar o modelo norte americano de solução interna de conflitos trabalhistas, uma ferramenta típica do sistema *common law*, para Amauri Mascaro Nascimento (2011, p. 52), os conflitos são solucionados na própria empresa, em que eclodem, por meio de um complexo, mas rápido, procedimento interno de diálogo, denominado *greevance*, previsto nas cláusulas dos contratos coletivos, uma forma de composição do conflito pelo diálogo desenvolvido, sucessivamente, em níveis ou degraus sobrepostos.

---

(72) FREEMAN, Edward R. *Stakeholder theory the state of the art.* New York: Cambridge University, 1984. p. 198. Texto original: *"One can say that business ethics is an ancient discipline with works that go back to the origins of moral philosophy. In another, more technical sense, business ethics is a new field with a relative short history that dates back only a few decades while we want to highlight a few of the stronger connections to intellectual roots of the field, we also want to say a little about the more recent history of this distinct academic discipline, including what brought it into being and what propels it forward. If we go back to ancient Greek philosophy, it doesn't take long to discover that Aristotle was very concerned about economic life as a critical part of what it meant to live well, both an individual and as a community. We also see considerable attention given to the ethics of economic life in St. Thomas Aquinas who was particularly concerned about 'usury' (loans that involved the charging of interest), and alone with Aristotle, considered the idea of making a profit to be deeply immoral. Indeed, before the nineteenth century and the shift to a more 'scientific' approach to economics, grounded in a positive epistemology, most noted economists were also moral philosophers, including the father of Western-style capitalism, Adam Smith. A. K. Sen's work, among others, note this connection and laments the fracturing of the two fields in more recent history. Of course, the thematic concern with both ethics and business of an array of distinguished scholars has a long history, but that is significantly different from discussing a group of professionals who are trained in a discipline called 'business ethics', who largely have their academic appointments in business schools, who teach and consult directly with business practitioners (in-training) and who see themselves as doing 'applied ethics'."*

No primeiro degrau interno da empresa, o empregado e o chefe devem tentar uma solução direta; não havendo resultado, passa-se para o segundo degrau, caso em que o representante dos trabalhadores conversará com alguém acima do chefe; seguem-se assim, continuamente, outras instâncias, visando à composição do conflito, sempre mediante diálogo direto, tantas quanto estiverem fixadas no contrato coletivo. Não sendo possível a solução na empresa, as partes podem pedir a mediação do ministério do trabalho, que é facultativa, salvo se obrigatória pelo contrato coletivo.

Frustrada a mediação, as partes podem submeter o conflito a um árbitro particular, por estas escolhido de uma lista de nomes inscritos em uma associação. A arbitragem realiza-se no local indicado pelas partes, cabendo-lhes o pagamento das despesas e dos honorários do árbitro. Geralmente, cada parte arca com a metade. O sindicato responde pelo pagamento para o trabalhador. A arbitragem é irrecorrível e o laudo arbitral não é reexaminado pelo poder judiciário, salvo quanto aos aspectos formais, como uma nulidade relacionada com a pessoa do árbitro.

Nosso único exemplo, quanto à participação efetiva do trabalhador nas questões relativas às condições de trabalho, restringe-se aos aspectos de segurança e saúde do trabalhador, tratados institucionalmente por meio da CIPA (Comissão Interna de Prevenção de Acidentes), típico comitê de empresa vivenciado pela legislação laboral pátria conforme Arnaldo Süssekind (2002, p. 466), e acreditamos que pelo próprio perfil democrático de sua composição paritária, e por já ser uma realidade de longa data em empresas de médio e grande porte, poderia contemplar uma remodelação com novas diretrizes e atribuições, sem que houvesse a incompatibilidade de matérias.

Tal proposição está fundamentada em algo real, vale notar o movimento, ainda incipiente, vivenciado pela fábrica da Mercedes-Benz no ABC paulista (*Revista Exame*, 27 de junho de 2012), que permitiu a criação de um comitê intraempresarial com reuniões semanais entre os funcionários e os diretores, que permite a discussão de temas desde se haverá cerveja no churrasco de fim de ano até a necessidade de demissões, assuntos que normalmente são tratados com os sindicatos e não com um comitê de trabalhadores. Além disso, o diálogo no chão de fábrica tem resultados expressivos, uma vez que acordos realizados no âmbito da Mercedes-Benz têm alto nível de adesão, o que reflete o fato da empresa ser pouco acionada na Justiça do Trabalho, havendo uma efetividade das decisões tomadas entre os interessados, uma vez que tudo que é acordado, é efetivamente cumprido.

Ainda segundo a reportagem, nos últimos cinco anos, apenas 10% dos trabalhadores entraram com ações para questionar uma decisão — a média do setor é de 40%. Essa peculiaridade chamou a atenção da Justiça trabalhista e em fevereiro, do referido ano, o presidente do Tribunal Superior do Trabalho, João Oreste Dalazen, visitou a montadora para avaliar se o modelo pode ser replicado para aliviar a Justiça do Trabalho, que tinha cerca de 3 milhões de novos processos apenas no ano de 2011, sendo que a manutenção da Justiça trabalhista consumiu 11 bilhões de reais, e as pendências judiciais custaram 22,5 bilhões às empresas. Para o Ministro: "O comitê da Mercedes-Benz oferece a agilidade que as relações do trabalho precisam hoje".

2.7. Crise no conceito da subordinação

Os avanços tecnológicos empregados com o efeito de uma crescente produtividade do trabalho, aliado ao aumento exponencial do setor da prestação do serviço, tem contribuído para a evidência da **crise do conceito de subordinação**, desenhada para a realidade industrial vivenciada na 1ª Revolução Industrial, sob a perspectiva de uma subordinação meramente subjetiva, exigindo no exercício do poder empregatício à identificação as atividades de controle e fiscalização, em contraposição à posição jurídica antagônica da prestação de serviço autônomo.

Entre estas posições jurídicas díspares, e partindo de uma estrutura empresarial flexível, horizontal e descentralizada, como paradigma dos dias atuais, há um amplo espectro de relações de trabalho não capitadas pelo sistema de proteção social, uma vez que a sistemática da subordinação subjetiva apresenta-se evidentemente anacrônico, havendo semelhanças entre a prestação de serviços autônomos e do trabalho subordinado que não justifica a indiferença regulatória do Estado neste campo, pois franquear plena autonomia da vontade nestas relações, ajustadas pelas leis de mercado da oferta e procura, agrava a situação caótica do mercado informal, justificando a existência de um vácuo legislativo em relação ao trabalho parassubordinado.

Segundo a posição de Arion Sayão Romita, no artigo *Perspectivas da reforma trabalhista*[73], há a necessidade premente de uma reforma da legislação social de modo a reposicioná-la de acordo com as exigências sociais de uma sociedade da informação em constante evolução, preservando sua legitimidade como fator de agregação social, o direito deve ser estável a fim de proporcionar segurança nas relações jurídicas, mas não deve ser estático, para não impedir a necessária evolução, e nesta fase do direito, as normas jurídicas já não dão satisfatória resposta às necessidades sociais, constitui fator de desagregação social e de insegurança nas relações que envolvam os fatores de produção.

A **parassubordinação** deve ser compreendida como uma figura jurídica intermediária, equidistante entre o trabalho autônomo e o subordinado, mas que revela uma relação de coordenação e dependência econômica incompatível com a pretensa liberdade contratual, reflexo direto da completa ausência de regulamentação, ou mesmo de uma interpretação jurídica adequada do conceito de subordinação que lhe permitisse a transição do modelo subjetivo para o objetivo, despindo-se da roupagem civil ou mercantil, hoje consagrada.

Neste sentido, devemos destacar que elemento de ligação entre o trabalhador e modelo empregatício deveria estar na realidade factual da integração do trabalhador na organização empresarial, substituindo-se o conceito da subordinação-controle ou subjetiva, pela subordinação-integração ou objetiva.

O fundamento teórico da conceituação do trabalho subordinado perpassa pela noção de organização? Integração? Ou mesmo o conceito de Empresa? Segundo Alice Monteiro de Barros (2016, p. 187), na doutrina inglesa não há distinção entre a integração própria do autônomo e do subordinado, o elemento de diferenciação de qualquer deles para efeito da proteção do direito do trabalho está centrado no direito residual de controle, ou seja, **participação integrativa** do trabalhador no processo produtivo que implique na observação das diretivas do empregador quanto ao modo da prestação, denotando o pleno exercício do poder disciplinar, ainda que de forma indireta.

Na Itália, por meio da Lei Biagi do ano de 2003, por indução legal, houve a criação de níveis intermediários entre o trabalho subordinado e o autônomo, por meio da disseminação de um novo conceito, pautado na **subordinação objetiva**, caracterizado pela existência de um trabalho: coordenado, continuativo e de colaboração, esta última, por sua vez, promove uma linha horizontal entre os interessados na relação jurídica, distinta da linha vertical, representado pelo conceito clássico de hierarquia, presente nas relações jurídicas da 1ª Revolução Industrial, o que não seria adequando diante de uma possível 4ª Revolução Industrial.

Com a própria evolução do setor da prestação dos serviços, que acarreta a disseminação do trabalho intelectual, podemos dizer que o modelo de subordinação de conteúdo eminentemente

---

(73) *Revista LTr*, São Paulo, v. 71, n. 9, p. 1048-1062, set. 2007.

hierárquico, com rígido controle e fiscalização das atribuições funcionais, foram exauridos durante o transcorrer da 1ª Revolução Industrial, a partir do arquétipo do operário padrão.

Dentro desta perspectiva, a continuidade representa o engajamento duradouro do trabalhador no contexto econômico do tomador do serviço para suprir-lhe suas necessidades permanentes, o que por si só justificaria as contrapartidas inerentes à legislação social.

Para o elemento coordenação, há de destacar a ligação funcional entre o serviço prestado e a atividade do tomador do serviço, substituição do conceito "colaboração na empresa" para o da "colaboração para a empresa", subentendendo inclusive o acatamento das ordens gerais ainda que por indução contratual, e a esta ausência de lei especial para integração do trabalhador parassubordinado ao sistema de proteção social agrava o próprio ao retrocesso social, por exclusão, e a relação jurídica fica relegada a regra residual do art. 593 do CC.

Os efeitos práticos da "coordenação" traduzem a mitigação da subordinação clássica, e ao mesmo tempo deveria aproximar os parassubordinados ao sistema de proteção legal, havendo uma inegável ingerência na vida do trabalhador com feições do poder diretivo franqueado ao empregador pelo princípio constitucional da livre-iniciativa, que organiza a ordem econômica a partir do texto constitucional, motivo pelo qual sustentamos que tanto na caracterização da figura jurídica de quaisquer dos arquétipos protagonizados pelo trabalhador contemporâneo, seja autônomo, parassubordinado e subordinado, a tênue distinção reside pontualmente na intensidade dos elementos fáticos jurídicos do enquadramento empregatício, alimentando a indústria dos contratos dissimuladas da relação de emprego, em contexto de fraude às disposições legais indisponíveis.

Neste mesmo sentido, é a posição de Arion Sayão Romita (2014, p. 450), para quem não pode haver relação de trabalho sem um poder de comandar e um dever de obedecer, isto é, sem o elemento subordinação que os juristas veem como o sinal inconfundível do contrato de trabalho, mas este poder de comando e o dever de obediência devem ser regulados, podendo o elemento de coordenação ser inserido na relação de emprego. Coordenação e subordinação são suscetíveis de gradação, posto que, por quão forte que seja o elemento coordenação, um resíduo de poder de comando sempre restará e deverá restar.

Ainda, notamos a forte presença da pessoalidade no modelo parassubordinado, sobressaindo a infungibilidade contratual em virtude das características técnicas do trabalhador, que lhe são essenciais, regra geral a própria dinâmica da relação laboral não autorizaria a substituição daquele trabalhador por terceiro na execução contratual, excepcionalmente o mesmo poderia valer-se do auxílio de outros trabalhadores, por ele mesmo credenciado, uma ideia de complementaridade em relação à atividade principal do tomador do serviço.

O sistema jurídico italiano admite o conceito da parassubordinação por meio de previsão legal, o art. 409, item 3, da Lei n. 533/73 admite a competência material da Justiça do Trabalho para julgamento das controvérsias relacionadas aos contratos de agência e representação comercial, com a admissão de uma fórmula geral que contemple: *"outras relações de colaboração que se concretizem em uma prestação de obra continuativa e coordenada, prevalentemente pessoal, ainda que sem caráter subordinado"*.

Este ponto nos permite traduzir a distinção conceitual com a dimensão clássica da subordinação da atual redação do art. 2º da CLT, uma vez que esta disposição legal considera empregador *"a empresa, individual ou coletiva, que, assumindo os riscos da atividade econômica, admite, assalaria e dirige a prestação pessoal de serviço"*, e em complemento o art. 3º do mesmo diploma legal destaca a prestação de serviços: *"de natureza não eventual a empregador, sob a dependência deste e mediante salário"*.

Para Amauri César Alves (2004, p. 90) é possível a **extensão do direito material do trabalho** para efeito da **proteção do trabalhador parassubordinado**, para ele, o elemento da **dependência econômica do art. 3º da CLT** admitiria um perfeito enquadramento ao novo arquétipo ora em discussão, esta disposição legal deixa margem ao operador jurídico para determinar seu alcance, podendo a jurisprudência sob a perspectiva da preservação pós-positivista dos direitos fundamentais incorporar qualquer dos elementos da dependência, seja ela econômica, técnica e social, como forma de consagrar a preservação do direito fundamental do trabalhador alinhado com o ideal da dignidade da pessoa humana.

Este entendimento é contrário a perspectiva conservadora do custo da mão de obra, haveria a impossibilidade da extensão da tutela trabalhista, pela inviabilidade da conciliação proposta entre os elementos subordinação e coordenação, havendo, neste ponto, ausência de previsão legal para referida ilação, a justificar, talvez, uma reforma trabalhista de ótica racional que esteja centrada na efetividade de um conteúdo mínimo e fundamental ao trabalhador, pela insuficiência da proteção à prestação do serviço estampada no Código Civil, não merecendo acolhida a falácia de que a extensão irrestrita seria incompatível com a natureza da atividade, sem atender suas reais necessidades.

A abertura conceitual denota a preocupação e sensibilidade do legislador italiano com a própria dinâmica das relações socioeconômicas, captando para o sistema legal de proteção um sem número de relações contratuais que tenham por objeto a prestação de serviços, e exemplo do modelo de negócios desenvolvido pelo o *Uber Technologies Inc*, que promove a **descentralização** e **horizontalização** dos meios de produção de bens e serviços, efeitos inerentes a uma economia disruptiva, em um processo irreversível de globalização, uma vez que a terminologia *parasubordinazione* representa a ideia do *"para além da subordinação"*.

Ainda no contexto do Código Civil de 2002, sustentado especialmente nos pilares da eticidade e sociabilidade, que permitem a construção dos institutos jurídicos da lesão, abuso de direito, boa-fé objetiva e onerosidade excessiva, entre outros, nos parece que persistir neste vácuo legislativo estar-se-á por ampliar as relações contratuais do século passado pautadas na igualdade meramente formal, relações jurídicas substancialmente desbalanceadas, em que o desnível econômico de um dos contratantes eterniza a pactuação da força de trabalho em condições de inferioridade, perpetuando expropriação do trabalho sob o argumento jurídico da liberdade negocial, acentuado pelo cenário desalentador do desemprego estrutural.

Devemos notar que a dependência econômica passa a estar acentuada diante de um contexto de exclusividade da prestação do serviço, o que poderia ser um efeito de disposição contratual expressa, ou de um efeito natural da própria dinâmica contratual, a ideia de permanência entre os serviços tomados e as necessidades da atividade econômica a qual o trabalhador esteja integrado, inviabiliza a diversificação das prestações dos serviços a outros tomadores, caracterizando a existência de um legítimo autônomo-dependente.

Interessante notar, nas palavras de Leone Pereira (2013, p. 59), que o trabalhador parassubordinado não é subordinado pela simples razão de prestar serviços à empresa por meio de uma colaboração coordenada e contínua à empresa, mas em condições de inferioridade por não possuir liberdade negocial, sob a modalidade de contratos civis e mercantis.

Excepcionalmente, podemos vislumbrar uma *pseuda* igualdade de condições, em especial quando tratamos do trabalhador expatriado, a existência de uma "nova riqueza" que compõe o patrimônio do profissional engajado na sociedade da informação, que é o seu *know-how*, a sua especialização profissional, que lhe permite melhor resultado em uma economia globalizada que busca incessantemente maior produtividade, tornando não usual a direção quanto ao modo da execução dos serviços, estando por exigir apenas e tão somente uma coordenação estável e continuada, deste conjunto de atividades pessoais, para que os esforços venham a convergir em um único resultado empresarial.

Segundo Amauri César Alves (2004, p. 89), a coordenação da prestação revela a sujeição do trabalhador às diretrizes do contratante, sem a presença da subordinação no sentido clássico, a própria atividade estaria por coordenar o trabalho contratado sem a necessidade de subordinar o seu prestador, haveria uma **perfeita conexão funcional entre a atividade do prestador e a organização** que lhe é tomadora dos seus serviços, o foco está no contexto organizativo e na dinâmica empresarial.

A substancialidade do comportamento do próprio prestador do serviço provoca a reflexão quanto à distinção dos modelos analisados, com o arrefecimento do poder diretivo do empregador pela ingerência contratual, o parassubordinado tem maior disposição de sua atuação, não está obrigado a permanecer na espera de ordens provenientes do tomador do serviço, e tampouco, ficar à sua disposição, substituindo o parâmetro tempo à disposição (art. 4º da CLT), pelo resultado, contudo, o adimplemento da obrigação contratual assumida exige a fixação do modo, tempo e lugar da execução dos serviços, sob pena da desnecessidade e imprestabilidade da própria prestação.

Dissertando a respeito da autonomia da vontade, sempre em contraposição à inderrogabilidade das normas de ordem pública que permeiam toda a sistemática protetiva do direito do trabalho, Alice Monteiro de Barros (2016, p. 189) informa que as partes ao regular seus direitos recíprocos podem excluir a própria subordinação, impedindo a qualificação diversa quanto à relação estabelecida, sem a possibilidade de subtrair a prerrogativa do Poder Judiciário quanto ao contexto de fraude (art. 9º da CLT), em relação aos elementos da relação de emprego (arts. 2º e 3º da CLT), aplicação analógica do art. 123 do CTN, segundo o qual as convenções particulares que disciplinam diversamente a responsabilidade tributária não são oponíveis ao fisco.

Estar-se-ia diante de um ajuste contratual entre agentes privados, com assento na livre-iniciativa do art. 170 da CF, sem oposição da lei, princípio da legalidade estampado no art. 5º, II, da CF, ao revelar a prestação lícita de um serviço (art. 594 c/c art. 104, II, do CC).

Diante da existência desta figura intermediária, e utilizando-nos da doutrina tradicional de Sergio Pinto Martins (2014, p. 107), o elemento de distinção entre o trabalhador autônomo e o subordinada está justamente na **assunção dos riscos** do negócio, de forma efetiva e não dissimulada, posto que a figura jurídica do autônomo somente se justifica quando houver efetiva autonomia no desempenho de suas atividades, em total contraposição ao conceito de subordinação.

Aqui, cabe o alerta feito por Lorena Vasconcelos Porto (2009, p. 74), ao dissertar a respeito da releitura necessária da subordinação diante a perspectiva objetiva, permitindo a ampliação do conceito de subordinação diante da avaliação criteriosa da "assunção dos riscos": "Se tradicionalmente esse fator sempre foi considerado como um indicador fiel da ausência da relação de emprego, nos tempos atuais ele não pode mais ser visto desse modo pelo intérprete. Este deve avaliar se o trabalhador de fato assume os riscos — ou se o faz apenas aparentemente — e se essa assunção é realmente efetiva e substancial. Isso ocorre quando o obreiro atua de forma realmente independente no mercado, assumindo, contemporaneamente, os riscos — possibilidade de perdas e prejuízos — e as oportunidades do negócio — chances de ganho e lucro".

Para Márcia Sanz Bürman (2010, p. 88), citando Santoro-Passarelli, em obra coletiva do programa de doutorado da USP, coordenada por Nelson Mannrich, com o título *Reforma do Mercado e Trabalho*, sustenta "[...] que a alteração da fisionomia da empresa representa a alteração da figura socialmente homogênea do trabalhador-padrão da indústria, que foi substituído pela pluralidade de identidades sociais dos empregados oriundos de profissões mais sofisticadas, fazendo com que a classe operária não mais ocupasse o centro da sociedade pós-industrial, tendo reduzido o seu peso quantitativo e político no cenário do trabalho subordinado [...] a subordinação não deixou de existir [...] o que se modificou ao longo do tempo foi o nível de subordinação estabelecido entre o empregado e o empregador".

Mauricio Godinho Delgado (2014, p. 305) traça um paralelo entre a dimensão clássica da subordinação, que enaltece o aspecto meramente subjetivo, com a pretensa objetivação desta mesma subordinação, e conforme já debatido, a distinção estaria na *"intensidade das ordens do tomador de serviços"*, ou mesmo, na *"integração do trabalhador nos fins e objetivos do empreendimento do tomador dos serviços"*, razão pela qual formula concepção da subordinação estrutural na hipótese de captar no campo da discricionariedade normativa a criação de uma realidade artificial com a única intenção de fraudar a proteção decorrente da aplicação do modelo de normatização justrabalhista. A inserção do trabalhador na dinâmica do tomador de seus serviços, independentemente de receber (ou não) suas ordens diretas, mas acolhendo, estruturalmente, sua dinâmica de organização e funcionamento, em uma dimensão própria da subordinação, não importa que o trabalhador se harmonize (ou não) aos objetivos do empreendimento, nem que receba ordens diretas das específicas chefias deste, o fundamental é que esteja estruturalmente vinculado à dinâmica operativa da atividade do tomador de serviços. O trabalhador pode realizar tanto atividade-meio como atividade-fim do tomador de serviços, será, porém, subordinado caso se ajuste, estruturalmente, ao sistema organizacional e operativo da entidade tomador de serviços, absorvendo sua cultura e sua lógica empresarial durante o ciclo de prestação de seu labor e, na medida dessa aculturação, seu poder direcionador e dirigente.

Inegável a necessidade premente da readequação do fenômeno da subordinação às novas dimensões objetiva e estrutural, que transcende a visão tradicional da direção da prestação pessoal do serviço do art. 2º da CLT, mesmo porque na interpretação da lei devemos levar em consideração o fim social a qual se destina como forma de resguardar a dignidade da pessoa humana (art. 5º da LINDB c/c art. 8º do CPC), via interpretativa alinhada com a fundamentalidade dos direitos elencados no rol do art. 7º da CF, que não excluirão outros que assegurem melhores condições de trabalho, sem qualquer alteração no texto da lei, renovando o caráter expansionista do direito do trabalho, não obstante as posições conservadoras de redução do custo da mão de obra, demonstrando sua elevada capacidade de adaptação à realidade cambiante do aspecto socioeconômico em uma economia de mercado.

Concordamos com Nelson Manrich, segundo artigo *Autonomia, parassubordinação e subordinação: os diversos níveis de proteção do trabalhador e do teletrabalhador*, de que não há *"lógica a legislação trabalhista regular igualmente as relações do operário, faxineiro ou de outro trabalhador braçal, e do diretor ou presidente da empresa. Seria de todo conveniente examinar a orientação de alguns ordenamentos estrangeiros, como o italiano ou francês, que trata de forma diferenciada tais trabalhadores. Por outro lado, o fato de determinados trabalhadores serem autônomos, por si, não exclui de todo a possibilidade de intervenção do legislador no sentido de corrigir certas distorções, em vista de sua dependência econômica em face do tomador dos serviços"*, logo, os aspectos da reforma trabalhista perpassam pela reflexão acerca da dicotomia: subordinação x autonomia, acentuada na sociedade pós-industrial pela relevância da prestação de serviço, sendo interessante perquirir, ainda, em relação a uma efetiva autonomia, a existência de uma estrutura empresarial pelo prestador do serviço, ainda que modesta, ou se este apenas depende da estrutura empresarial do tomador do serviço para a prestação do serviço.

Segundo o italiano Pedrazzoli, citado por Nelson Manrich no artigo anterior em destaque, a reforma não deve ater-se propriamente na terminologia a ser assimilada na proposta do texto legislativo, mas, especialmente, deve concentrar-se na **dosagem da tutela** a ser oferecida, mais ou menos com o que ocorre no Brasil quanto a proteção previdenciária oferecida, dentro de certos limites, ao trabalhador autônomo, enquadrado pelo exercício da atividade remunerada como segurado obrigatória, na qualidade de contribuinte individual.

Não haveria qualquer problema de admitir-se a ampliação da pejotização dentro da perspectiva do fenômeno da flexibilização legal já explicado, desde que a dosagem promovida por uma reformulação do contrato de prestação de serviço viesse a apresentar uma resposta normativa adequado aos desafios hoje vivenciados.

A ausência de uma reforma trabalhista ampla e duradoura, que leve em consideração a participação da prestação do serviço no mercado de trabalho, o impacto de novas tecnologias, e os efeitos da globalização na **desarticulação da proteção trabalhista**, acarreta a ampliação do **mercado informal**, e mais do que isso, persiste com a dicotomia entre autônomo e subordinado insegurança jurídica para efeito de investimentos privados, tendo em vista o volume do passivo trabalhista que decorre das ações de reconhecimento de vínculo de emprego, haja vista a insuficiência das tentativas pontuais de desarticulação do conceito tradicional da relação de emprego, fontes inesgotáveis de insegurança jurídica e conflitividade.

Apenas para ficarmos com alguns dos principais exemplos em que a própria legislação permite a indução de relações de trabalho, alternativas que induzem a ampliação do conceito de "economia informal", citamos o do art. 129 da Lei n. 11.196/05, conhecida com "MP do Bem", que autoriza a prestação de serviços intelectuais por meio de pessoa jurídica; o já tradicional art. 442, parágrafo único, da CLT, admitindo a exclusão do vínculo de emprego entre trabalhador cooperado e a cooperativa, e entre ele e a empresa tomadora do serviço; e por fim, o novo modelo intencionado pela Lei n. 13.352/16 regulamentando a existência dos contratos de parceria entre profissional-parceiro (prestador de serviço) e salão-parceiro, o art. 1º-A, no § 8º passa a exigir requisitos meramente formais para permitir a precarização da pactuação das condições de trabalho, por meio de contrato por escrito homologado perante o Sindicato da categoria profissional ou Ministério do Trabalho e Emprego, exigindo-se no § 9º que o parceiro profissional esteja inscrito como pessoa jurídica, como no caso do microempreendedor individual, com a possibilidade de reconhecimento do vínculo de emprego nas hipóteses do art. 1º-C, seja por não existir contrato de parceria formalizado (fraude que pode gerar a atração do art. 9º da CLT), ou o exercício de funções (desvio de função) diversas daquelas descritas no contrato de parceria.

2.8. Função contemporânea do Direito do Trabalho

Ao tratarmos especificamente das funções do direito do trabalho não há como nos afastar das realidades socioeconômicas vivenciadas seja na sua formação, evolução histórica, ou ainda, no atual momento de transição (ou talvez de crise?!), acentuados com a crise econômica de 2008, cenário por meio do qual a manutenção dos níveis de emprego tem seduzido mais os trabalhadores do que uma crescente melhora das condições de trabalho, desde que mantidos os padrões mínimos aceitos nas sociedades contemporâneas.

Paul Krugman, ganhador do prêmio Nobel de Economia em 2008 (2009, p. 26), aponta que em alguns nichos de mercado, representados por produtos ou mercadorias de baixo valor agregado, e não dependentes de *Know-how* e tecnologia, a exemplo da manufatura de camisetas e tênis, podem, ainda, permitir que os países em desenvolvimento participem da competição global por meio dos níveis salariais praticados, ou mesmo pela legislação com níveis de proteção aquém daqueles assegurados em economias desenvolvidas, e pela primeira vez desde 1917, vivemos num mundo que o direito de propriedade e o livre mercado são considerados princípios fundamentais, não expedientes a que recorremos com relutância, onde os aspectos negativos da economia de mercado — desigualdade, desemprego, injustiça — são aceitos fatos inevitáveis.

Na perspectiva clássica, a doutrina sempre destacou a finalidade teleológica de cunho tutelar deste ramo jurídico, melhoria das condições de pactuação da força de trabalho na ordem socioeconômica, absorvendo o conjunto de valores sociais capazes de sobressaírem em dado momento histórico, como forma de garantir a desmercantilização do trabalho — a Declaração da Filadélfia adotada pela Organização Internacional do Trabalho em 1944 (após a 2ª Guerra Mundial) estabelece como princípio institucional no item I, "a": *"o trabalho não é uma mercadoria"* — para que referida relação social não esteja à mercê das livres forças de mercado, convertidas à lógica perversa da lei da oferta e da procura, tampouco, insumo a ser consumido no setor produtivo.

Na verdade, estar-se-á por alcançar o equilíbrio jurídico em uma relação economicamente desigual, ante a **presunção de hipossuficiência** do trabalhador subordinado em qualquer contexto contratual, que por suas necessidades elementares estaria a renunciar toda a sorte de condições mínimas de trabalho, sujeitando-se às disposições contratuais de um verdadeiro contrato de adesão.

Ressaltamos um contraponto na dimensão proposta acima, por meio das lições de Amauri Mascaro Nascimento (2014, p. 71), e pela complexidade do atual momento contemporâneo, estar-se-ia por identificar uma **função coordenadora do direito do trabalho**, apta a permitir a convergência de interesses entre capital e trabalho, que leve em consideração as conjunturas econômicas internacionais, ou mesmo, as setoriais, identificadas a partir do desequilíbrio do mercado interno de bens ou serviços. Mesmo porque a simbiose entre o direito do trabalho e as condições econômicas subjacentes, atrai a máxima de Georges Ripert, segundo a qual *"quando o direito ignora a realidade, a realidade se vinga ignorando o direito"*.

De qualquer forma, os períodos prolongados das crises econômicas denotam de forma empírica o quão sensível é o direito do trabalho diante do recrudescimento dos seus principais indicadores, refletindo em uma queda acentuada dos postos de trabalho, mesmo diante do elevado percentual da informalidade nos dias atuais, razão pela qual há uma importância muito grande da percepção das condições econômicas que permeiam cada uma das relações sociais, destacando a corrente intelectual em voga nos Estados Unidos da América que trata da "**análise econômica do direito**".

Vale destacar os estudos desenvolvidos pela Universidade de Chicago em 1958, difundindo as incursões de economistas na área do direito, por meio do qual Ronald Coase ressalta a não percepção normativa das "externalidades", custos sociais indiretos das incursões privadas no domínio econômico, sob o beneplácito da própria lei de regência.

Desta forma, e para que possamos sustentar a necessidade contemporânea de coordenação de interesses, entre capital e trabalho, utilizamo-nos da análise econômica do direito, posto que nas palavras de Ejan Mackaay (2015, p. 5): "Os cidadãos não ficam passivos diante da mudança de regras às quais são submetidos. A **mudança da regra levará qualquer um indagar se deve adaptar seu comportamento e, em caso afirmativo, em que direção**. É que **a regra de direito não controla, diretamente, o comportamento das pessoas**. Fá-lo, apenas, quanto às **consequências de suas ações**".

Ademais, destacamos a função modernizante e progressista na busca de fórmulas alternativas à distribuição de renda, bem como daquelas que venham a ser mais eficientes na gestão da força de trabalho, diante da crescente informalidade do mercado de emprego com impactos diretos na assistência social, pela ausência de contribuição ao sistema previdenciário, um sistema de caráter contributivo e filiação obrigatória nos termos do art. 201, *caput*, da CF.

Neste sentido, Fábio Zambitte Ibrahim (2011, p. 58) faz um alerta quando ao modelo previdenciário Bismarckiano adotado no Brasil, por meio do qual a cobertura previdenciária possui uma íntima ligação com o nível de empregabilidade da sociedade, haja vista a cobertura preferencial por segurados empregados, havendo na América Latina, índices inadequados de cobertura, sempre inferiores a 50% da população.

O artigo do dia 17 de dezembro de 2016, do *New York Times*, com o título *Free Cash in Finland. Must be Jobless*, retrata a realidade de um mundo sem emprego diante dos fatos vivenciado recentemente pela Finlândia que teve uma quantidade grande de engenheiros qualificados dispensados pela Nokia, empresa que no passado foi sinônimo de aparelhos celulares, e foi superada pelas suas concorrentes, havendo um ampla rede social de proteção a assegurar rendimentos mínimos aos trabalhadores, ao mesmo tempo apresenta-se como um obstáculo a expansão do empreendedorismo desta mão de obra qualificada por intermédio das *startups*.

Há que se destacar também, sua função política conservadora capaz de garantir o suporte político e cultural ao sistema de produção exigido pela sociedade contemporânea, a partir do contraponto ao capitalismo intentado pelas doutrinas socialistas de Marx e Engels, nas palavras de Arnaldo Süssekind (2004, p. 20), o chanceler Alemão Bismarck passa a promover a internacionalização das leis trabalhistas e dos seguros sociais, como forma de manutenção do *establishment*, em 1890 à época da Conferência de Berlim, induzindo a manutenção de um modelo econômico dominante no ocidente, com a domesticação da revolta das massas, e apresentando um viés social ao Estado, como um contraponto ideológico ao próprio socialismo. Estar-se-á a garantir a legitimidade política e cultural ao sistema de produção da sociedade contemporânea.

Neste sentido, vale destacar a conclusão de José Rodrigo Rodriguez (2009, p. 23), professor da *GV Law*, destacando a importância do **legalismo** em uma **economia de mercado**, sob os auspícios de uma teoria desenvolvimentista que assegure suporte jurídico ao capitalismo, com fundamento jurídico na **segurança jurídica/previsibilidade**, o sistema do *civil law* garante uma ordem jurídica apta a eliminar as incertezas econômicas.

Eros Roberto Grau (2013, p. 29) identifica no **mercado** uma **instituição jurídica**, um produto da história da humanidade, destinado politicamente a regular e manter as estruturas de poder do capitalismo, não é uma instituição natural, mas um *locus artificialis*, que depende regulamentação e limitação capazes de corrigir suas próprias distorções, inviabilizando a existência de um mercado autorregulável, permitindo no compromisso ético inerente a vedação das práticas antitruste, a perenidade da higidez do modelo socioeconômico de produção e circulação de bens e serviços.

Citando Irti (2013, p. 30), referido autor afirma: "O mercado é uma ordem, no sentido da **regularidade e previsibilidade** de comportamentos, cujo funcionamento **pressupõe a obediência**, pelos **agentes** que nele atuam, de determinadas **condutas**. Essa uniformidade de condutas permite a cada um destes agentes desenvolver cálculos que irão informar as decisões a serem assumidas, de parte deles, no dinamismo do mercado. Ora, como o mercado é movido por interesses egoísticos — a busca do maior lucro possível — e a sua relação típica é a relação de intercâmbio, a expectativa daquela regularidade de comportamentos é que o constitui como uma ordem".

Ademais, a doutrina, também, enaltece a função civilizatória e democrática, eis que o direito do trabalho pode ser traduzido em um direito fundamental de segunda dimensão (econômica e social), contextualizado na dinâmica de proteção aos direitos humanos (prescinde da ideia de Estado, por estar atrelado às condições humanas que nos são intrínsecas), permitindo a moderação de uma das mais importantes relações de poder, admitidas no seio social, assegurando a perenidade do desenvolvimento social sustentável sob os pilares da livre-iniciativa, eixo central da ordem econômica inaugurada com o art. 170, *caput*, da CF, que mescla a livre atuação dos agentes privados com a harmonização necessária à valorização do trabalho, para que resulte em efetiva justiça social. Para Léon Duguit (2006, p. 29), o direito de propriedade deve ser compreendido como uma contingência resultante da evolução social.

Contudo, devemos registrar a inconsistência da jurisprudência do Tribunal Superior do Trabalho que ainda não possui posição majoritária nas Turmas e Seção de Dissídios Individuais, no tocante a cumulação dos adicionais de insalubridade e periculosidade, prestigiando a segurança jurídica e a previsibilidade do custo empresarial, ao negar efeito à cláusula de abertura do art. 5º, § 2º, da CF, que no tocante aos direitos fundamentais admite bloco de constitucionalidade fora do texto constitucional, representado pela aplicabilidade imediata dos tratados (art. 5º, § 1º, da CF), que subverte a classificação das fontes subsidiárias em relação aos princípios gerais de direito previstos no art. 4º da LINDB.

O próprio art. 27 da Convenção de Viena impede que o direito interno possa ser evocado com a intenção deliberada de descumprir a obrigação internacional voluntariamente assumida, e tratando-se das Convenções da OIT com disposições reveladoras dos direitos humanos de segunda dimensão, *status supra* legal na ordem interna por força da decisão exarada no RE n. 466.343-SP do STF, o obstáculo infraconstitucional do art. 193, § 2º, da CF, alinhado a monetarização do risco, sendo que art. 7º, XXII, da CF, prevê o meio ambiente do trabalho equilibrado como direito subjetivo do trabalho, e neste sentido, vem sendo consistentemente, perante os Tribunais Regionais, negada validade ao art. 11-b da Convenção n. 155 da OIT, que é claro no sentido da cumulação: *"deverão ser levados em consideração os riscos para a saúde, decorrentes da exposição simultânea a diversas substâncias ou agentes"*.

Arnaldo Süssekind (2014, p. 117) identifica nas regulamentações da Organização Internacional do Trabalho fonte material inesgotável do Direito do Trabalho, para o constante aperfeiçoamento do ordenamento jurídico interno.

Por fim, cada uma das funções destacadas pela doutrina sempre estarão a permear o aspecto "existencial" do direito do trabalho, uma vez que as respostas normativas jamais serão estanques, mas variáveis no mesmo compasso do curso da própria história, uma carga cultural a exigir respostas normativas compatíveis com os desafios vivenciados, uma vez que a história das civilizações aponta na direção da adaptabilidade e flexibilidade do comportamento diante dos desafios — Arnold Toynbee, em sua obra *A Study of history*, citado por Fritjof Capra (1997, p. 24) — o declínio cultural de uma sociedade decorre diretamente da ausência de flexibilidade: *"novas respostas a novos problemas"*, sob pena do seu próprio perecimento.

Capítulo III

Flexibilização da Norma Trabalhista

A análise das tendências atuais do direito do trabalho perpassa pela compreensão dos novos paradigmas de uma cultura emergente, uma crise de percepção de várias facetas, provocada pela visão mecanicista da ciência cartesiana-newtoniana, segmentada pela especialização em um mundo globalizado, atônita diante dos instrumentos necessários à compreensão desta nova realidade, a solução estará em uma nova estrutura conceitual fundamentada em uma visão sistêmica, uma teia formulada que importe em transformações profundas dos nossos valores e ideias.

Acredita-se que a crise cultural inerente ao processo de globalização, promove a substituição de estruturas sociais estáticas, por um padrão dinâmico de mudança, e para o entendimento de nossa crise cultural multifacetada, Fritjof Capra (1997, p. 24) destaca a premência de ser adotada uma perspectiva extremamente ampla dentro do contexto da evolução cultural humana, de forma a transferirmos estas mesmas perspectivas do final do século XX para um período de tempo que abrange milhares de anos, ao substituirmos a noção de estruturas sociais estáticas por uma percepção de padrões dinâmicos de mudança.

Vista desse ângulo, a crise apresenta-se como um aspecto da transformação, sendo que os chineses sempre tiveram uma visão inteiramente dinâmica do mundo e uma percepção aguda da história, tendo a consciência desta profunda conexão entre crise e mudança, uma vez que para eles o termo usado para significação da "crise", *wei-ji*, é composto dos caracteres: perigo e oportunidade.

Os impactos da globalização deixam evidentes as discussões a respeito da necessidade de uma maior adaptação da legislação em vigor, que para alguns estaria flagrantemente desatualizada e em total descompasso com a sociedade da informação, a mesma foi idealizada no contexto de uma sociedade industrial, vinculada aos conceitos de uma célula fabril hierarquizada com um sistema produtivo voltado à padronização do seu resultado, quando na atualidade se está por exigir uma célula empresarial flexível adaptável a um resultado produtivo por vezes customizado.

Neste contexto, passou-se a discutir fórmulas alternativas para regulação da relação de poder estabelecida entre capital e trabalho, que não envolva necessariamente a indução legislativa do Estado.

3.1. DESREGULAMENTAÇÃO DO WELFARE STATE

A proteção social promovida pelo conjunto de regras que compõe a regulamentação trabalhista e os sistemas nacionais de previdência, identificados ao longo da história contemporânea por meio da expressão *Welfare State* (Estado do bem estar social), teve seu ápice reconhecido no período pós 2ª Guerra Mundial, em 1945, acarretando um agigantamento do *déficit* orçamentária público, justificando empiricamente uma ideologia conservadora capaz de fomentar a restrição das proteções sociais em favor das exigências de uma economia de mercado, representada pela busca incessante de uma maior produtividade em escala global, em especial após a crise do petróleo em 1974, ganhando adeptos pelo mundo a tese da desregulamentação vaticinada por Margaret Thatcher na Inglaterra e Ronald Reagan nos Estados Unidos.

Cabe ao Estado promover o equilíbrio entre as "forças irracionais do mercado" e as "necessidade prementes da sociedade", sob pena do esgarçamento do tecido social, e a globalização evidentemente acirra a polêmica entre o Estado Social e o Estado Liberal, uma vez que os neoliberais pregam a completa desregulamentação do *Welfare State*, completa omissão do Estado no que tange a indução e fomento da proteção social, pregando a existência de um *"Estado mínimo"*, permitindo que as condições de emprego possam variar ao mero sabor das "leis de mercado".

Neste ponto, Aliomar Baleeiro (2012, p. 542), analisando a perspectiva orçamentária do Estado do bem-estar social, destaca os desequilíbrios orçamentários sucessivos exigidos dos países ocidentais para a manutenção desta teia de proteção social, alcançadas por intermédio das políticas públicas de Estado, interferências defendidas por meio da teoria *Keynesiana*, com reflexos econômicos, à medida que se passa a tolerar um razoável *déficit* orçamentário nos períodos de crises econômicas, com ciclos cada vez mais curtos nos tempos atuais, de forma a injetar grandes somas de dinheiro na economia para o fomento do seu reaquecimento, com vistas ao pleno emprego, sempre sob a sombra do descontrole inflacionário, sem perder de vista o ponto de exaurimento do repasse das receitas derivadas, na forma de tributos, extraídos do patrimônio individual dos contribuintes.

Amartya Sen (2010, p. 61)[74] destaca a importância da **livre-iniciativa** diante da perspectiva orçamentária do Estado Social, eis que o desenvolvimento econômico fundada no direito de autodeterminação dos agentes privados que atuam no mercado de bens e serviços, está atrelado às transações econômicas realizadas entre estes mesmos agentes, representando o grande motor do crescimento econômico amplamente aceito no mundo ocidental. Estas relações permanecem pouco reconhecidas, e precisam ser mais plenamente compreendidas na análise das políticas públicas, uma vez que o crescimento econômico pode ajudar não só elevando rendas privadas, mas também possibilitando ao Estado financiar a seguridade social e a intervenção governamental ativa.

O debate político, e não menos ideológico a respeito do tamanho do Estado, é tratado de forma clara na entrevista de Zanny Minton Beddoes, editora chefe da revista britânica *The Economist*, concedida a *Folha de S. Paulo* (domingo, 21 de abril de 2016), traçando a exata diferença do liberalismo Inglês do americano, vejamos: *"O Liberalismo inglês é muito diferente do americano. Na Inglaterra, o liberalismo se dá pela crença no mercado livre e nas liberdades individuais. Libertário é*

---

(74) Foi laureado com o Prêmio de Ciências Econômicas, em Memória de Alfred Nobel de 1998, pelas suas contribuições à teoria da decisão social e do *welfare state*. Amartya Sen lecionou na *London School of Economics*, Universidade de *Oxford* e Universidade de *Harvard*. Reitor da *Universidade de Cambridge*, é também um dos fundadores do Instituto Mundial de Pesquisa em Economia do Desenvolvimento (Universidade da ONU). Seus livros mais importantes incluem: *On Economic Inequality*, *Poverty and Famines* e *On Ethics and Economics*.

basicamente Estado mínimo, sem governo, e o extremo é o Estado que prevê polícia e nada mais. Não somos libertários, somos liberais: há papéis que o governo tem que ter, há áreas em que precisa atuar na busca pela liberdade individual".

Partindo da premissa das exigências contemporâneas de maior liberdade e da irreversibilidade, ao menos por ora, da economia de mercado, novamente Amartya Sen (2010, p. 43) ressalta a importância desta economia de mercado como sistema capaz de expandir a renda, a riqueza e as oportunidades econômicas das pessoas. Contudo, este mesmo mercado apresenta padrões contraproducentes, o que exige sua regulamentação pelo Estado, a exemplo da crescente legislação de proteção ao trabalhador, e nos dias atuais, há uma angústia na determinação da real medida em que a intervenção excessiva possa acarretar o efeito contrário.

Estaríamos por demandar a presença de um Estado forte no contexto político e econômico atual, hábil a permitir a correção de rotas diante excessos provocados pelas economias de mercado, ao abdicar da livre-iniciativa, deve concentrar-se nas atividades normativas e de fomento, devendo ser avaliada de forma pormenorizada os efeitos da atividade interventiva do Estado na seara social.

Neste contexto mundial de baixa demanda econômica, como um evidente desajuste estrutural entre demanda e oferta, são notórios os reflexos perversos na proteção social dos trabalhadores, evidenciado no relatório apresentado pelo Diretor Geral da OIT, Michel Hansenne, na Conferência realizada em 1997: "Se não lograrmos pôr um freio ao **custo social das transformações econômicas** resultantes da mundialização e da evolução tecnológica, corremos o risco de deslizarmos para um terreno de grande instabilidade política e social", neste passo deve caminhar a preocupação dos Estados nacionais e as instituições multilaterais que atuam perante a comunidade internacional. Talvez, esta tenha sido uma previsão involuntária ao *Brexit* e a vitória de Donald Trump nos Estados Unidos[75], acontecimentos de 2016 que demonstram um evidente contra-ataque aos efeitos nefastos da globalização, com influências diretas na proteção do mercado de trabalho dos países desenvolvidos.

Estas circunstâncias promovem uma crescente transformação do mercado de trabalho pela informalidade na economia, e neste ponto o direito do trabalho deve ser analisado como uma "obra inacabada" capaz de promover a diminuição das desigualdades sociais, podendo em certa medida, contemplar outros contratos continuativos envolvendo a prestação de serviço por pessoa física à empresa, como alternativa à relação de emprego nos moldes até então vivenciados.

A informalidade da economia dificulta a caracterização da subordinação direta no processo de terceirização do setor produtivo, e Amauri Mascaro Nascimento (2014, p. 74) identifica forte tendência na regulamentação do trabalhador parassubordinado, prevendo um contrato por projeto (pactuado seu objeto, prestação de serviço, por projeto, um verdadeiro contrato de resultados,

---

(75) O artigo publicado no jornal *New York Times*, 23.1.2017, com o título *Call to Create Jobs, or Else, Tests Trump's Sway*, retrata os primeiros movimento do Presidente Americano recém eleito, *Donald Trump*, buscando reverter os níveis de emprego em solo americano no setor de manufaturas, deteriorados pela adoção ampla da terceirização em um contexto de globalização, vejamos: *"President Trump summoned the titans of American business to the White House on Monday for what was billed as a "listening session," but it was the new president who delivered the loudest message: Bring back domestic manufacturing jobs, or face punishing tariffs and other penalties. The contrast between Mr. Trump's talk and the actual behavior of corporate America, however, underscored the tectonic forces he was fighting in trying to put his blue-collar base back to work in a sector that has been shedding jobs for decades. Many of the chief executives Mr. Trump met with have slashed domestic employment in recent years. What is more, their companies have frequently shut factories in the United States even as they have opened new ones overseas. Mr. Trump said he would use tax policy, among other means, to deter companies from shifting work abroad. "A company that wants to fire all of its people in the United States and build some factory someplace else, then thinks that product is going to just flow across the border into the United States," he said, "that's just not going to happen".*

próximo a uma empreitada, mas em nível mais elevado da atividade profissional, ocupando lugar no repertório tipológico dos contratos individuais na Itália), havendo forte tendência em falar na construção de um direito do trabalho e não apenas em direito do trabalho subordinado.

Necessária a ampliação das fronteiras regulamentares diante da crise do poder diretivo e organizativo, permitindo a distinção entre trabalho típico e atípico, que não se trata de uma mera mudança de denominação, mais de uma tipologia social que corresponda a uma **tipificação jurídica nova**, distinta do esquema da subordinação, um modo inadequado de ver unitariamente a disciplina do direito individual do trabalho, permitindo o alcance sistemático da heterogeneidade das formas contemporâneas.

Destaca-se uma diferença conceitual entre subordinação, autonomia e coordenação, esta última representa um programa de controle que envolve uma atividade laborativa, continuativa e coordenada, mas não subordinada, uma atividade de trabalho quase autônomo, a rígida contraposição entre trabalhador subordinado e autônomo ficou superada na realidade produtiva, um verdadeiro trabalho continuativo coordenado, de nítido caráter pessoal, a exigir uma regulamentação específica e pontual, uma vez que há o caráter integrativo do trabalhador no contexto econômico explorado pela célula empresarial.

Segundo ensaio monográfico de Alexei Almeida Chapper, citado por Leone Pereira (2013, p. 70), a Organização Internacional do Trabalho passou a adotar o termo "economia informal" como forma de contemplar o sem número de relações informais do trabalho que se desenvolvem a margem do sistema de proteção do Estado, acreditava-se na década de 1950 tratar-se de um fenômeno passageiro, uma vez que a mão de obra de baixa qualificação e vinculada às unidades produtivas instáveis e precárias seriam paulatinamente absorvidas, por um setor moderno da economia, que pelos efeitos da massificação da urbanização e utilização das inovações tecnológicas foi insuficiente para absorver este contingente, havendo a necessidade do desenvolvimento de políticas públicas tendentes a fortalecer o emprego e a economia nacional, com uma maior intervenção no mercado de trabalho e na economia.

A dificuldade em combater as teses neoliberais está no fato de que não há como promover os níveis de pleno emprego por meio do recurso a decretos e leis, estes devem refletir as condições decorrentes do próprio desenvolvimento econômico, havendo a discussão de alguns instrumentos paliativos no âmbito da OIT, a exemplo da Convenção n. 168 da OIT que trata da promoção do emprego diante dos altos níveis de desemprego e informalidade do mercado de trabalho, ou ainda a Convenção n. 158 da OIT, que intenciona disciplinar as dispensas coletivas nos momentos agudos de crise econômica.

Neste ponto, Fábio Zambitte Ibrahim (2011, p. 201) reconhece que os modelos bismarckianos de previdência social estão atrelados ao nível de empregabilidade da própria sociedade, como no caso brasileiro, havendo uma íntima relação com a efetividade da cobertura previdenciária elegível na regulamentação normativa, passando a exigir medidas legais de incentivo e fomento a um movimento de uma maior inclusão previdenciária, a exemplo da criação da figura jurídica do Microempreendedor Individual.

Diante do momento mais agudo da crise econômica de 2008, de dimensões planetárias, Luís Carlos Moro, no artigo *Dispensas coletivas ou em massa: drama ou tragédia*, publicado na *Revista do Advogado* (AASP), de outubro de 2016, n. 131, chama a atenção para a virada copernicana da jurisprudência pátria em relação às **dispensas coletivas**, a partir da análise do Caso Embraer, que a despeito da inexistência de um dispositivo legal específico, permite uma construção jurisprudencial pautada na força normativa dos princípios constitucionais, com no caso da subordinação da propriedade à sua função socioambiental (art. 5º, XXIII e art. 170, III, da CF).

Ao analisar o *leading case* do TRT da 15ª Região, o TST por meio do voto do Ministro Maurício Godinho Delgado, destaca que o sistema de produção capitalista é responsável pela construção de uma sociedade de massas, cujas dinâmicas socioeconômicas impactam a estrutura e o funcionamento operacional do próprio Direito, sobressaindo o desfio moderno proposto ao universo jurídico quanto à construção de uma solução adequada a uma matriz jurídica vinculada a essa mesma massividade, dissociada da matriz individualista de respostas atomizadas, adequadas às pretensões sociais e políticas estampadas na CF de 1891, mas em total descompasso com a construção solidária de um Estado Democrático nos moldes propostos pela CF de 1988.

Da forma como já afirmamos, a reforma trabalhista intencionando o fortalecimento da segurança jurídica, previsibilidade do mercado por meio de um movimento pendular no sentido do fortalecimento da legalidade no plano infraconstitucional, com o arrefecimento do ativismo judicial alcançado por meio das decisões e precedentes do TST, o art. 477-A da CLT nos moldes do projeto de lei da reforma trabalhista, tem resposta direta a esta construção doutrinária da dispensa coletiva, vejamos: *"As dispensas imotivadas individuais, plúrimas ou coletivas equiparam-se para todos os fins, não havendo necessidade de autorização prévia de entidade sindical ou de celebração de convenção coletiva ou acordo coletivo de trabalho para sua efetivação".*

Diante desta realidade, e sem a utilização do recurso extremo da desregulamentação, entendida como uma negação ao estado de coisas, estar-se-á por discutir os limites de uma tese intermediária da flexibilização das regras trabalhistas, compreendidas como um conjunto de iniciativas legislativas que possam fomentar a ampliação do espaço à negociação coletiva, pretendida na reforma trabalhista de 2017, pelo governo do Presidente Michel Temer, desde que acompanhada de uma remodelação do suporte institucional sindical capaz de alcançar um equilíbrio de forças, sem o resultado simplista da desarticulação do direito do trabalho, o que sequer foi ventilado no Projeto de Lei n. 6.787/16.

Qual a efetiva contribuição da tese da flexibilização diante das exigências de um maior nível de produtividade do mercado global de bens e serviços, dentro de um conjunto de medidas anticíclicas capazes de garantir crescimento econômico com manutenção dos postos de trabalho?

3.2. Neoliberalismo econômico na ótica trabalhista

A doutrina clássica de Mozart Victor Russomano (1997, p. 15) trata com propriedade o neoliberalismo no contexto do direito do trabalho, um conceito que descende da tese da economia de mercado e da liberdade política do cidadão, e não só admite como pressupõe a participação do Estado no encaminhamento dos problemas da comunidade, inclusive por meio da elaboração das normas fundamentais de Direito do Trabalho, isto é, daquelas normas que constituem o casco da embarcação em que navegam as aspirações do operariado moderno.

Na seara trabalhista a vertente do neoliberalismo promove uma crescente flexibilização das normas protetivas de indução Estatal, com início no exato momento em que se reconhece a legitimidade jurídica do procedimento da negociação coletiva, utilizando-se os instrumentos normativos da Convenção e Acordo Coletivo de Trabalho com escopo de promover a solução dos conflitos entre trabalhadores e empresários, como fonte normativa apta a disciplinar estas mesmas relações privadas[76].

---

(76) Geoffrey Pleyers, na obra *Alter-Globalization: Becoming Actors in the in the global age*, apresenta-nos um retrato atual do neoliberalismo por detrás do simbolismo da queda do muro de Berlim, pregando a existência de um Estado mínimo, uma vez que as políticas sociais são tratadas como verdadeira antítese ao desenvolvimento econômico, ressaltando não

Segundo o citado autor há: "A tendência, cada vez mais ostensiva e extensa, a se estimular a negociação coletiva, dispensando, no que concerne a detalhes, as leis do Estado, sob o sopro forte das **ideias neoliberais**, pode vir a transformar-se, porém, em uma tentativa perigosa de desarticulação do Direito do Trabalho, como ele é compreendido até agora".

Ao discutir o papel do Estado no contexto político e ideológico dominante do neoliberalismo, vivenciado nos dias atuais, Luiz Carlos Amorim Robortella na obra "O moderno direito do trabalho" (1994, p. 73), firma posição no sentido de que: "**cabe ao Estado restituir à sociedade as prerrogativas e responsabilidades que lhe pertencem e cessar de monopolizar as intervenções sociais**. Deve reencontrar seu papel de regulador do jogo social, abandonado a pretensão de tudo regular".

O espaço intencionado pelas teorias da flexibilização, perpassam por uma maior amplitude da autonomia negocial coletiva dos Sindicatos, que venham a refletir a vontade da categoria profissional envolvida e legitimada pela chancela da assembleia geral de trabalhadores, nas palavras de Octavio Bueno Magno encontram obstáculo na **hipertrofia do direito individual** (1980, p. 16), e o grande perigo da tese da flexibilização está na existência de um aparato institucional capaz de promover o equilíbrio entre capital e trabalho, vejamos: *"Nos sistemas jurídicos de tradição romano-germânica, em funcionamento nos países latinos, o direito individual do trabalho tem tomado a forma predominante de textos legais, ao passo que, nos países da* common law, *tem-se consubstanciado, quase sempre, em cláusulas de convenção coletiva do trabalho. O fenômeno se explica por serem os Sindicatos mais fortes e mais atuantes nos países do segundo grupo a consequência do mesmo fenômeno tem sido a hipertrofia do direito individual do trabalho, nos países do primeiro grupo"*.

Haveríamos de ressaltar a existência de três sistemas distintos de normatização trabalhista, capaz de assimilar a diversidade das experiências históricas vivenciadas por cada um dos ordenamentos nacionais, de formar a fixar os seguintes parâmetros: **i) Padrão de normatização autônoma e privatística:** os conflitos entre capital e trabalho são gestados no âmbito da própria sociedade civil por intermédio dos mecanismos de negociação coletiva autônoma, hábeis a induzir criação da norma jurídica a partir da própria dinâmica conflituosa, a normatização jurídica deflui fundamentalmente da criatividade privatística; **ii) Padrão de normatização privatística subordinada:** o Estado delimita a atuação dos agentes, subordinando sua criatividade normativa, a regulamentação não funciona como um elemento impeditivo, mas condicionador, posto que o patamar heterônomo mínimo promovido pela Estado deve ser necessariamente observado sob pena da sua invalidade; **iii) Modelo justrabalhista autoritário:** o conflito trabalhista é permanen-

---

haver qualquer oposição à globalização, talvez por tratar-se de um processo quiçá irreversível, mas em relação à hegemonia de um modelo socialmente desagregador e excludente em escala planetária, vejamos: *"Alter-globalization activists do not oppose globalization but an ideology: neoliberalism. Hegemonic throughout the 1990s, the neoliberal ideology managed to control the direction and meaning of globalization, trying the progressive transition to a global society to the image of a self-regulated global economy, beyond intervention by policy makers. The origin of neoliberalism can be traced to the end of the 1940s, when a handful of intellectuals met at Mont Pélerin, Switzerland. With F. Hayek as their central thinker, they opposed the then dominant Keynesian polices and the expansion of the social state, which they believed constituted impediments to economic development. From the beginning of the 1980s, neoliberalism assumed a dominant role. This was symbolized by Mrs Thatcher tacking office in Britain in 1979 and R. Regan in the United States in 1980, with their emphasis on 'free capital movements, monetarism and minimal state that does not accept the responsibility for correcting income inequalities or managing serious externalities'* (HELD; MCGREW, 2007, p. 188). *With the fall of the Berlim Wall, neoliberal ideology became hegemonic. The dominant, quasi-uncontested, interpretation of the events of 1989 was that they represented a total and definitive victory for market democracy. Journalists and opponents of this ideology referred to the package of principles promoted by the IMF, the World Bank and American Treasury as the Washington Consensus agenda* (WILIAMSON, 1990). *Focused on the elimination of barriers to free markets, the neoliberal agenda encouraged countries to privatize public services and companies, drastically reduce the economic role of the state, limit public spending, liberalize international trade, services and investments, open to foreign direct investment, decrease public expenditure on well-directed social targets and secure property rights* (HELD; MACGREW, 2007, p. 187-9; ANDERSON, 1999)".

temente absorvido pelo aparelho Estatal, que disciplina minuciosamente os caminhos para sua solução, sufocando a atuação institucional dos Sindicatos por meio de cuidadosa operosidade legislativa.

No Brasil, evidentemente, a CF/88 intenciona a transição do modelo justrabalhista autoritária consoante o posicionamento doutrinário clássico mencionado, para o modelo de normatização privatística subordinado, que necessariamente deve ser acompanhada da reformulação institucional dos Sindicatos, uma vez que a matriz autoritária persistente no modelo constitucional (art. 8º) foi parcialmente revisado por meio das ECs ns. 24/99 e 45/04, a primeira promovendo a extinção da representação classista no âmbito da Justiça do Trabalho, e a segunda redimensionando o Poder Normativo da Justiça do Trabalho (art. 114, § 2º, da CF), exigência do prévio acordo para a instauração de dissídio coletivo de natureza econômica, afastando a existência de um canal que permitisse a absorção do conflito trabalhista pelo aparato do Estado, na hipótese, por meio da atuação do Poder Judiciário Trabalhista.

Por meio da análise das disposições da Organização Internacional Trabalho a respeito da matéria, há uma inegável a tendência mundial que permite a ampliação do espaço à autonomia da vontade coletiva, havendo disciplina específica no art. 4º da Convenção n. 98/49 da OIT: *"Deverão ser tomadas se necessário for, medidas apropriadas às condições nacionais, para fomentar e promover o pleno desenvolvimento e utilização dos meios de negociação voluntária entre empregadores ou organizações de empregadores e organização de trabalhadores com o objetivo de regular, por meio de convenções, os termos e condições de emprego"*.

Por sua vez, a Convenção n. 154/81 dispõem no art. 5º: *"Deverão ser adotadas medidas adequadas às condições nacionais no estímulo à negociação coletiva"*, e em complemento a Recomendação n. 163/81 assevera no item "8": *"Se necessárias, devem ser tomadas medidas condizentes com as condições nacionais para que os procedimentos para a solução dos conflitos trabalhistas ajudem as partes a encontrar elas próprias a solução da disputa [...]"*.

Na verdade, a teoria neoliberal prega a desarticulação parcial do Estado do bem estar social especialmente nos períodos de crise econômica, uma minimização do Estado por meio de uma revisão das garantias mínimas. Contudo, tal perspectiva talvez faça sentido nas localidades em que efetivamente houve a implantação do *welfare state*, quando o Estado Social nos países periféricos ou em desenvolvimento seja um processo ainda inacabado, a não justificar referidas medidas.

A crise do direito do trabalho no Brasil talvez esteja no paternalismo representado por meio das disposições legais anacrônicas a exigir uma reformulação e não a mera privatização destes direitos, sob pena de um retrocesso social no cenário jurídico pátrio, paralelamente percebe-se a evolução do direito civil, outrora de matiz individualista, pela constante publicização de sua regulamentação e seus institutos, lastreada nos modernos conceitos da eticidade e sociabilidade, o que permite a reconciliação do formalismo jurídico com a ética. Vale destacar a construção das teorias: da boa-fé objetiva (legítima expectativa dos contratantes na execução do contrato), do abuso de direito (antijuridicidade autônoma que não envolve a prática do ilícito, mas o exercício abusivo de um direito lícito que subverte a finalidade social e econômica da norma), ou mesmo, a teoria do risco (reparação independente da culpa, que decorre do risco inerente a atividade desempenhada).

Não há como pensar o direito do trabalho, voltado à proteção social, como uma negação do próprio desenvolvimento econômico, por este motivo, talvez o "elo de ligação" esteja na sustentabilidade das células empresariais, encaradas de forma despersonalizada, razão pela qual Vólia Bonfim Cassar (2015, p. 30), citando Miguel Reale, aduz que a flexibilização ganha foros de preceito constitucional (art. 7º, VI, XIII e XIV, da CF) não tendo a finalidade de assegurar maior lucratividade ou redução de custos ao empregador, mas fornecer aos atores sociais os instrumentos necessários para preservar a fonte de emprego, na medida indispensável à **manutenção da saúde da empresa**, sendo necessário estabelecer o limite do razoável, aplicando neste ponto o princípio da preservação da empresa disciplinado no art. 47 da Lei n. 11.101/05 (Lei de Falências e Recuperação Judicial)[77].

3.3. O PAPEL DOS SINDICATOS NA SOCIEDADE DA INFORMAÇÃO

O debate a respeito da máxima do prestígio do legislado sobre o negociado deve ser contextualizado por meio da identificação das condições institucionais dos nossos Sindicatos em participar de forma equilibrada das negociações coletivas, na qualidade de *players* efetivos, de forma a evitar a mera subserviência ao poder econômico, um mero escorço histórico talvez nos permita identificar no "pecado original" da raiz do artificialismo sindical, que possa neste aspecto contribuir com a tentativa de desarticulação do direito do trabalho.

Na exposição de motivos da PEC n. 369/05, proposta de Reforma Sindical, restou consignado: "A superação dos obstáculos constitucionais à modernização do sistema de relações sindicais é a base para a construção de uma **atmosfera de ampla liberdade e autonomia sindicais**, sem a qual persistiremos prisioneiros de um sistema sindical estigmatizado pelo **artificialismo** em seus mecanismos representativos". Neste sentido, foi apresentada a proposta de alteração da redação do art. 8º, II, da CF, que passaria a vigorar com o seguinte texto: "*O Estado atribuirá personalidade sindical às entidades que, na forma da lei, atenderem a requisitos de representatividade, de participação democrática dos representados e agregação que assegurem a compatibilidade de representação em todos os níveis e âmbitos da negociação coletiva*"[78].

Talvez a tentativa inglória do fortalecimento da Instituição Sindical seja de pouco efeito, na arena global e pela perspectiva sociológica Alain Touraine (2011, p. 32) que analisa e capta com bastante acuidade a ruptura das estruturas sociais com impacto na força de agregação Sindical de outrora: "*O caso mais visível é dos Sindicatos. Na França, por exemplo, a sindicalização do setor privado enfraqueceu-se muito, sobretudo nas pequenas e médias empresas. O sindicalismo inglês, dominado pelo sindicato dos mineiros e pela esquerda, foi vencido pela Madame Thatcher e não se reergueu mais dessa derrota. Nos Estados Unidos, onde a taxa de sindicalização é mais alta, os sindicatos tem pouca influência e a época de Walter Reuther e do grande sindicato do automóvel já é coisa do passado. [...] Na sociedade industrial, a organização do trabalho, como foi definida por Taylor e depois por Ford, consistia em transformar o trabalho operário para obter o maior lucro possível, e o trabalho por produção, que fora tão difundido, era*

---

(77) Art. 47. A recuperação judicial tem por objetivo viabilizar a superação da situação de crise econômico-financeira do devedor, a fim de permitir a manutenção da fonte produtora, do emprego dos trabalhadores e dos interesses dos credores, promovendo, assim, a preservação da empresa, sua função social e o estímulo à atividade econômica.

(78) **Reforma Sindical — infraconstitucional:** art. 99. A conduta de boa-fé constitui princípio da negociação coletiva. § 1º Para os fins desta Lei, considera-se boa-fé o dever de: I — participar da negociação coletiva quando regularmente requerida, salvo justificativa razoável; II — formular e responder a propostas e contrapropostas que visem a promover o diálogo entre os atores coletivos; III — prestar informações, definidas de comum acordo, no prazo e com o detalhamento necessário à negociação; IV — preservar o sigilo das informações recebidas com esse caráter; V — obter autorização da assembleia para propor negociação coletiva, celebrar contrato coletivo de trabalho e provocar a atuação da Justiça do Trabalho, de árbitro ou de órgão arbitral para a solução do conflito coletivo de interesses. § 2º A violação ao dever de boa-fé equipara-se à conduta antissindical. [...] Art. 103. Havendo recusa, devidamente comprovada, à negociação por parte das entidades representativas, será conferida a outra entidade sindical do mesmo ramo de atividade ou setor econômico a titularidade da negociação coletiva. § 1º A recusa reiterada à negociação caracteriza conduta antissindical e sujeita as entidades sindicais de trabalhadores ou de empregadores à perda da personalidade sindical. § 2º A recusa em celebrar o contrato coletivo não caracteriza recusa à negociação coletiva.

sobretudo uma forma extrema de dominação de classe. [...] A sociedade industrial fundava-se sobre a fábrica ou ateliê; e foi neste nível que surgiram os sindicatos, com as suas reivindicações, suas greves e negociações coletivas. A imagem sugerida pela globalização é a de redes de informação e intercâmbios que podem não ter praticamente nenhuma existência material, e a transformação das empresas no decurso dos últimos vinte anos constituiu muitas vezes em externalizar setores de produção, em fragmentar, em reduzir, portanto, consideravelmente o tamanho das empresas".

Segundo Amauri Mascaro Nascimento (2015, p. 88), o desemprego estrutural resultado do extraordinário avanço tecnológico coloca os Sindicatos definitivamente em uma posição defensiva, não mais reivindicatória de melhores condições de trabalho, centrando suas forças no conceito da sustentabilidade dos postos de trabalho, natural preocupação que decorre das demissões e suspensões coletivas dos contratos de trabalho, com destaque para a ampliação do mercado informal e terceirização, com o consequente processo de recrudescimento dos índices de filiação.

No Brasil, a situação nova foi muito bem retratada em reportagem da revista Exame que faz uma reflexão do novel papel dos sindicatos no berço do sindicalismo no Brasil (ABC paulista), demonstrando que o foco não está mais na reivindicação ininterrupta por novas condições de trabalho, mas pela manutenção dos postos de trabalho em época de crise econômica mundial, vejamos: *"Sinais dos tempos: os sindicalistas é que estão na vanguarda do debate sobre as relações de trabalho no Brasil. A lição da sensatez sai do ABC paulista, berço do sindicalismo brasileiro. No momento em que pipocam greves no setor público, os companheiros metalúrgicos defendem seus empregos. Em fábricas da região, patrões e empregados negociam acordos diretamente, com a anuência dos sindicatos. O expediente serve como uma carta na manga contra demissões. Na fábrica da Scania, um acordo fechado em maio tornou a carga de horária maleável: se a demanda por caminhões for fraca, os trabalhadores entram em licença e, se o mercado se aquecer, haverá expediente em alguns sábados. Em troca, a empresa prometeu não demitir ninguém em 2012. Por causa das amarras legais, iniciativas como essa só podem ser adotadas de maneira informal, mas o projeto que formaliza os acordos está no Planalto recebendo acertos para seguir até o Congresso. Se aprovado, os acordos poderão ser adotados em todo o país. 'Os tempos mudaram, e nós aprendemos isso', diz Sérgio Nobre, presidente do Sindicato dos Metalúrgicos do ABC, autor da proposta. O expediente não substitui a Consolidação das Leis do Trabalho, mas evita que os acordos do gênero sejam contestados nos tribunais".*

Para Paul Krugman (2009, p. 13-14), a derrocada da influência dos Sindicatos é irreversível, são consequências inequívocas das políticas pasteurizadas por meio do *Consenso de Washington*, e disseminadas mundo afora pelas instituições multilaterais (FMI, OMC e Banco Mundial), haja vista a consistência das políticas de privatização adotadas na década de 1990, e não há mais o suporte teórico do passado, não obstante o contraponto do Fórum Social Mundial, realizado em Porto Alegre (2001), a derrocada do socialismo extrai o suporte teórico do Sindicato quanto ao crescente nível de proteção, o triunfo do Capitalismo apresenta como subproduto a inconveniência do desemprego estrutural, vejamos: *"A derrocada do socialismo extrai o suporte teórico dos sindicatos quanto ao crescente nível de proteção, triunfo do capitalismo, diante do convívio com a sombra do desemprego estrutural. Acima de tudo, o fracasso humilhante da União Soviética destruiu o sonho socialista. Durante um século e meio, a ideia do socialismo — de cada um, conforme suas capacidades, a cada um, conforme suas necessidades — serviu como foco intelectual de quem discordava das cartas recebidas do mercado. Os líderes nacionalistas invocavam ideais socialistas ao bloquearem investimentos estrangeiros ou repudiarem dívidas externas; os sindicatos trabalhistas recorriam a retórica do socialismo ao demandarem salários mais elevados".*

Em referência a questão institucional dos Sindicatos no Brasil, cooptados pelo aparato do Estado, leia-se Poder Executivo, não houve espaço para o seu desenvolvimento, denotando um descompasso entre sua capacidade de articulação e a efetiva interlocução entre os próprios atores sociais, vácuo regulamentar que permitiu um paternalismo exagerado quanto à indução heterônoma da proteção legal, expressando uma hipertrofia legislativa do trabalho no Brasil, o que sufocou por demasia a evolução destas instituições.

Para Amauri Mascaro Nascimento (2014, p. 116), há algumas críticas a respeito do modelo Sindical, uma vez que a liberdade de organização Sindical apenas se completa com maior espaço para a autonomia privada coletiva sem prejuízo a função tutelar reservada a lei, desenvolvendo um sistema modelado pelos próprios interlocutores sociais, em condições de se aproximar de uma **realidade multiforme e cambiante,** não captada pelo formalismo da norma jurídica, acrescentando que (2014, p. 125): *"A lei trabalhista e sua aplicação não podem ignorar os imperativos do desenvolvimento econômico"*, desenvolvimento econômico com valorização do trabalho que talvez não se alcance por meio de uma inflação legislativa trabalhista, apresentando-se como um modelo adequado a: i) previsão de um rol mínimo de direito, a esteira do art. 7º da CF, propondo um mínimo existencial sem o qual haveria flagrante retrocesso social na perspectiva, inclusive, dos Direito Humanos, de conteúdo econômico e social; ii) ampla margem à negociação coletiva, com destaque para os regramentos excepcionais justificados a partir da metodologia e dinâmica próprias, de determinadas profissões (manual, técnico e intelectual) e atividades econômicas (agricultura, indústria, comércio e prestação de serviço), que impeçam o regulamento pasteurizado pela lei geral, em atenção ao princípio da não discriminação do art. 7º, XXXII, da CF; iii) redução do espaço legislativo às profissões regulamentadas.

Interessante o posicionamento de Amauri Mascaro Nascimento, em sua obra *Direito do Trabalho Contemporâneo,* quanto à compatibilidade das normas negociadas e as excepcionalidades da dinâmica contratual (2011, p. 21), vejamos: *"O Estado diminui o ímpeto da elaboração de uma lei para cada profissão. Não é justo, por outro lado, que algumas profissões possam ser regulamentadas por lei e outras, não. Acrescente-se que não é correta a noção segundo a qual uma categoria profissional só é forte se contar com uma regulamentação legal. Há categorias profissionais que dispõe de grande força, embora sem lei especial. A tendência moderna é para a transferência dessas regulamentações do âmbito da lei para o das negociações coletivas".*

É necessário o debate a respeito da ampliação do diálogo social, especialmente ao conferir legitimidade de negociação às entidades de grau superior, a exemplo das centrais sindicais no modelo sindical brasileiro, notando-se na reforma sindical proposta uma concentração de poderes nas cúpulas sindicais, em detrimento das bases, merecendo destaque o registro feito por Amauri Mascaro Nascimento (2014, p. 128), diante dos desafios a serem enfrentados pelos Sindicatos de categoria diferenciada, eis que a fragmentação sucessiva das bases territoriais culminará com a desarticulação do movimento, tendo em vista a criação indiscriminada de Sindicatos que passam a disputar a própria representação com categorias já tradicionais.

Otávio Brito Lopes, no artigo *Limites constitucionais à negociação coletiva,* identifica no modelo sindical brasileiro um **artificialismo** capaz de inviabilizar a pretendida ampliação dos limites constitucionais impostos à negociação coletiva: *"O intervencionismo estatal e a rigidez da estrutura sindical brasileira, de inspiração corporativista, facilitaram a criação e sobrevivência de um sindicalismo artificial e distanciado dos trabalhadores, emperrando o amplo desenvolvimento do processo de negociação coletiva. Considerando-se que este modelo foi parcialmente mantido pela Constituição de 1988, faz-se urgente, antes de mais nada, a sua reformulação, como condição para o alargamento dessa salutar forma de solução de conflitos coletivos de trabalho. Ademais, podemos visualizar o modelo sindical adotado pela Constituição de 1988, pelo seu artificialismo e por se escorar em um regime de liberdade sindical apenas relativa, como elemento limitador da negociação coletiva".*

Diante das premissas apresentadas, e com a certeza de que o contexto contemporâneo de crises econômicas cíclicas mantém o debate "aberto", a respeito dos limites constitucionais impostos à flexibilização das normas do trabalho, em especial pela existência de um centro alternativo de positivação de norma jurídica ao longo sociedade civil no art. 7º, inciso XXVI, da CF: *"reconhecimento das convenções e acordos coletivos de trabalho"*, permitindo a construção da norma jurídica diante da interlocução dos próprios atores sociais, devemos levar em consideração a própria evolução hermenêutica quanto ao seu sentido e alcance, que passa a assumir novos contornos, sem a necessidade de alteração do texto constitucional, fenômeno identificado como mutação constitucional.

Contudo, vale ressaltar o posicionamento jurisprudencial clássico ressaltado por Otavio Brito Lopes, centrado na densidade das normas flexibilizadoras: *"Quando a Constituição dispôs sobre a flexibilização e aludiu expressamente e apenas ao salário (inegavelmente, um dos bens jurídicos mais importantes para o empregado, depois do próprio emprego) e à limitação da jornada de trabalho (interesse também dos mais importantes para a classe trabalhadora) é porque são justamente os direitos com densidade suficiente para alcançar o desiderato pretendido: redução dos custos da empresa e salvamento do emprego"*.

Há alguns pontos de convergência salientados por Mauricio Godinho Delgado (2016, p. 124) no modelo autoritário de gestão social, que foi construído independentemente da imposição de instrumentos de controle e cooptação das organizações e lideranças coletivas obreiras, mediante mecanismos que isentam essas lideranças e organizações do controle imediato dos seus representados institucionais, os trabalhadores, uma vez que *"quem está representando ou mantendo alguma fatia de poder institucionalizado tem de responder perante os seus representados de modo institucional e permanente"*, deveríamos apresentar avanços em direção ao **responsiveness and responsability**.

Talvez, a responsabilidade pessoal dos dirigentes sindicais poderia ser objeto de construção jurisprudencial a partir do modelo adotado no art. 158 da Lei n. 6.404/76 (S/A)[79] para os diretores das Sociedades Anônimas, aplicada por analogia, haja vista a similitude dos órgãos institucionais (Conselho Fiscal, Assembleia Geral, Diretoria etc.) e com o escopo de permitir a preservação dos direitos de um conjunto pulverizado de associados/sócios minoritários, destituído dos poderes de decisão, mas com mecanismos eficientes de controle e responsabilização por eventual desvio de conduta.

Contudo, o atual cenário é desolador para a ampliação do negociado sobre o legislado, uma vez que estamos assistindo a um **fracionamento**, uma pulverização, nas palavras de Delgado um esfacelamento da representação sindical (2016, p. 136), que coloca em risco a própria noção do ser coletivo dos trabalhadores, uma vez que nas lides intersindicais de representação tem prevalecido o princípio da especialização sobre o da agregação sindical, provocando grave crise de legitimidade

---

(79) Art. 158. O administrador não é pessoalmente responsável pelas obrigações que contrair em nome da sociedade e em virtude de ato regular de gestão; responde, porém, civilmente, pelos prejuízos que causar, quando proceder: I — dentro de suas atribuições ou poderes, com culpa ou dolo; II — com violação da lei ou do estatuto. § 1º O administrador não é responsável por atos ilícitos de outros administradores, salvo se com eles for conivente, se negligenciar em descobri-los ou se, deles tendo conhecimento, deixar de agir para impedir a sua prática. Exime-se de responsabilidade o administrador dissidente que faça consignar sua divergência em ata de reunião do órgão de administração ou, não sendo possível, dela dê ciência imediata e por escrito ao órgão da administração, no conselho fiscal, se em funcionamento, ou à assembleia-geral. § 2º Os administradores são solidariamente responsáveis pelos prejuízos causados em virtude do não cumprimento dos deveres impostos por lei para assegurar o funcionamento normal da companhia, ainda que, pelo estatuto, tais deveres não caibam a todos eles. § 3º Nas companhias abertas, a responsabilidade de que trata o § 2º ficará restrita, ressalvado o disposto no § 4º, aos administradores que, por disposição do estatuto, tenham atribuição específica de dar cumprimento àqueles deveres. § 4º O administrador que, tendo conhecimento do não cumprimento desses deveres por seu predecessor, ou pelo administrador competente nos termos do § 3º, deixar de comunicar o fato a assembleia-geral, tornar-se-á por ele solidariamente responsável. § 5º Responderá solidariamente com o administrador quem, com o fim de obter vantagem para si ou para outrem, concorrer para a prática de ato com violação da lei ou do estatuto.

na representatividade, influenciados pelo estímulo econômico que deflui da contribuição sindical obrigatória, a exemplo da criação do Sindicato do *fast food*, como uma dissensão do já tradicional sindicato dos hotéis, bares e restaurantes.

Em 2016, a SDI-1 do TST com julgamento no processo n. 9891900-16.2005.5.09.0004, reconhece validade a jornada móvel adotada pela rede de lanchonetes *Mc Donald´s*, variando entre 8 e 44hs semanais para o mesmo trabalhador com pagamento proporcional do piso da categoria, aplicação analógica da OJ n. 358, I, da SDI-1 do TST, prática ilegal e lesiva dos direitos do trabalhador, um evidente retrocesso social à medida que o trabalhador deixa de programar sua vida profissional, social e econômica, ao havendo certeza quanto ao horário de trabalho e remuneração mensal.

Este movimento jurisprudencial foi captado pela Reforma Trabalhista, envolvendo a ótica e concepção da precarização do patamar civilizatório mínimo, a nota técnica n. 1, emitida pelo Ministério Público do Trabalho, em 23 de janeiro de 2017, salienta a **flagrante inconstitucionalidade da jornada de trabalho intermitente**[80] sustentando na lógica perversa da remuneração atrelada às horas efetivamente trabalhadas, sem qualquer ajuste prévio a respeito do quantitativo prévio de horas a serem cumpridas no mês, dispositivo que denota flagrante inconstitucionalidade diante do comprometimento do "mínimo existencial", levando a quebra de harmonia entre capital e trabalho, reconhecendo este último como um mero insumo produtivo, em total descompasso com a Declaração da Filadélfia[81] adotada pela Organização Internacional do Trabalho, em 1944 (após a 2ª Guerra Mundial), que estabelece como princípio institucional no item I, "a": *"o trabalho não é uma mercadoria"*.

Vislumbramos a tentativa de compartilhamento do risco do empreendimento, sem a contrapartida do elemento justificador "lucro", violando diversos dispositivos constitucionais, entre eles: i) art. 1º, inciso III, da CF: dignidade da pessoa humana; ii) art. 1º, IV c/c art. 170, *caput*, da CF: valor social do trabalho; e, iii) art. 170, inciso III, da CF: Função Social da Propriedade.

Segundo o posicionamento defendido pelo Ex-Presidente do TST Almir Pazzianotto, o contrato intermitente apenas estaria por regulamentar o "bico", uma realidade existente entre nós[82], contudo, o relatório no relatório aprovado na Comissão de Assuntos Econômicos (CAE), no Senado Federal (6.6.2017), pelo Relator Ricardo Ferraço (PSDB-ES), houve a sugestão de veto ao trabalho intermitente, como forma de evitar que o projeto retornasse à Câmara do Deputas diante da apresentação de uma emenda.

3.4. Reforma sindical

O direito coletivo do trabalho é ramo do direito do trabalho responsável pela sistematização da organização sindical, da regulamentação dos instrumentos de negociação coletiva e exercício

---

(80) Vejamos a proposta de redação do dispositivo: "Art. 452-A. O contrato de trabalho intermitente deve ser celebrado por escrito e deve conter especificamente o valor da hora de trabalho, que não pode ser inferior ao valor horário do salário mínimo ou àquele devido aos demais empregados do estabelecimento que exerçam a mesma função em contrato intermitente ou não. § 1º O empregador convocará, por qualquer meio de comunicação eficaz, para a prestação de serviços, informando qual será a jornada, com, pelo menos, três dias corridos de antecedência".
(81) Chama-nos sempre a atenção para os consensos ao entorno das Declarações de Direito que estariam por extrair sua validade e seus pleitos de pretensões universalistas ao entorno da ideia legitimadora dos sistemas jurídicos, e reconhecida a partir da *"consciência universal"*, vejamos: i) Declaração Universal dos Direito do Homem e do Cidadão 1789 — segundo o seu art. 1º *"Os homens nascem e são livres e iguais em direitos. As distinções sociais só podem fundar-se na utilidade comum"*; e, ii) Declaração Universal dos Direitos Humanos de 1948, segundo o art. XXIII, item 1: *"Todo ser humano tem direito ao trabalho, à livre escolha de emprego, a condições justas e favoráveis de trabalho e à proteção contra o desemprego"*.
(82) Disponível em: <http://www.dci.com.br/politica/reforma-trabalhista-regulamenta-o-bico-id618592.html>. Acesso em: 13.6.2017.

do direito de greve, e o Sindicato representa a existência de corpos intermediários entre o Estado e sociedade civil, capaz de salvaguardar os interesses de um grupo determinado, minoritário, os interesses sociais do trabalhador.

Como reflexo da globalização, e na esteira da regulamentação proposta pela Organização Internacional do Trabalho, no sentido de induzir a uniformização da legislação social dos países, registramos o teor da Convenção n. 87 da OIT, não ratificada pelo Brasil, que tem por escopo a definição das linhas gerais do direito de livre sindicalização, afastando a ingerência do Estado nestas organizações, franqueando-lhes a prerrogativa do autogoverno relativo à matéria *interna corporis* (a exemplo do delineamento da organização dos órgãos internos e quórum de deliberações, por meio do Estatuto) assegurando a viabilidade do modelo alternativo de normatização justrabalhista autônoma[83].

No termos do art. 3º.1. da Convenção n. 87 da OIT: *"As organizações de trabalhadores e de entidades patronais têm o direito de elaborar os seus estatutos e regulamentos administrativos, de eleger livremente os seus representantes, organizar a sua gestão e a sua actividade e formular o seu programa de ação"*, bem como o art. 3º.2 prescreve que: *"As autoridades públicas devem abster-se de qualquer intervenção susceptível de limitar esse direito ou de entravar o seu exercício legal"*, motivo pelo qual não haveria maturidade institucional suficiente pela ampla absorção da prevalência do negociado sobre o legislado.

Parece-nos quanto aos reflexos do princípio da liberdade sindical na realidade institucional por nós vivenciada, de um movimento fragmentado e desarticulado, venha a exigir liberdade plena de constituição e autogestão desde que acompanhado de um sistema voluntário de financiamento, dissociado do sistema compulsório de financiamento do art. 149 da CF, atrelado a figura tributária das contribuições especiais, instituído no *"[...] interesse das categorias profissionais ou econômicas [...]"*, já que as contribuições de natureza contratual do art. 8º, IV, da CF autorizada por assembleia geral têm seu campo de incidência limitado pela SV n. 40 do STF, convertida a partir da Súmula n. 666 do STF, restrita aos empregados filiados ao próprio Sindicato, ainda que vencidos na deliberação da assembleia geral.

O inconveniente do sistema de financiamento compulsório é devidamente retratado por Sergio Pinto Martins (2004, p. 26), para quem o sindicato dos trabalhadores arrecadava, praticamente sem qualquer esforço, a contribuição dos operários, correspondente a um dia de serviço por ano, em relação a todos os integrantes da categoria. Não precisava angariar novos sócios ou prestar bons serviços, perpetuando os **dirigentes** *"pelegos"* na diretoria dos sindicatos, pois as assembleias normalmente eram vazias e não havia interesse em que novos associados viessem reivindicar cargos na diretoria. Com isso, mantinha-se a mesma diretoria por anos a fio. Eram os chamados pelegos, expressão que se refere à pele de carneiro ou a manta que fica cuidadosamente esticada no lombo do animal, amaciando o cavalgar do senhorio, correspondendo na linguagem figurada ao falso líder sindical, dócil as manobras governamentais. Na verdade, o que ocorre ainda hoje, é a existência de sindicatos de assembleias vazias e cofres cheios, em virtude da arrecadação das contribuições sindicais.

---

(83) [...] Art. 2º Os trabalhadores e as entidades patronais, sem distinção de qualquer espécie, têm o direito, sem autorização prévia, de constituírem organizações da sua escolha, assim como o de se filiarem nessas organizações, com a única condição de se conformarem com os estatutos destas últimas. Art. 3º.1. As organizações de trabalhadores e de entidades patronais têm o direito de elaborar os seus estatutos e regulamentos administrativos, de eleger livremente os seus representantes, organizar a sua gestão e a sua actividade e formular o seu programa de acção. 3.2. As autoridades públicas devem abster-se de qualquer intervenção susceptível de limitar esse direito ou de entravar o seu exercício legal. Art. 4º As organizações de trabalhadores e de entidades patronais não estão sujeitas à dissolução ou à suspensão por via administrativa.

Mauricio Godinho Delgado (2016, p. 133), ao tratar das contradições antidemocráticas do texto original de 1988, esclarece:

> Como já exposto, não há democracia que se consolide e se mantenha sem o eficaz tratamento institucional à equação liberdade/responsabilidade. A noção democrática de responsabilidade é bilateral e dialética, envolvendo o detentor do poder institucionalizado e aquele a quem se reporte o poder (*responsability e responsiveness*). Como já foi afirmado, quem está representando ou detendo alguma fatia de poder institucionalizado tem de responder perante seus representados, de modo institucional e permanente. Sem esse mecanismo de reporte e controle permanente pelo representado, é inviável construir-se experiência democrática permanente. [...] A Constituição de 1988, em seu texto original, ao manter instituições e mecanismos de grave tradição autocrática, voltados a suprimir *responsiveness* do representante perante o representado, criou um impasse à Democracia brasileira. Esses mecanismos e instituições, no âmbito das normas jurídicas trabalhistas, encontram-se no conjunto de figuras originárias da formação corporativa-autoritária da década de 1930, todos eles inviabilizadores do alcance de uma experiência democrática efetiva e profunda no sistema jurídico trabalhista do país. [...] Trata-se dos seguintes mecanismos: a) a contribuição sindical obrigatória, de origem legal (art. 8º, IV, *in fine*, CF/88), que permite ao sindicato manter-se independente da vontade e decisões efetivas de seus associados, elidindo das burocracias e direções sindicais a fundamental (do ponto de vista democrático) *responsiveness* (na verdade, o art. 8º, IV, da Constituição, fala até mesmo em duas contribuições), b) a representação corporativa no seio do Poder Judiciário (arts. 111 e 117, CF/88), que cristaliza a burocratização das direções sindicais e do aparelho sindical, em sua integralidade, retirando todo o controle dos seus representados; c) o amplo poder normativo do Judiciário Trabalhista (art. 114, § 2º, CF/88), que suprime, de um só plano, tanto *responsability* como a *responsiveness* das entidades sindicais. Finalmente, na mesma linha; d) preceitos que mantém a unicidade e o sistema de enquadramento sindical (art. 8º, II, CF/88).

Algumas correções do "pecado original" foram alcançadas com a EC n. 24/99, que transforma as antigas Juntas de Conciliação e Julgamento em Varas do Trabalho, pondo fim a representação corporativa classista no âmbito da Justiça do Trabalho, e a EC n. 45/04, que no contexto da reforma do Poder Judiciário passa a exigir na ação de Dissídio Coletivo o "comum acordo" das categorias suscitantes, transformado o Poder Normativo da Justiça do Trabalho em verdadeira Atividade Normativa, ampliando espaço a negociação coletiva à medida que o conflito trabalhista não venha a ser novamente absorvido pelo aparato estatal, rompimento com o traço paternalista do modelo autoritário de gestão justrabalhista.

A contribuição sindical prevista no art. 579 da CLT sempre foi obrigatória a todos os trabalhadores inseridos no contexto de determinada categoria profissional detentora da representatividade dos mesmos, independentemente da filiação destes trabalhadores ao Sindicato em questão.

> *Redação original: Art. 579. A contribuição sindical é devida por todos aquêles que participarem de uma determinada categoria econômica ou profissional, ou de uma profissão liberal, em favor do sindicato representativo da mesma categoria ou profissão ou, inexistindo êste, na conformidade do disposto no art. 591.*

Contudo, com a Reforma Trabalhista introduzida pela Lei n. 13.467/17 a Contribuição Sindical deixa de ser compulsória, e as novas redações dos arts. 578 e 579 da CLT passam a exigir a autorização prévia, e expressa do trabalhador, para que a empresa venha a efetuar o desconto da Contribuição Sindical na folha de pagamento dos empregados no mês de março de cada ano fiscal (art. 582 da CLT).

> Art. 578. As contribuições devidas aos sindicatos pelos participantes das categorias econômicas ou profissionais ou das profissões liberais representadas pelas referidas entidades serão, sob a denominação de contribuição sindical, pagas, recolhidas e aplicadas na forma estabelecida neste Capítulo, **desde que prévia e expressamente autorizadas**.
>
> Art. 579. O desconto da contribuição sindical está **condicionado à autorização prévia e expressa dos que participarem de uma determinada categoria econômica ou profissional**, ou de uma profissão liberal, em favor do sindicato representativo da mesma categoria ou profissão ou, inexistindo este, na conformidade do disposto no art. 591 desta Consolidação.
>
> Art. 582. Os **empregadores são obrigados a descontar da folha de pagamento de seus empregados relativa ao mês de março** de cada ano a contribuição sindical dos empregados que **autorizaram prévia e expressamente o seu recolhimento aos respectivos sindicatos**.
>
> Art. 583. O recolhimento da contribuição sindical referente aos empregados e trabalhadores avulsos será efetuado no mês de abril de cada ano, e o relativo aos agentes ou trabalhadores autônomos e profissionais liberais realizar-se-á no mês de fevereiro, observada a exigência de autorização prévia e expressa prevista no art. 579 desta Consolidação.
>
> Art. 587. Os empregadores que optarem pelo recolhimento da contribuição sindical deverão fazê-lo no mês de janeiro de cada ano, ou, para os que venham a se estabelecer após o referido mês, na ocasião em que requererem às repartições o registro ou a licença para o exercício da respectiva atividade.
>
> Art. 602. Os empregados que não estiverem trabalhando no mês destinado ao desconto da contribuição sindical e que venham a autorizar prévia e expressamente o recolhimento serão descontados no primeiro mês subsequente ao do reinício do trabalho.

Vale notar os traços marcantes da perspectiva história da sistematização do direito sindical no Brasil: i) Decreto n. 19.770, de 19 de maio de 1931: sob a Presidência de Getúlio Vargas e tendo por Ministro do Trabalho Lindolfo Collor, referido decreto institui um modelo Sindical corporativo com inspiração na *Carta del Lavoro* de 1927 na Itália, na esteira da ideologia fascista implantada por Mussolini impõe uma incontrastável intervenção do Estado nas Organizações Sindicais, identificadas como meros órgãos de colaboração, na condução e implantação das políticas públicas do Estado, relacionadas com a questão social[84]; ii) Constituição Federal de 1934: não previa qualquer perfil constitucional da estrutura sindical no Brasil, o sistema continuava a ser regido no plano

---

[84] Art. 2º Constituidos os syndicatos de accordo com o art. 1º, exige-se, para serem reconhecidos pelo Ministério do Trabalho, Industria e Commercio e adquirirem, assim, personalidade Juridica, tenham approvados pelo Ministerio os seus estatutos, acompanhados de copia authentica da acta de installação e de uma relação do numero de socios, com os respectivos nomes, profissão, edade, estado civil, nacionalidade, residencia e logares ou emprezas onde exercerem a sua actividade profissional. [...] § 2º As alterações introduzidas nos estatutos não vigorarão emquanto não forem approvadas pelo ministro do Trabalho, Industria e Commercio. [...] Art. 6º Ainda como orgãos de collaboração com o Poder Publico, deverão cooperar os syndicatos, as federações e confederações, por conselhos mixtos e permanentes de conciliação e de julgamento, na applicação das leis que regulam os meios de dirimir conflictos suscitados entre patrões, operarios ou empregados. [...] Art. 10. Além do que dispõe o art. 7º, é facultado aos syndicatos de patrões, de empregados e de operarios celebrar, entre si, accordos e convenções para defesa e garantia de interesses reciprocos, devendo ser taes accordos e convenções, antes de sua execução, ratificados pelo Ministerio do Trabalho, Industria e Commercio.

infraconstitucional, o art. 120 limitava-se a afirmar: *"Os sindicatos e as associações profissionais serão reconhecidos de conformidade com a lei"*, permanecendo sob o controle e o julgo do Poder Executivo; iii) Constituição Federal de 1937: o novo regime político brasileiro denominado de "Estado Novo" foi fundado por Getúlio Vargas, em 10 de novembro de 1937, por meio de um golpe militar, mantido até 19 de outubro de 1945, denotando extrema centralização autoritária do poder, movimento político precursor da ditadura militar de 1964, e no campo Sindical, a associação permanece livre, contudo, somente o sindicato regularmente reconhecido pelo Estado tem o direito de representação legal da categoria[85]; iv) Constituição Federal de 1946: no contexto mundial de ampla abertura política, o legislador constituinte absorve o processo de democratização com, no âmbito Sindical, o resgate da pluralidade e liberdade sindical contraposta ao sistema totalitário até então vigor, pregando a liberdade de associação profissional ou sindical, com a regulamentação legal, persistindo por meio de um processo simbiótico o exercício das funções delegadas pelo poder público: *"Art. 159. É livre a associação profissional ou sindical, sendo reguladas por lei a forma de sua constituição, a sua representação legal nas convenções coletivas de trabalho e o exercício de funções delegadas pelo Poder Público"*; e, v) Constituição Federal de 1967: Sob os auspícios de um flagrante intervencionismo autoritário, no contexto político da ditadura militar de 1964, percebe-se um nítido processo de recrudescimento dos direitos individuais em geral, o que não seria diferente com a liberdade sindical, não obstante, não tenha havido ao menos "no papel" qualquer modificação substanciosa da liberdade sindical, delineando o sistema da parafiscalidade[86].

A Constituição Federal de 1988 traça no art. 8º o perfil do Direito Sindical no Brasil, representado pelos seguintes princípios: i) art. 8º, *caput*, CF — liberdade sindical: a liberdade sindical deve ser exercida por meio de um órgão intermediário e independente, organicamente posicionado entre o Estado e a sociedade civil, os sindicatos terão a partir dos seus estatutos personalidade jurídica de direito privado, cabendo ao próprio Estado o respeito integral ao princípio da não intervenção, deve ser preservada a autogestão e autogoverno indispensáveis à realização do escopo institucional, preservação e defesa dos direitos sociais dos trabalhadores; ii) art. 8º, inciso I, CF — não intervenção do Estado: a garantia efetiva da liberdade institucional perpassa pela vedação de qualquer ato infraconstitucional que imponha a autorização do Estado para a constituição dos Sindicatos, o registro no Ministério do Trabalho e Emprego apenas tem efeito administrativo alinhado ao cumprimento da exigência constitucional relacionada ao princípio da unicidade, desde que sua existência jurídica pressuponha o registro dos atos constitutivos no Cartório de Títulos e Docu-

---

(85) [...] Art. 57. O Conselho da Economia Nacional compõe-se de representantes dos vários ramos da produção nacional designados, dentre pessoas qualificadas pela sua competência especial, pelas associações profissionais ou sindicatos reconhecidos em lei, garantida a igualdade de representação entre empregadores e empregados; Art. 61. São atribuições do Conselho da Economia Nacional: a) estabelecer normas relativas à assistência prestada pelas associações, sindicatos ou institutos; b) editar normas reguladoras dos contratos coletivos de trabalho entre os sindicatos da mesma categoria da produção ou entre associações representativas de duas ou mais categorias [...] d) organizar, por iniciativa própria ou proposta do Governo, inquéritos sobre as condições do trabalho, da agricultura, da indústria, do comércio, dos transportes e do crédito com o fim de incrementar, coordenar e aperfeiçoar a produção nacional; e) preparar as bases para a fundação de institutos de pesquisas que, atendendo à diversidade das condições econômicas, geográficas e sociais do País, tenham por objeto [...] II — estudar os problemas do crédito, da distribuição e da renda, e os relativos à organização do trabalho; f) emitir parecer sobre todas as questões relativas à organização e ao reconhecimento de sindicatos ou associações profissionais. [...] Art. 138. A associação profissional ou sindical é livre. Somente, porém, o sindicato regularmente reconhecido pelo Estado tem o direito de representação legal dos que participarem da categoria de produção para que foi constituído, e de defender-lhes os direitos perante o Estado e as outras associações profissionais, estipular contratos coletivos de trabalho obrigatórios para todos os seus associados, impor-lhes contribuições e exercer em relação a eles funções delegadas de Poder Público.
(86) Art. 159. É livre a associação profissional ou sindical; a sua constituição, a representação legal nas convenções coletivas de trabalho e o exercício de funções delegadas de Poder Público serão regulados em lei. § 1º Entre as funções delegadas a que se refere este artigo, compreende-se a de arrecadar, na forma da lei, contribuições para o custeio da atividade dos órgãos sindicais e profissionais e para a execução de programas de interesse das categorias por eles representadas. § 2º É obrigatório o voto nas eleições sindicais. Observação: idêntica redação é reproduzida no art. 166 da EC n. 1/69.

mentos. Vedado a interferência nos assuntos *interna corporis*, como aqueles ligados à organização Sindical, tais como: estrutura orgânica, prerrogativas funcionais dos dirigentes, e legitimidade das deliberações soberanas das assembleias gerais, que democraticamente reflitam a vontade da maioria. Violações estatutárias devem submeter-se ao crivo da legalidade, exercida por meio do Poder Judiciário; iii) art. 8º, inciso II, CF — principio da unicidade sindical: como reflexo direto do modelo corporativo o princípio em questão não permite no modelo confederativo, em qualquer dos seus níveis, qualquer competição entre os sindicatos em relação aos seus associados, que tenha por valor intrínseco a qualidade dos serviços prestados, havendo a vedação constitucional de mais de uma entidade em uma mesma base territorial, que jamais poderá ser inferior a um Município, restrição territorial que por si só apresenta fragmentação do próprio movimento; iv) art. 8º, inciso III, CF — legitimação extraordinária: alinhado com a própria finalidade institucional, seja no plano judicial ou extrajudicial, detém os sindicatos a legitimação extraordinária dos art. 18 do CPC para defender os direitos coletivos *lato sensu* previstos no parágrafo único do art. 81 da Lei n. 8.078/90 (CDC) e art. 5º da Lei n. 7.347/85 (ACP); v) art. 8º, inciso IV, da CF — formas de custeio: sobressai a natureza contratual das contribuições confederativas e assistenciais aprovadas em assembleia geral da categoria, diversamente da natureza compulsória da contribuição prevista no art. 149 da CF, por tratar-se a última de um legítimo tributo nos termos do art. 3º do CTN, aplicação da Súmula Vinculante n. 40 do CTF; e, vi) art. 8º, inciso VI, da CF — participação do sindicato nas negociações coletivas: a indispensabilidade da participação do ente coletivo representante da categoria profissional, como pressuposto de validade do instrumento de negociação coletiva (art. 104, I, do CC), demonstra a adoção do modelo da flexibilização das normas trabalhistas mediante tutela sindical.

A atual jurisprudência do TST quanto à validade dos instrumentos de negociação coletiva, integração efetiva ao contrato de trabalho, expõe excessiva insegurança jurídica ao sistema ao contradizer o conjunto orgânico de regras estabelecidas no texto celetista, intervenção indevida com efeitos negativos a higidez do sistema, uma vez que a redação da Súmula n. 277 do TST, alterada em 14 de setembro de 2012, e contrariando um posicionamento tradicional da corte, absorve a tese da ultratividade[87] (inserção da expressão *"convencionadas anteriormente"* no art. 114, § 2º, da CF pela EC n. 45/04, que na redação original correspondia a expressão *"disposições convencionais e legais mínimas de proteção ao trabalho"*, como limites ao juízo de equidade — art. 140, parágrafo único, do CPC — pretendido no dissídio coletivo de natureza econômica) da norma jurídica disposta em ACT ou CCT, invertendo sentido e alcance da textualidade da regra jurídica do art. 614, § 3º, da CLT, estabelecendo prazo de validade de 2 anos das disposições negociais, sem a sua integração definitiva no contrato de trabalho. A regra legal que previa a ultratividade das disposições estabelecidas no contexto de negociação coletiva foi revogada (art. 1º, § 1º, da Lei n. 8.542/92), teoria condicionada à existência de lei, sem a possibilidade de ser extraída diretamente do texto constitucional.

O novel entendimento estaria centrado na ultratividade da norma coletiva como estímulo a própria negociação, norma coletiva válida até que venha a ser revogada expressamente por outra da mesma natureza, ou ainda, que disponha a respeito do seu próprio conteúdo, no sentido contrário, negando validade a regra especial (art. 2º, § 2º, da LINDB), e atraindo a regra de sobredireito do art. 2º, § 1º, da LINDB, o que justificaria a recepção do art. 617, § 1º, da CLT pela ordem constitucional, no sentido de permitir a negociação direta entre empregadores e trabalhadores, diante da negativa injustificada das entidades Sindicais de assumir as negociações.

---

(87) Entendimento reconhecido pelo Tribunal Regional do Trabalho da 5ª Região, por meio da Súmula n. 2, vejamos: "ULTRATIVIDADE DE NORMAS COLETIVAS. As cláusulas normativas, ou seja, aquelas relativas às condições de trabalho, constantes dos instrumentos decorrentes da autocomposição (Acordo Coletivo de Trabalho e Convenção Coletiva de Trabalho) gozam do efeito ultra-ativo, em face do quanto dispõe o art. 114, § 2º, da Constituição Federal de 1988, incorporando-se aos contratos individuais de trabalho, até que venham a ser modificadas ou excluídas por outro instrumento da mesma natureza".

É por este motivo que sustentamos, assim como em relação às decisões do STF estudadas no título seguinte, que as alterações da jurisprudência são inefetivas e contraproducentes quando não acompanhadas da alteração institucional, capaz de absorver novas tendências exigidas pelo mercado, não há como ingressar efetivamente na 4ª Revolução Industrial com instituições delineadas a partir da realidade socioeconômico de 1930, motivo pelo qual o posicionamento jurisprudencial do TST previamente estudado, somente faria sentido com a aprovação da reforma sindical que no art. 103[88] estabelece regras de boa-fé a serem observadas no contexto da negociação, especialmente quanto à titularidade da representação obreira, efetivando a regra do art. 8º, VI, da CF referente a *flexibilização mediante tutela sindical*.

Em 14 de outubro de 2016, por meio de medida cautelar, o Ministro Gilmar Mendes, na ADPF n. 323, suspendeu a validade da Súmula n. 277 do TST em todo o território nacional, ressaltando na decisão um dos fundamentos do CONEFEM que conflitam com o novo estuário normativo do art. 926 do CPC: *"A requerente informa que esse posicionamento foi revisto, sem amparo em precedentes, na chamada 'Semana do TST', realizada em setembro de 2012, com o objetivo de modernizar e rever a jurisprudência e o regimento interno daquela Corte"*.

Com a edição do Código de Processo Civil de 2015, que faz a opção deliberada pelo sistema de precedentes judiciais semelhantes àqueles arraigados ao sistema *Common Law*, estabelece no art. 926 um regime jurídico apto a permitir a regulamentação destes precedentes, uma vez que os Tribunais passam a ter o dever legal de manter sua jurisprudência: estável, integra e coerente; havendo a necessidade de fundamentação adequada e específica para a alteração da tese jurisprudencial nos termos do art. 927, § 4º, do CPC, de forma a preservar a segurança jurídica sem permitir a fossilização da interpretação das normas jurídicas, com efeitos que transcendem o âmbito processual, a exigir a remodelação da Teoria Geral do Direito, uma vez que o precedente passa a ter conteúdo de verdadeiro "ato-regra", de observância obrigatória perante os juízos e tribunais conforme incisos do art. 927 do CPC.

Outro ponto que merece destaque, ao lado da tentativa de exclusão da obrigatoriedade da Contribuição Sindical, regulamentada pelo art. 580 da CLT com redação pela Lei n. 7.047/82, o que para nós será apenas a moeda de troca para cooptação das entidades sindicais a favor da votação final do Projeto de Reforma no plenário do Senado Federal (11.7.2017), diante de sua aprovação na Comissão de Assuntos Econômicos (CAE), seu revés na Comissão de Assuntos Sociais (CAS), e retomada da aprovação por maioria na Comissão de Constituição e Justiça (CCJ), uma vez que o poder de barganha dos Sindicatos, ao lado da fonte de custeio compulsória, não teria respaldo na pretensa **ultratividade da norma coletiva**, norma coletiva válida que somente perderia validade por outra norma superveniente, independentemente do decurso do tempo (art. 614, § 3º, da CLT), previsão inicial no art. 611-A, inciso VI, do Projeto de Lei n. 6.787/16 enviado à Câmara dos Deputados *"ultratividade da norma ou do instrumento coletivo de trabalho da categoria"*, que foi flagrantemente retirado no substitutivo, que seguiu para tramitação no Senado por não atender os interesses do poder econômico, a exemplo do curto período de vigência Lei n. 8.542/92: "Art. 1º A política nacional de salários, respeitado o princípio da irredutibilidade, tem por fundamento a livre negociação coletiva e reger-se-á pelas normas estabelecidas nesta lei. § 1º **As cláusulas dos acordos, convenções ou contratos coletivos de trabalho integram os contratos individuais de trabalho** e **somente poderão ser reduzidas ou suprimidas por posterior acordo, convenção ou contrato coletivo de trabalho**".

---

(88) Art. 103. Havendo recusa, devidamente comprovada, à negociação por parte das entidades representativas, será conferida a outra entidade sindical do mesmo ramo de atividade ou setor econômico a titularidade da negociação coletiva. § 1º A recusa reiterada à negociação caracteriza conduta antissindical e sujeita as entidades sindicais de trabalhadores ou de empregadores à perda da personalidade sindical. § 2º A recusa em celebrar o contrato coletivo não caracteriza recusa à negociação coletiva.

3.5. Hipóteses de flexibilização e a posição do STF

A contextualização contemporânea denota a premente necessidade de um debate amplo a respeito da flexibilização da norma trabalhista, restringir a questão ao *legislado versus negociado* seria excessivamente simplista, se de um lado discute-se a amplitude interpretativa do art. 7º, XXVI, da CF (reconhecimento e validade das Convenções Coletivas de Trabalho e Acordo Coletivo de Trabalho), no sentido da segurança jurídica, uma vez que o Poder Judiciário trabalhista rechaça validade a diversas normas ajustadas por meio de instrumento de negociação, amplia-se o fenômeno da flexibilização heterônoma, captação pela normatividade do exato espaço de negociação coletiva, a exemplo da adoção da jornada de tempo parcial para os contratos já em curso (art. 58-A, § 2º, da CLT).

Neste sentido, e especialmente quanto ao aspecto da mutação constitucional por indução jurisprudencial, é interessante destacar o posicionamento atual, exarado em 30 de abril de 2015, por meio do RE n. 590.415/SC pelo STF[89], tangenciando os limites constitucionais da negociação coletiva no julgamento da legalidade/constitucionalidade dos Programas de Demissão Voluntária, revertendo posição já tradicional do TST consolidada por meio do enunciado previsto na OJ n. 270 da SDI-1[90] e Súmula n. 330 do TST[91], bem como o posicionamento adotado no discurso

---

(89) EMENTA: DIREITO DO TRABALHO. ACORDO COLETIVO. PLANO DE DISPENSA INCENTIVADA. VALIDADE E EFEITOS. 1. Plano de dispensa incentivada aprovado em acordo coletivo que contou com ampla participação dos empregados. Previsão de vantagens aos trabalhadores, bem como quitação de toda e qualquer parcela decorrente de relação de emprego. Faculdade do empregado de optar ou não pelo plano. 2. Validade da quitação ampla. Não incidência, na hipótese, do art. 477, § 2º, da Consolidação das Leis do Trabalho, que restringe a eficácia liberatória da quitação aos valores e às parcelas discriminadas no termo de rescisão exclusivamente. 3. No âmbito do direito coletivo do trabalho não se verifica a mesma situação de assimetria de poder presente nas relações individuais de trabalho. Como consequência, a autonomia coletiva da vontade não se encontra sujeita aos mesmos limites que a autonomia individual. 4. A Constituição de 1988, em seu artigo 7º, XXVI, prestigiou a autonomia coletiva da vontade e a autocomposição dos conflitos trabalhistas, acompanhando a tendência mundial ao crescente reconhecimento dos mecanismos de negociação coletiva, retratada na Convenção n. 98/1949 e na Convenção n. 154/1981 da Organização Internacional do Trabalho. O reconhecimento dos acordos e convenções coletivas permite que os trabalhadores contribuam para a formulação das normas que regerão a sua própria vida. 5. Os planos de dispensa incentivada permitem reduzir as repercussões sociais das dispensas, assegurando àqueles que optam por seu desligamento da empresa condições econômicas mais vantajosas do que aquelas que decorreriam do mero desligamento por decisão do empregador. É importante, por isso, assegurar a credibilidade de tais planos, a fim de preservar a sua função protetiva e de não desestimular o seu uso. 7. Provimento do recurso extraordinário. Afirmação, em repercussão geral, da seguinte tese: "A transação extrajudicial que importa rescisão do contrato de trabalho, em razão de adesão voluntária do empregado a plano de dispensa incentivada, enseja quitação ampla e irrestrita de todas as parcelas objeto do contrato de emprego, caso essa condição tenha constado expressamente do acordo coletivo que aprovou o plano, bem como dos demais instrumentos celebrados com o empregado".
(90) OJ-SDI1-270 PROGRAMA DE INCENTIVO À DEMISSÃO VOLUNTÁRIA. TRANSAÇÃO EXTRAJUDICIAL. PARCELAS ORIUNDAS DO EXTINTO CONTRATO DE TRABALHO. EFEITOS A transação extrajudicial que importa rescisão do contrato de trabalho ante a adesão do empregado a plano de demissão voluntária implica quitação exclusivamente das parcelas e valores constantes do recibo, e SÚMULA N. 48 do TRT da 18ª Região: PROGRAMA DE INCENTIVO À DEMISSÃO VOLUNTÁRIA (PDV). ADESÃO. EFEITOS. I. A transação extrajudicial que importa rescisão do contrato de trabalho, em razão de adesão voluntária do empregado a plano de dispensa incentivada, não enseja quitação ampla e irrestrita de todas as parcelas objeto do contrato de emprego se a condição constar apenas em regulamento interno, sem aprovação por acordo coletivo. II. O reconhecimento judicial de diferenças salariais a título de progressões funcionais e reajustes normativos repercute na indenização paga pela adesão ao PDV que tenha como base de cálculo, além do salário-base, outras parcelas de natureza remuneratória.
(91) Súmula n. 330 do TST. QUITAÇÃO. VALIDADE A quitação passada pelo empregado, com assistência de entidade sindical de sua categoria, ao empregador, com observância dos requisitos exigidos nos parágrafos do art. 477 da CLT, tem eficácia liberatória em relação às parcelas expressamente consignadas no recibo, salvo se oposta ressalva expressa e especificada ao valor dado à parcela ou parcelas impugnadas. I — A quitação não abrange parcelas não consignadas no recibo de quitação e, consequentemente, seus reflexos em outras parcelas, ainda que estas constem desse recibo. II — Quanto a direitos que deveriam ter sido satisfeitos durante a vigência do contrato de trabalho, a quitação é válida em relação ao período expressamente consignado no recibo de quitação.

de posse do Presidente do Tribunal Superior do Trabalho, Ministro Ives Gandra Martins Filho, em 25 de fevereiro de 2016, pregando a valorização da negociação coletiva com a subsidiariedade da intervenção do Estado, por intermédio de suas instituições (contrassenso ao próprio escorço histórico da formação do Direito do Trabalho), justificando-se esta última apenas diante da impossibilidade dos órgãos intermediários entre o Estado e a Sociedade Civil proporem soluções harmônicas e duradouras.

A discussão travada no voto do Ministro Luis Carlos Barroso, relator do Acórdão paradigma do STF que permite uma maior amplitude a **autonomia da vontade coletiva prevista** no art. 7º, XXVI, da CF, com a revisão da tese clássica do trabalhador hipossuficiente, uma vez que na visão do TST, decisão revista pela STF, o *"empregado merece proteção, inclusive, contra a sua própria necessidade e ganância quando levado a anuir com preceitos coletivos que lhe subtraem direitos básicos"*, reconhecendo no seu voto a inexistência da plenitude da liberdade institucional que deva dar suporte a ampliação da negociação coletiva, nos moldes tratados no item anterior, ressalta que a concepção paternalista que não permite a emancipação do trabalhador para que possa tomar suas próprias decisões, destacando: *"Especificamente no que respeita ao direito coletivo do trabalho, como já mencionado, prestigiou a autonomia coletiva da vontade como mecanismo pelo qual o trabalhador contribuirá para a formulação das normas que regerão a sua própria vida, inclusive no trabalho (art. 7º, XXVI, da CF). Se este não é o espírito das normas infraconstitucionais que regem a matéria, cabe ao intérprete rever o conteúdo destas últimas à luz da Constituição"*.

Vale notar que a negociação coletiva envolve uma forma peculiar de superação do conflito entre capital e trabalho, com fins terapêuticos, desempenhando uma função política e social de grande relevância, ao incentivar o diálogo social, permitindo que o trabalhador possa alcançar sua maturidade pessoal, e institucional no atuar coletivo, de forma a transformá-lo em cidadão consciente e plenamente capaz, sob pena de confiná-lo a alienação permanente, uma vez que pela perspectiva sistêmica a invalidação reiterada contribui para o descrédito do instrumento como meio de solução dos conflitos sociais, o que deve ser estimulado por quaisquer dos poderes do Estado.

Na fundamentação o Ministro Barroso ressalta a importância do **princípio da adequação setorial** negociada proposto pelo Ministro do TST Maurício Godinho Delgado, para quem com a preservação de um patamar civilizatório mínimo, é premente a necessidade de que se prova a adequação da norma geral às especificidades dos diversos setores da econômica, bem como em plena crise econômica (2015/2016), possa ser adotada a negociação com a intenção de adaptar a regulamentação do Estado a uma determinada conjuntura econômica adversa, bem como ressalta com fundamento na doutrina de Amauri Mascaro Nascimento, que o mesmo fundamento da autonomia privada coletiva que permite a estipulação de uma condição de trabalho mais vantajosa, e o mesmo que legitima a redação, em especial no contexto de uma economia moderna, permitindo a construção de uma ferramenta hábil a administrar a crise das empresas e da economia, o que justificaria a redução dos salários dos empregados de uma empresa pela via da negociação coletiva[92].

Na esteira deste posicionamento, e reafirmando a existência de um precedente *leading case* perante o STF, e contrariando a posição do TST[93] o Ministro Relator Teori Zavascki, no RE n.

---

(92) *Compêndio de direito sindical*, p. 444.
(93) EMENTA: RECURSO DE EMBARGOS INTERPOSTO SOB A ÉGIDE DA LEI N. 11.496/2007. HORAS *IN ITINERE*. SUPRESSÃO. NORMA COLETIVA. INVALIDADE. 1. O princípio do reconhecimento das convenções e acordos coletivos de trabalho, consagrado no art. 7º, XXVI, da Constituição da República, apenas guarda pertinência com aquelas hipóteses em que o conteúdo das normas pactuadas não se revela contrário a preceitos legais de caráter cogente. 2.

895.759, que analisou os limites da negociação coletiva em relação à prefixação das horas *in itinere* por norma coletiva, destacou: *"O acórdão recorrido não se encontra em conformidade com a ratio adotada no julgamento do RE 590.415, no qual esta Corte conferiu especial relevância ao princípio da autonomia da vontade no âmbito do direito coletivo do trabalho. Ainda que o acordo coletivo de trabalho tenha afastado direito assegurado aos trabalhadores pela CLT, concedeu lhe outras vantagens com vistas a compensar essa supressão. Ademais, a validade da votação da Assembleia Geral que deliberou pela celebração do acordo coletivo de trabalho não foi rechaçada nesta demanda, razão pela qual se deve presumir legítima a manifestação de vontade proferida pela entidade sindical"*, na verdade reconhece na fixação do caso concreto proporcionalidade e razoabilidade que legitima a atuação da autonomia coletiva da vontade nos moldes que vinham sendo reconhecidos pelos nossos Tribunais Regionais[94].

Ainda atônitos com a mudança de posicionamento, não obstante a existência de uma jurisprudência sólida dos Tribunais Regionais do Trabalho, permitindo a ampliação da negociação coletiva para além da hipótese do art. 58, § 3º, da CLT, texto legal que restringe sua aplicação as microempresas e empresas de pequeno porte, o pleno do TST posicionou-se politicamente por meio do julgamento do E-RR n. 205900-57.2007.5.09.0325, que por intermédio do Voto do Ministro João Oreste Dalazen, negando o reconhecimento da natureza indenizatória das horas *in itinere*[95],

---

O pagamento das horas *in itinere* está assegurado pelo art. 58, § 2º, da Consolidação das Leis do Trabalho, norma que se reveste do caráter de ordem pública. Sua supressão, mediante norma coletiva, ainda que mediante a concessão de outras vantagens aos empregados, afronta diretamente a referida disposição de lei, além de atentar contra os preceitos constitucionais asseguratórios de condições mínimas de proteção ao trabalho. Resulta evidente, daí, que tal avença não encontra respaldo no art. 7º, XXVI, da Constituição da República. Precedentes da SBDI-I. 3. Recurso de embargos conhecido e não provido.

(94) Posicionamento dos Tribunais Regionais do Trabalho no sentido da construção de uma jurisprudência majoritária a dar suporte ao entendimento exarado pelo STF, vejamos: TJP n. 1 do TRT da 15ª Região: "HORAS *IN ITINERE*. PREFIXAÇÃO DO TEMPO. NORMA COLETIVA. É válida a cláusula de convenção ou acordo coletivo de trabalho que fixa a quantidade de horas *in itinere*, desde que o tempo prefixado não seja inferior a 50% do tempo real de percurso, observados os princípios da razoabilidade e proporcionalidade"; Súmula n. 41 do TRT da 3ª Região: "HORAS *IN ITINERE* — NORMA COLETIVA. I — Não é válida a supressão total do direito às horas *in itinere* pela norma coletiva. II — A limitação desse direito é válida, desde que a fixação do tempo de transporte não seja inferior à metade daquele despendido nos percursos de ida e volta para o trabalho". Súmula n. 26 do TRT da 5ª Região: "HORAS *IN ITINERE*. VALIDADE DE CLÁUSULA CONSTANTE DE NORMA COLETIVA QUE ESTABELECE NÚMERO FIXO MENSAL PARA PAGAMENTO DAS HORAS DE PERCURSO. TEMPO EFETIVAMENTE DESPENDIDO NO TRAJETO DE IDA E VOLTA PELO EMPREGADO MAIOR QUE AQUELE PREFIXADO NO INSTRUMENTO DE NEGOCIAÇÃO COLETIVA. PRINCÍPIOS DA RAZOABILIDADE E DA PROPORCIONALIDADE. ARTIGOS 7º, INCISO XXVI, DA CONSTITUIÇÃO FEDERAL E 58, §2º, DA CLT. Em consonância com o disposto nos arts. 7º, XIII e XXVI, e 8º, II, da Constituição Federal e nos §§ 2º e 3º, art. 58, da CLT, é válida a cláusula decorrente de negociação coletiva prefixando o quantitativo de horas *in itinere* a ser acrescido à jornada de trabalho do empregado, independentemente do porte da empresa, desde que o critério objetivo utilizado para apuração das horas de deslocamento não implique em fixação de um quantitativo inferior a 50% do tempo efetivamente gasto pelo empregado". Súmula n. 15 do TRT da 6ª Região: HORAS DE PERCURSO. SUPRESSÃO MEDIANTE NORMA COLETIVA. IMPOSSIBILIDADE É inválida a cláusula de instrumento coletivo que suprime direito à remuneração das horas de percurso (art. 58, § 2º, da CLT); Súmula n. 39 do TRT da 9ª Região: HORAS *IN ITINERE* FIXADAS EM NORMA COLETIVA. VALIDADE CONDICIONADA À PROPORCIONALIDADE E RAZOABILIDADE. Considera-se válida a disposição prevista em convenção ou acordo coletivo que estabelece o pagamento de número fixo de horas *in itinere*, desde que o tempo previsto na cláusula normativa corresponda a, no mínimo, 50% do tempo efetivamente gasto pelo empregado no trajeto, em atenção aos princípios da proporcionalidade e razoabilidade. Exemplificativamente, se a norma coletiva fixa 1 hora diária *in itinere*, considera-se válida desde que o tempo efetivamente despendido pelo empregado no trajeto não exceda 2 horas diárias; e ainda, TJP n. 3 do TRT da 9ª Região: HORAS *IN ITINERE* FIXADAS EM NORMA COLETIVA. VALIDADE CONDICIONADA À PROPORCIONALIDADE E RAZOABILIDADE. Considera-se válida a norma coletiva que estabelece o pagamento de número fixo de horas *in itinere*, desde que a diferença entre o tempo efetivamente gasto e o previsto na cláusula coletiva não exceda a 50%, em atenção aos princípios da proporcionalidade e razoabilidade.

(95) A Súmula n. 9 do TRT da 7ª Região admite o reconhecimento do caráter indenizatório do auxílio-alimentação, por norma coletiva, alteração da natureza jurídica para os empregados admitidos após a pactuação, prestigiando o princípio da autonomia da vontade coletiva albergado pelo art. 7º, inciso XXVI, da CF.

registra que diante dos precedentes do STF não ficou assentado precedente no sentido de que a autonomia negocial coletiva é absoluta, comportando a utilização da técnica do *distinguish* disciplinada no art. 489, § 1º, VI, do CPC, e para o Ministro Mauricio Godinho Delgado: *"não podemos inferir que o STF tenha autorizado que a negociação coletiva trabalhista passasse a reduzir direitos imperativos oriundos da Constituição da República, das leis brasileiras e das convenções internacionais radicadas no Brasil"*.

O esforço de articulação do sistema de proteção trabalhista está centrado na força normativa das normas fundamentais dispostas no próprio texto Constitucional, o Enunciado n. 9 da 1ª Jornada de Direito e Processo do Trabalho reconhece, no item "I", a impossibilidade da desregulamentação dos direitos sociais fundamentais, por se tratar de normas contidas na cláusula de intangibilidade prevista no art. 60, § 4º, inc. IV, da Constituição da República, bem como no item "II", aduzindo a respeito da ineficácia da negociação coletiva que venha a reduzir as garantias dos trabalhadores asseguradas em normas constitucionais e legais, por ofender os princípios do Direito do Trabalho, com a quebra da hierarquia das fontes, pela exigência de um instrumento de hierarquia inferior ser mais vantajoso para o trabalhador.

O Ministro Luis Roberto Barroso, no voto do RE n. 590.415, atem-se ao caso concreto analisado pela Corte, reconhece a fragilidade do sistema de Liberdade Sindical delineado pelo legislador constituinte, que demanda um maior aperfeiçoamento, no caso em análise a legitimidade está centrada na higidez da vontade da categoria manifestada por meio da decisão soberana da Assembleia Geral, observados os procedimentos estatutários, não havendo vícios capazes de inquinar a cláusula estabelecida por meio de Acordo Coletivo de Trabalho, redigida de forma clara no sentido de permitir a quitação geral e irrestrita quanto ao extinto contrato de trabalho, sem qualquer contingenciamento da vontade manifesta individualmente pelos trabalhadores na adesão ao Plano de Demissão Voluntária, revitalizando estes instrumentos popularizados na década de 1980, como solução emergencial aos planos de privatização das empresas públicas, bem como para uma maior competitividade no contexto da globalização pela redução dos custos. Não sendo diferente a conclusão do Ministro Teori Zavascki no RE n. 895.759, ao entender proporcional e razoável a redução de 50% do cômputo real das horas *in itinere* realizadas, diante das demais vantagens concedidas pelo Acordo Coletivo de Trabalho como forma de compensar a supressão de direitos assegurados no texto celetista, aplicação analógica da Teoria do Conglobamento.

Neste sentido, necessária a adaptação do conteúdo normativo do art. 620 da CLT, que textualmente prevê a prevalência da Convenção Coletiva de Trabalho sempre que for mais benéfica que o Acordo Coletivo de Trabalho, interpretação gramatical, que estaria por restringir a própria amplitude deste último, a ser analisado diante do princípio da adequação setorial negociada, por ser um instrumento mais específico, que poderia se adequar melhor as dinâmicas da atividade econômica e prestação de serviço, envolvidas em determinada categoria econômica e/ou profissional, uma vez que a única função do Acordo seria a de garantir um padrão normativo superior àquele vigente diante de determinada categoria, o que estaria em dissonância com a economia disrruptiva da 4ª Revolução Industrial.

Registre-se o posicionamento exarado por meio da Súmula n. 88 do TRT da 4ª Região, restringindo a solução do conflito aparente de normas, entre Convenção e Acordo Coletivo de Trabalho, pelo instrumento normativo cujo conteúdo, em seu conjunto, seja mais favorável ao empregado, interpretação sistemática resultante da aplicação da Teoria do Conglobamento.

Dentro deste panorama contemporâneo, poderíamos destacar 3 (três) frentes que estariam por permitir a flexibilização das normas trabalhistas, entrevendo a possibilidade jurídica de atenuação da imperatividade da norma de ordem pública, vejamos:

i) Flexibilização heterônoma: fomentada pelo legislador por meio da promulgação de norma infraconstitucional que venha instituir um patamar inferior de proteção aos direitos já consagrados ao trabalhador, neste ponto, inegável para nós a simbologia da instituição do FGTS pela Lei n. 5.107/66 como contraponto da estabilidade decenal do art. 492 da CLT, ou mesmo, a ampliação do conceito de "cargo de gestão" previsto na exceção do art. 62, II, da CLT para efeito de exclusão do trabalhador ao regime de horas extras pela Lei n. 8.966/94, ou ainda, a instituição do "banco de horas" no art. 59, § 2º, da CLT pela MP n. 2.164-41/01. A reforma trabalhista decorrente da promulgação da Lei n. 13.467/17, está recheada de exemplos de flexibilização heterônoma, vejamos:

a) **Grupo econômico (art. 2º, § 2º, da CLT):** exigência da demonstração do interesse integrado, não sendo suficiente para a caracterização do grupo a mera identidade de sócios;

b) **Limitação da responsabilidade do sócio retirante (art. 10-A da CLT):** responsabilidade subsidiária pelo prazo de 2 (dois) anos depois de averbada a modificação do contrato;

c) **Prescrição intercorrente (art. 11-A da CLT):** fluência do prazo de dois anos a partir do momento em que o exequente deixa de cumprir determinação judicial no curso da execução;

d) **Banco de horas (art. 59, § 5º, CLT):** pactuação por acordo individual escrito;

e) **Intervalo Intrajornada (art. 71, § 4º, CLT):** pagamento apenas do percentual suprimido;

Regas que permitem uma maior eficiência econômica na gestão da força de trabalho:

a) **Relativização do tempo à disposição: (art. 4º, § 2º, da CLT):** exclusão do conceito de tempo á disposição as atividades particulares exercidas nas dependências da empresa;

b) **Horas *in itinere*: (art. 58, § 2º, da CLT):** exclusão pela nova redação do dispositivo legal.

ii) Flexibilização autônoma: conforme tratado linhas anteriores, é o movimento de ampliação da autonomia da vontade coletiva, lastreado em uma suposta liberdade sindical, de forma a fazer prevalecer o negociado sobre o legislado, reconhecendo a validade dos instrumentos de negociação coletiva nos termos do art. 7º, XXVI, da CF, com fundamento na autonomia da vontade coletiva, e centro alternativo de positivação de norma jurídica admitido no seio da sociedade civil organizada, reconhecendo nos Sindicados a mais expressiva fórmula de associativismo reconhecido na realidade contemporânea.

iii) Flexibilização jurisprudencial: sentimento a respeito da existência de um movimento conservador em franca expansão no âmbito dos Tribunais do Trabalho, como uma negativa, ou ainda, um contingenciamento, do movimento ao vanguardista de outrora, salientando o custo indireto agregado à mão de obra diante do crescente passivo trabalhista decorrente das ações em curso, representando um maior custo de produção pela lógica trabalhista, buscando alcançar uma maior previsibilidade dos julgamentos pasteurizados em prol da segurança jurídica que atenda o próprio empresariado nacional, havendo a banalização do instituto do dano moral, um pré-julgamento que decorreria de uma pseudo indústria, por vezes acarretando a fixação de indenizações em valores irrisórios, dentro da lógica de massificação propalada pela Revolução Industrial, onde a dignidade da pessoa humana passa a ser traduzida pelos meros aborrecimentos da vida cotidiana, dos riscos comuns de se viver em sociedade, ou mesmo, pelos meros melindres do espírito humano, o que poderá acarretar, pela via jurisprudencial, o retorno ao sistema de tarifação sob pena da extinção do próprio instituto. Com a nova agenda progressista proposta pelo STF na ampliação da autonomia da vontade coletiva, talvez com o processo de desinflação legislativa provocado pela reforma trabalhista haja um rigor maior dos Juízes do Trabalho quanto à efetivação dos direitos existentes no texto celetista, reforçando o papel das Convenções da OIT, bem como permitindo a perfeita utilização do princípio da aptidão da produção da prova no sentido da efetivação dos direitos fundamentais, diante da nova redação do art. 818, § 1º, da CLT que permite a redistribuição do ônus da prova.

Luiz Carlos Amorim Robortella sintetiza a flexibilização do direito do trabalho (1994, p. 97), como: *"Instrumento de política social caracterizado pela adaptação constante das normas jurídicas à realidade econômica, social e institucional, mediante intensa participação de trabalhadores e empresários, para eficaz regulamentação do mercado de trabalho, tendo como objetivo o desenvolvimento econômico e progresso social"*.

Dentro da perspectiva da reforma trabalhista de 2017 do Presidente Michel Temer, podemos encontrar respaldo na tese da flexibilização, que para Mauricio Godinho Delgado (2016, p. 67) representa a possibilidade jurídica, estipulada em norma Estatal ou norma coletiva negociada, de atenuação da força imperativa das normas componentes do Direito do Trabalho, mitigando a rigidez dos seus comandos, havendo nos Projeto de Lei n. 6.787/16, traços da *"diminuição da imperatividade das normas trabalhistas ou da amplitude dos seus efeitos, em conformidade com a autorização fixada por norma heterônoma Estatal"*.

Em síntese, para Habermas (2002, p. 66) estaríamos por encontrar um equilíbrio para permitir uma relação direta entre os níveis de produção capitalista e a manutenção de sistema social legítimo, qualquer crise aguda no sistema eleito para produção e distribuição de bens e serviços poderá desencadear a perda de legitimação do suporte político, com reflexos imediatos no esgarçamento do tecido social, não havendo, em nosso entendimento, como dissociar a realidade econômica subjacente do "dever ser" estabelecido dogmaticamente pelo direito posto, no caso o direito do trabalho.

3.6. Novo marco jurídico da flexibilização autônoma da norma trabalhista no Brasil

O substitutivo apresentado pelo Deputado Rogério Marinho ao Projeto de Lei n. 6.787/16 (Reforma Trabalhista), aprovado pelo Plenário da Câmara dos Deputados e que seguiu para o Senado Federal para deliberação, veio a sugerir nova redação ao art. 611-B da CLT[96], com a in-

---

(96) A nova redação do art. 611-B da CLT dispõe: "**Constituem objeto ilícito de convenção coletiva ou de acordo coletivo de trabalho, exclusivamente, a supressão ou a redução dos seguintes direitos**: I — normas de identificação profissional, inclusive as anotações na Carteira de Trabalho e Previdência Social; II — seguro-desemprego, em caso de desemprego involuntário; III — valor dos depósitos mensais e da indenização rescisória do Fundo de Garantia do Tempo de Serviço; IV — salário mínimo; V — valor nominal do décimo terceiro salário; VI — remuneração do traba-

tenção deliberada de estabelecer um **novo marco regulatório** aos limites da negociação coletiva, o que poderia ser justificado pela preocupação da classe empresarial quanto à segurança jurídica da possibilidade franqueada ao artigo anterior, o art. 611-A da CLT, emblemático na regulamentação do trabalho no Brasil, ao admitir um **novo paradigma**, um novo sistema de valores, lastreado na prevalência do negociado sobre o legislado, sem que houvesse consenso na Justiça do Trabalho (não houve pela evidente carga social do tema, uma reedição do pacto republicano que culminou com a reforma do Poder Judiciário por meio da edição da EC n. 45/04, com efeito de estacar a chaga da morosidade do Poder Judiciário no Brasil), o que certamente acarretará o pleno exercício do sistema de freios e contrapesos por meio do controle difuso de constitucionalidade (arts. 52, X, c/c 97, ambos da Constituição Federal), bem como o concentrado (Lei n. 9.868/99).

A certeza das dificuldades a serem encontradas é tanta que a **carga semântica** que se pretende imprimir no art. 611-A da CLT é evidente, utilizando-se inclusive da técnica legislativa do art. 62 da CF que trata da Medida Provisória, que encontra eco no sistema jurídico pátrio, independentemente da consistente ineficácia dos parâmetros da relevância e urgência fixados no texto constitucional, cabe-nos destacar a que a redação original do art. 611 da CLT já franqueava a natureza de norma jurídica aos ACT e CCT, ao destacar sua *"ação normativa"*, e pro via de consequência, no novo texto a expressão será substituída pela expressão *"força de lei"*, com a finalidade de que haja o efetivo respeito do negociado pela Justiça do Trabalho dentro de uma concepção jurisdicional eminentemente positivista/legalista, sendo que na tramitação perante o Senado Federal do PLC n. 38/17 a expressão foi novamente alterada para **"têm prevalência sobre a lei"**, mantendo a intenção vinculativa que decorre da concreção do conteúdo da legalidade, ao negar simultaneamente, o espaço conquistado no sistema pela teoria dos direitos fundamentais, seja pelos parâmetros decisórios do art. 8º do NCPC que incorpora o princípio da razoabilidade, expressão máxima da fórmula do pós-positivismo contemporânea, lastreado na força normativa dos princípios constitucionais, ou ainda, pela necessidade do Juiz, no contexto do ativismo judicial, de justificar/fundamentar na decisão as balizas indispensáveis ao juízo de ponderação proposto, a teor do art. 489, § 2º, do CPC.

---

lho noturno superior a do diurno; VII — proteção do salário na forma da lei, constituindo crime sua retenção dolosa; VIII — salário-família; IX — repouso semanal remunerado; X — remuneração do serviço extraordinário superior, no mínimo, em 50% (cinquenta por cento) a do normal; XI — número de dias de férias devidas ao empregado; XII — gozo de férias anuais remuneradas com, pelo menos, um terço a mais do que o salário normal; XIII — licença-maternidade com a duração mínima de cento e vinte dias; XIV — licença-paternidade nos termos fixados em lei; XV — proteção do mercado de trabalho da mulher, mediante incentivos específicos, nos termos da lei; XVI — aviso prévio proporcional ao tempo de serviço, sendo no mínimo de trinta dias, nos termos da lei; **XVII — normas de saúde, higiene e segurança do trabalho previstas em lei ou em normas regulamentadoras do Ministério do Trabalho**; XVIII — adicional de remuneração para as atividades penosas, insalubres ou perigosas; XIX — aposentadoria; **XX — seguro contra acidentes de trabalho, a cargo do empregador**; XXI — ação, quanto aos créditos resultantes das relações de trabalho, com prazo prescricional de cinco anos para os trabalhadores urbanos e rurais, até o limite de dois anos após a extinção do contrato de trabalho; XXII — proibição de qualquer discriminação no tocante a salário e critérios de admissão do trabalhador com deficiência; XXIII — proibição de trabalho noturno, perigoso ou insalubre a menores de dezoito anos e de qualquer trabalho a menores de dezesseis anos, salvo na condição de aprendiz, a partir de quatorze anos; XXIV — medidas de proteção legal de crianças e adolescentes; XXV — igualdade de direitos entre o trabalhador com vínculo empregatício permanente e o trabalhador avulso; XXVI — liberdade de associação profissional ou sindical do trabalhador, inclusive o direito de não sofrer, sem sua expressa e prévia anuência, qualquer cobrança ou desconto salarial estabelecidos em convenção coletiva ou acordo coletivo de trabalho; XXVII — direito de greve, competindo aos trabalhadores decidir sobre a oportunidade de exercê-lo e sobre os interesses que devam por meio dele defender; XXVIII — definição legal sobre os serviços ou atividades essenciais e disposições legais sobre o atendimento das necessidades inadiáveis da comunidade em caso de greve; XXIX — tributos e outros créditos de terceiros. Parágrafo único. Regras sobre duração do trabalho e intervalos não são consideradas como normas de saúde, higiene e segurança do trabalho para os fins do disposto neste artigo".

3.7. Programa Seguro-Emprego (PSE) — MP n. 761/16

Diante do cenário de crise econômica vivenciado no Brasil no ano de 2015, foi promulgada em 19 de novembro de 2015, pela Presidente Dilma Rousseff, a Lei n. 13.189/15 que trata do Programa de Proteção ao Emprego (PPE), com finalidade interventiva e de fomento, descrita no art. 1º, incisos I e II, quais sejam: preservação do emprego nos momentos de crise econômica e favorecimento da recuperação econômico-financeira das empresas elegíveis.

Trata-se de políticas públicas ativas que se apresentam como um desdobramento do fundamento teórico que dá suporte a Recuperação Judicial, uma vez que o art. 47 da Lei n. 11.101/05 prescreve o princípio da preservação da empresa, atendendo, ao mesmo tempo, a valorização do trabalho com o desenvolvimento econômico intencionado no art. 170 da CF, além da função social da propriedade prevista no art. 5º, XXIII, da CF.

A adoção de medidas interventivas na seara trabalhista tem assento nas perspectivas apresentadas por Luís Eduardo Shoueri (2005, p. 15), em sua obra *"Normas tributárias indutoras e intervenção econômica"*, segundo o autor, o Estado Social inaugurado com a Constituição Federal de 1934, disciplinando o aspecto social e econômico, teve por raízes históricas o movimento do Constitucionalismo Social inaugurado com as Constituições do México de 1917 e da Alemanha em 1919 (Weimar), por meio de normas indutoras de estímulo a atividade intencionada pelo Estado, o que passaria a estar potencializado no texto da carta de 1988 que *"[...] não é neutro. Seguindo a tendência acima, o constituinte brasileiro revelou-se inconformado com a ordem econômica e social que encontrara, e numerando uma série de valores sobre os quais deveria firmar o Estado, o qual, ao mesmo tempo, se dotar de ferramentas hábeis a concretizar a ordem desejada, no lugar de ter um ordenamento dado, que deve ser apenas mantido ou adaptado, o legislador preconizou por uma realidade social nova, ainda inexistente, cuja realização e concretização, por meio de medidas legais, passa a ser interesse público"*.

A nova realidade intencionada pelo Constituinte se traduz no desenvolvimento econômico, prestigiado pela Constituição de 1988, que inclui no art. 3º entre os "objetivos fundamentais da república" o da garantia do "desenvolvimento nacional", o que, entretanto, não de compreende isoladamente de outros objetivos, como o da construção de uma "sociedade livre, justa e solidária", onde se erradicarão a "pobreza e a marginalização" e se reduzirão "as desigualdades sociais e regionais", promovendo enfim "o bem de todos sem preconceitos de origem, raça, sexo, cor, idade e quaisquer outras formas de discriminação".

Nesta esteira, o programa governamental consagra a importância do desenvolvimento econômico, sem descuidar da valorização do trabalho consagrada no art. 170, *caput*, da CF, para que a síntese se apresente na forma de justiça social, sendo justo para que se torne legítimo, não há um fim em si mesmo, mas uma convergência que possibilite o pleno desenvolvimento humano.

A adesão ao programa alcança empresas de todos os setores da economia (art. 2º, *caput*), desde que demonstrem o cumprimento do requisito material atrelado à situação de dificuldade financeira e preservação dos postos de trabalho, formalizado por meio da celebração de Acordo Coletivo específico, que tenha por conteúdo apenas a adesão ao programa, desde que estipule ao mesmo tempo a redução de jornada (art. 7º, XIII, da CF) e salário, de forma a não vulnerar os requisitos da exceção constitucional ao princípio da irredutibilidade/intangibilidade salarial prescrito no art. 7º, VI, da CF, e incentivar o diálogo social proposto nos termos do art. 7º, XXVI c/c art. 8º, VI, da CF, sempre em caráter emergencial e temporário, o que permite, inclusive, a legitimação da medida adotada. Para Gustavo Filipe Barbosa Garcia (2016, p. 124), *"A flexibilização in pejus das condições de trabalho, portanto, além de ser medida excepcional, que deve ter como objetivo a preservação do emprego, exige a negociação coletiva de trabalho"*.

Haverá prioridade na adesão de empresas que comprovem o cumprimento da cota dos portadores de necessidades e microempresas e empresas de pequeno porte, como disciplinado, respectivamente, nos §§ 2º e 3º do art. 2º da Lei.

De acordo com as condições estabelecidas pelo Comitê do Programa de Proteção ao Emprego, criado pelo Decreto n. 8.479/15, e em consonância com a previsão do art. 3º da lei em destaque, a empresa que apresentar solicitação de adesão ao Ministério do Trabalho e Emprego deverá comprovar: i) Celebração do Acordo Coletivo de Trabalho específico; ii) Relação dos empregados envolvidos com a especificação do salário; iii) Registro no CNPJ a pelo menos 2 (dois) anos, acompanhado das certidões negativas de regularidade fiscal, previdenciária e FGTS, inclusive como condição de permanência no programa; e por fim; iv) o Indicador Líquido de Emprego (ILE).

Na redação original do programa, art. 3º, inciso IV, da Lei n. 13.189/15, o ILE que permitiria a adesão ao programa deveria ser igual ou inferior a 1%, obtido pela diferença entre admissões e demissões apuradas nos últimos 12 (doze) meses da solicitação, sendo informações prestadas na obrigação acessória trabalhista do CAGED (insumos estatísticos de movimentação do mercado de trabalho), cujo resultado será dividido pelo número de empregados no mês anterior ao início desse período.

Dentro das alterações propostas no bojo da minirreforma trabalhista apresentada pelo Presidente Michel Temer no final de 2016, além do efeito político da alteração do nome do programa, para Programa Seguro-Emprego, a MP n. 761/16 não fixa qualquer percentual de adesão no texto normativo, permite a definição, por delegação, a ato do Poder Executivo Federal, podendo calibrar a extensão do programa pelas condições pontuais apresentadas pelo mercado de trabalho, sem descurar do equilíbrio orçamentário em momento de contingenciamento do gasto público (PEC n. 241, instituição de teto dos gastos públicos com desdobramentos nas áreas sociais como um todo).

A partir deste cenário, a contrapartida governamental vem por meio do subsídio disciplinado no art. 4º da Lei, que admite uma compensação financeira de 50% da redução salarial experimentada, por meio dos repasses provenientes do Fundo de Amparo ao Trabalhador (FAT), com teto fixado em 65% do valor máximo da parcela do seguro-desemprego, durante o período da redução da jornada de trabalho, e respeitado a preservação do salário mínimo, por força do art. 7º, IV, da CF.

Para Filipe Barbosa Garcia (2016, p. 122), nesse modelo de flexibilização da norma trabalhista, de caráter emergencial e temporário, justificado por momento de crise econômica aguda, exige-se a participação financeira do Estado em um contexto de divisão de responsabilidades.

Por oportuno, em outros momentos na história recente, podemos identificar ciclos econômicos de viés negativo que justificaram a adoção de políticas públicas estatais na seara trabalhista, capazes de sustentar os níveis de emprego desejados, realizando uma fórmula que permita a reconciliação dos interesses aparentemente antagônicos entre capital e trabalho, permitindo sua convergência por meio do desenvolvimento econômico que não seja obstáculo ao igualmente desejável interesse social; contudo, estas medidas interventivas na seara trabalhista não vêm surtindo os resultados esperados, denotando verdadeira falácia a possibilidade de se alcançar o pleno emprego em um contexto de inovação tecnológica, em ciclos tão curtos quanto aos vivenciados na 4ª Revolução Industrial[97].

---

(97) Segundo Paul Krugman, ganhador do prêmio Nobel de economia em 2008, em artigo veiculado na *Folha de S. Paulo*, em 9 de janeiro de 2017, sob o título: *Trump vai promover explosão do déficit cotando impostos dos ricos*, esclarece o conceito contemporâneo daquilo que deve vir a ser considerado como pleno emprego: "De que forma sabemos estar perto do pleno emprego? O índice baixo do desemprego oficial é apenas um dos indicadores. Há dois fatos mais convincentes em minha opinião: os salários estão enfim subindo de forma razoavelmente rápida, o que demonstra que os trabalhadores voltaram a ter o poder de barganha, e o número de demissões voluntárias de trabalhadores, e que serve como indicador de sua confiança quanto a probabilidade de encontrar novos empregos em nível semelhante àqueles anteriores à crise".

Na esteira da política econômica de 1964, a Lei n. 4.923/65 editada em pleno regime militar, passou a autorizar no art. 2º a redução salarial como medidas anticíclicas a um viés econômico de baixa, desde que diante de uma conjuntura econômica adversa devidamente comprovada, que recomende, ainda que transitoriamente, a redução da jornada normal ou do número de dias do trabalho.

Como requisito formal da medida excepcional, exigia-se prévio acordo com a entidade sindical representativa dos empregados, devidamente homologada pela Delegacia Regional do Trabalho, desde que prazo certo inicialmente estipulado não viesse a exceder a 3 (três) meses, com a possibilidade da sua prorrogação diante da manutenção das mesmas condições.

Exigia-se redução da jornada de trabalho que poderia vir acompanhada da redução do salário mensal, desde que não superior a 25% (vinte e cinco por cento) do salário contratual, respeitado o salário mínimo regional e reduzidas proporcionalmente a remuneração e as gratificações de gerentes e diretores, aplicação indiscriminada da medida a todos os níveis hierárquicos mantido na estrutura orgânica da célula empresarial, como forma de preservação da regra basilar da isonomia.

Agora, a redução autorizada pela lei não poderá ser superior a 30%, havendo discricionariedade Sindical para negociar um percentual de redução dentro da margem fixada, e o art. 5º da Lei n. 13.189/15 além de fixar este limite, estabelece alguns parâmetros a serem observados pela assembleia de trabalhadores na aprovação do ACT (Acordo Coletivo de Trabalho), vejamos: i) número de empregados abrangidos com sua identificação; ii) estabelecimentos ou setores da empresa contemplados; iii) percentual da redução de jornada e salário, o percentual de redução deste último jamais poderá ser superior ao da jornada, e sempre respeitado o percentual estipulado pela lei; iv) redução de até 6 (meses), prorrogáveis por módulos de outros 6 (seis) meses, em um total de 24 (vinte e quatro) meses; e, v) constituição de comissão paritária, com representantes dos empregadores e empregados abrangidos pelo programa, para efeito da fiscalização do cumprimento das disposições disciplinadas no Acordo, com exceção das microempresas.

O critério de elegibilidade dos empregados que farão parte do programa, nas palavras de Gustavo Filipe Barbosa Garcia (2016, p. 123), segundo aprovação no Acordo Coletivo de Trabalho específico deve abranger todos os empregados da empresa, ou no mínimo, segmentá-los por setor ou estabelecimento específico, de modo a preservar o próprio princípio da isonomia neste particular.

Como contrapartida empresarial dos esforços governamentais e dos trabalhadores, ter-se-á a exigência de uma garantia provisória de emprego nos termos do art. 6º, inciso I, conforme redação da MP n. 761/16, durante toda a execução do programa, acrescido do prazo correspondente a 1/3 de todo o período de adesão, limitadas as contratações nos termos do inciso II, a exemplo dos portadores de necessidades especiais, efetivação de estagiário etc.

Nos termos do art. 7º, a empresa poderá denunciar o PSE em qualquer momento, desde que comunique, com antecedência mínima de 30 (trinta) dias, o sindicato, os empregados e o Ministério do Trabalho e Emprego, justificando a medida por meio da superação da situação econômico-financeira que, inicialmente, tenha autorizado a própria adesão, com a manutenção da garantia de emprego em seus termos originais, e a possibilidade do restabelecimento da jornada integral de trabalho. Haverá um período de carência de 6 (seis) meses para que seja admitida uma nova adesão ao programa.

Questão sensível refere-se à confidencialidade quanto ao fornecimento das informações econômico-financeiras, inclusive sob a perspectiva concorrencial, devendo ser observado o sigilo das informações prestadas ao Ministério do Trabalho em Emprego.

Entretanto, devemos indagar qual a real efetividade das intervenções pontuais feitas pelo Estado no domínio econômico, que tenha por efeito vencer o desemprego estrutural, ou ainda, propiciar uma sensível elevação nos níveis de emprego?

Não obstante a necessidade premente de uma série de reformas estruturais que assegurem a competitividade brasileira no mercado global de bens e serviços, em nosso passado recente, as entidades de classe empresariais, a exemplo da FIESP, demonizaram nossas ineficiências regulatórias, sintetizando-as a partir do denominado de "Custo Brasil", tratando em especial do custo da mão de obra no Brasil por meio da incidência dos encargos indiretos, o que agravaria, ainda mais, a ampliação superficialmente irreversível da economia informal.

Nossa estrutura de seguridade social, especialmente sob o aspecto contributivo da previdência social, dentro de uma concepção Bismarckiana, sempre teve por predileção a "folha de salários" como fato tributável por das Contribuições Sociais (art. 195, I, *a*, da CF), traduzindo em uma base estável apta a garantir o equilíbrio financeiro e atuarial da Previdência Social nas palavras da própria Secretaria da Receita Federal do Brasil.

Contudo, com a aprovação da EC n. 42/03, inseriu o § 13 no art. 195 da CF, foi autorizada a substituição gradual (para assegurar o equilíbrio financeiro e atuarial), total ou parcial, da contribuição incidente sobre a "folha de salários" por aquela incidente sobre a receita e o faturamento.

Conforme tivemos a oportunidade de analisar no artigo *Novas figuras tributárias — contribuição sobre receita bruta*, publicado na *Revista de Previdência Social* (LTr, n. 384, p. 903-918, nov. 2012), a MP n. 540/11 teve a finalidade de instituir o "Plano Brasil Maior" propondo medidas desonerativas da produção que viessem a permitir uma maior produtividade da indústria nacional, e neste conjunto de medidas propostas, foi aprovado posteriormente pela Lei n. 12.546/11 a desoneração da folha de pagamentos, com a eleição de setores e a inclusão posterior de outros sem um planejamento socioeconômico prévio capaz de predizer o impacto de sua execução no orçamento público, medidas adotadas dentro da ótica desenvolvimentista proposta pelo Governo Dilma, sem muita preocupação com os conceitos modernos de austeridade fiscal, com resultados modestos nos níveis de ocupação do mercado de trabalho, denotando a baixa eficácia das medidas interventivas que pretensamente promover artificialmente os níveis de emprego.

Interessante observar a nota técnica da FGV *"Avaliação setorial da desoneração da folha de salários"*, elaborada por José Roberto Afonso e outros autores, em fevereiro de 2014, avaliando os impactos do Plano Brasil Maior na defesa da indústria e mercado econômico em contexto econômico adverso, considerando que as medidas subsequente de ampliação dos setores econômicos eleitos e redução das alíquotas incidentes sobre o faturamento aumentaram significativamente o déficit previdenciário, em um momento que discutimos a própria reforma da previdência, mesmo porque em momento de alta expansão demográfica de uma população economicamente jovem, os excessos de poupança na Previdência fora remanejados pelo governo de plantão para a construção de Brasília, ponte Rio-Niteroi, Transamazônica etc.

Em sentido contrário, Clóvis Scherer (2014) em estudo apresentado perante o *International Institute of Social Studies* em Hague, Netherlands, com o título *Payroll Tax Reduction in Brazil: effects on employment and wages*, ressalta a o impacto positivo da medida que não depende necessariamente da redução dos padrões de proteção do trabalho para assegurar uma maior competitividade da produção nacional, e ao mesmo tempo, ressalta a persistência de alguns gargalos estruturais que impactam o custo de produção, a exemplo: transporte, energia elétrica, desburocratização etc.[98].

---

(98) Vejamos alguns pontos salientados por Clóvis Scherer (2014) no estudo apresentado no *International Institute of Social Studies* em Hague, Netherlands, com o título *"Payroll Tax Reduction in Brazil: effects on employment and wages"*: *"The policy, announced in 2011, aimed to enhance the competitiveness of Brazilian companies, to stimulate employment, and to promote the formalization of employment* (MINISTÉRIO DA FAZENDA, 2012). *It was expected that by reducing the cost of labour, firms would increase their demand for labour and be less inclined to set informal work arrangements [...] Following an international trend, in Brazil taxation on labour has been a central pillar in the financing of the public social security system since the 1930s* (HART, 1984: 55, POCHMANN; SANTOS, 1998): *4). These programmes include pension funds for retirement and survivors, unemploy-*

De qualquer forma a medida vigente até 31 de dezembro de 2017, foi prorrogada para 31 de dezembro de 2018 pela MP n. 761/16, que teve uma maior adesão em especial pelo setor automotivo (montadoras), ficando mais uma vez em segundo plano as microempresas e empresas de pequeno porte, que ainda não possuem um regime especial trabalhista.

3.8. Comite empresarial

É interessante assinalar o posicionamento de Geraldo Vidigal, citado por Eros Roberto Grau (2007, p. 180), que faz referência aos excessos e a arrogância do Estado na condução da economia, este precisa ser modesto e moderado em sua presença econômica, estando sujeito a erros tanto quanto os indivíduos, motivo pelo qual não deve perturbar a liberdade de iniciativa ou tumultuar a economia, o que parece ser o ideal sustentado pela Justiça do Trabalho sob o auspício da proteção da dignidade do trabalhador que deverá estar sempre em harmonia com a livre-iniciativa, como resultado da ponderação dos valores constitucionais, sob pena de impossibilitar (somados aos demais encargos burocráticos e tributários) o exercício de certas atividades essenciais ao interesse coletivo, uma análise impossível de ser feita tecnicamente pelo Poder Judiciário, dissociado de uma política macro de Estado.

Por meio do Projeto de Lei n. 6.787/16, retoma a opção da criação de Comitês Sindical de Empresa, permitindo uma maior flexibilização na aplicação das regras laborais, adequadas às necessidades de cada uma das empresas, passa a municiar os empresários com as ferramentas necessárias para enfrentar crises econômicas agudas, bem como arrefece o efeito colateral relacionado à manutenção dos postos de trabalho, uma vez que na maioria das atividades industriais, desvinculadas de uma realidade territorial intrínseca (diferente, por exemplo, da construção civil), permite a manutenção e preservação dos postos de trabalho geradores de riquezas ao país por intermédio dos tributos, além da manutenção da coesão do tecido social, pelas implicações sociais de um mercado de trabalho pujante.

Quanto a este ponto específico, é interessante destacar a arguta percepção de Fábio Konder Comparado, citado por Saulo Bichara Mendonça (2012, p. 6), quanto à preocupação da teria social da empresa ser utilizado como referencial teórico para a estratégia de abandono das políticas sociais pelo Estado, havendo, aqui, na verdade, sob a nossa percepção, uma relação de complementaridade que deve ser fomentada pelo Estado, tendo em vista o poder de regulamentação das relações intersubjetivas, por meio de instrumento de modernização das ferramentas de gestão da força de trabalho, exigindo-se a contrapartida, por meio da preservação do conceito ético inserido no âmbito da teoria da nova empresarialidade.

---

ment benefits, workplace injury insurance and other benefits that create safety nets for the working classes [...] Simultaneously, the effects of payroll taxes on the labour market and on the economy as whole have received attention from economists. Discussions are set around the importance of social security to the behaviour of agents in the labour market, as well as on whether and how payroll taxes affect the level of wages and employment [...]. The second main objective of the reform was to boost employment. It was expected that higher external and internal competitiveness would result in more jobs or at least protect jobs from external competitors. In addition, the substitution of the payroll tax by a revenue tax was meant to benefit the most labour-intensive industries and firms, increasing the potential for job creation in the economy. As for formalization, the underlying assumption was that relatively high non-wage labour costs associated with formal employment contracts induces informal employment [...]. Some authors and social actors identified the overvalued exchange rate and the 'Custo Brasil' ('Brazil' cost) as the main reasons for the difficulties faced by the manufacturing sector (IEDI, 2012; IMF, 2012). The National Confederation of Industrial Employers (CNI) attributed part of the loss of competitive edge to high production costs in Brazil, which include labour costs and energy prices, alongside the heavy tax burden, high tax rates, and excessive bureaucracy for business (CNI, 2011)".

Toda e qualquer tentativa do governo de flexibilizar as normas trabalhistas, com o intuito de gerar um maior valor agregado à atividade produtiva nacional, com o escopo de atingir os elevados padrões de produtividade disseminados nos países desenvolvidos, permitindo uma competitividade real com países periféricos pautados no baixo custo dos encargos sociais (incluindo-se aqui, os encargos trabalhistas e previdenciários), é, na maioria das vezes, interpretada como um movimento orquestrado pelo patronato nacional com viés liberalizante e desregulamentador do estado do bem-estar (*Welfare State*).

A iniciativa, como sociedade organizada, decorrente da criação de comitês internos de modo a permitir uma maior amplitude do diálogo social, interlocução de empregados e empregadores, os primeiros por meio da atuação de um representante, tendo por objetivo permitir um ajuste customizado, dentro de certos limites, dos direitos à realidade empresarial vivenciada em dada célula empresarial, o que Maurício Godinho Delgado (2004, p. 1319) chama de adequação setorial negociada, dentro da realidade das negociações coletivas sob a tutela sindical, decorre da atuação de um movimento social de trabalhadores, "maduro", com identidade própria, não mais visto como um hipossuficiente (próprio dos primeiros movimentos grevistas da década de 1970 vivenciados no ABC paulista), mais como um elemento indispensável (*stakeholder*) no sistema produtivo.

Nossa experiência jurídica contemporânea admite uma participação efetiva dos trabalhadores envolvidos com a questão laboral da unidade produtiva a partir da constituição da CIPA (Comissão Interna de Prevenção de Acidentes), em cada estabelecimento empresarial com o número de trabalhadores definidos em norma regulamentar, não havendo qualquer incompatibilidade técnica com a matéria objeto de dos deveres institucionais, atribuição dos representantes em Comitê Sindical de Empresa (CSE), de permitir o cumprimento voluntário das regras trabalhistas durante a própria execução de cada um dos contratos de trabalho.

Prega-se não a prevalência, mas a harmonização dos interesses patronais e profissionais, estes representados pela identidade da célula social decorrente da reunião de seus membros, fenômeno social gestado na própria gênese do direito do trabalho, não deixando de sublinhar o posicionamento de Adalberto Simão Filho (2003, p. 47), que ao tratar da teoria da nova empresarialidade, especificamente quanto à eficiente solução de conflitos, e com o escólio nas lições de Eduardo C. B. Bittar, afirma que a solução ética de conflitos é aquela que se extrai de forma pacífica entre as partes, pela real disposição de, por meios informais, alcançar a plenitude do meio termo necessário para dar fim a uma pendência interpessoal, o que para nós, representa um resultado perene pelo simples fato de ter sido orientado pelas diretrizes da ética.

Esse modelo norte-americano, de solução interna de conflitos trabalhistas, denominado *grievance*, é fundamentado em um sistema legal *common law*, sendo esclarecedoras as lições do Mestre Amauri Mascaro Nascimento (2011, p. 52) quanto ao seu funcionamento: "*Os conflitos são solucionados na própria empresa, em que eclodem, por meio de um complexo, mas rápido, procedimento interno de diálogo, denominado greevance, previsto nas cláusulas dos contratos coletivos; é uma forma de composição do conflito pelo diálogo desenvolvido, sucessivamente, em níveis ou degraus sobrepostos. No primeiro degrau interno da empresa, o empregado e o chefe devem tentar uma solução direta; não havendo resultado, passa-se para o segundo degrau, caso em que o representante dos trabalhadores conversará com alguém acima do chefe; seguem-se assim, continuamente, outras instâncias, visando a composição do conflito, sempre mediante diálogo direto, tantas quanto estiverem fixadas no contrato coletivo. Não sendo possível a solução na empresa, as partes podem pedir a mediação do ministério do trabalho, que é facultativa, salvo se obrigatória pelo contrato coletivo. Frustrada a mediação, as partes podem submeter o conflito a um árbitro particular, por estas escolhidos de uma lista de nomes inscritos em uma associação. A arbitragem realiza-se no local indicado pelas partes, cabendo-lhes o pagamento das despesas e dos honorários do árbitro. Geralmente, cada parte arca com a metade. O sindicato responde pelo pagamento para o trabalhador. A arbitragem é irrecorrível e o laudo arbitral não é reexaminado pelo poder judiciário, salvo quanto aos aspectos formais, como uma nulidade relacionada com a pessoa do árbitro.*

Até então, nosso único exemplo, quanto à participação efetiva do trabalhador nas questões relativas às condições de trabalho, restringia-se aos aspectos acidentários tratados institucionalmente pela CIPA (Comissão Interna de Prevenção de Acidentes), típico comitê de empresa vivenciado pela legislação laboral, como asseverou Arnaldo Süssekind (2002, p. 466), e acreditamos que pelo próprio perfil democrático de sua composição paritária, e por já ser uma realidade de longa data em empresas de médio e grande porte, poderia ele, remodelada pelos novos elementos trazidos do direito comparado, contemplar uma remodelação com novas diretrizes e atribuições (fusionando-se com o novo Comitê proposto pelo governo), não havendo neste particular a incompatibilidade de matérias.

Tal proposição está estribada em algo real, já vivenciado em modernos setores da economia, vejamos o movimento incipiente, mas com excelentes resultados, vivenciado pela fábrica da Mercedes-Benz no ABC paulista, veiculado em reportagem da *Revista Exame*, de 27 de junho de 2012: *"De todos, o modelo da Mercedes-Benz é tido como o mais avançado. Primeiro porque não considera nenhum tema como tabu. Nas reuniões semanais, os funcionários e os diretores discutem desde se haverá cerveja no churrasco de fim de ano até a necessidade de demissões — um assunto normalmente tratado com os sindicatos, mas não com os comitês de trabalhadores. Além disso, o diálogo no chão de fábrica não costuma ficar no blá-blá-blá. Como os acordos na Mercedes-Benz têm alto nível de adesão, a empresa é pouco acionada na Justiça do Trabalho. O que é decidido acaba, na maioria das vezes, sendo cumprido. Nos últimos cinco anos, apenas 10% dos trabalhadores entraram com ações para questionar uma decisão — a média do setor é de 40%. Essa peculiaridade chamou a atenção da Justiça trabalhista. Em fevereiro, o presidente do Tribunal Superior do Trabalho, João Oreste Dalazen, visitou a montadora para avaliar se o modelo pode ser replicado para aliviar a Justiça do Trabalho. Com 3 milhões de novos processos apenas em 2011, a manutenção da Justiça trabalhista consumiu 11 bilhões de reais as pendências judiciais custaram 22,5 bilhões às empresas. 'O comitê da Mercedes-Benz oferece a agilidade que as relações do trabalho precisam hoje', diz Dalazen".*

Não acreditamos que o novo modelo proposto pelo governo quanto à criação de comitês intraempresarial seja uma realidade aplicável a todo e qualquer empresa, impossível negar a existência, ainda remanescente, de trabalho escravo principalmente nos processos de terceirização (a exemplo das autuações aplicadas pelo Ministério do Trabalho e Emprego contra a empresa espanhola "Zara", em passado recente), contudo o fortalecimento depende de um contexto sustentabilidade, para que sua finalidade institucional não seja subvertida, colocando-o a serviço da precarização dos direitos do trabalhador.

Vólia Bonfim Cassar (2010, p. 31), citando Miguel Reale, esclarece, no tocante ao impacto da economia sobre o Direito do Trabalho, ser necessário a análise a respeito da crise do princípio protetivo, e os seus efeitos reais em relação a competitividade das empresas, pois o triunfo do mercado impõe a constante flexibilização das condições de trabalho, como condição para redução dos custos da empresa. A automação e informatização são realidades irreversíveis, com custos sociais relevantíssimos, apontam alguns que a flexibilização poderia ser a solução para os conflitos sociais decorrentes do desemprego, sem que haja o abuso (limitação pela teoria da sustentabilidade e responsabilidade social, aglutinadas, para nós, na teoria da nova empresarialidade), não servido este processo apenas para maximizar os lucros dos sócios, mas para preservar a saúde da empresa mantendo o nível de emprego.

Na regulamentação inicialmente proposta para o comitê empresarial no Projeto de Lei n. 6.787/16, o art. 523-A da CLT propunha a eleição de representante dos trabalhadores nas empresas com mais de 200 funcionários, com mandato de 2 anos, destacando as seguintes prerrogativas e competências no § 1º: "I — a garantia de **participação na mesa de negociação** do acordo coletivo de trabalho; e II — **o dever** de **atuar na conciliação de conflitos trabalhistas no âmbito da em-**

presa, inclusive quanto ao **pagamento de verbas trabalhistas**, no curso do contrato de trabalho, ou **de verbas rescisórias**".

Já pelo substitutivo aprovado, que tramitou no Senado Federal por meio do PLC n. 38/17, propondo um título ao texto celetista para disciplina legal do representante na empresa, o mesmo recebe uma reformulação institucional ao comportar a eleição de uma comissão de no mínimo 3 (três) membros, até 7 (sete) membros, com decisões colegiadas, variável de acordo com o quantitativo de funcionários na empresa, art. 510-A, § 1º, da CLT, com um sensível detalhamento de suas atribuições funcionais no art. 510-B da CLT[99], que em resumo pretende promover internamente o moderno conceito de autocomposição dos conflitos, prevendo decisão colegiada e franqueando garantia de emprego para efeito da atuação independente dos seus membros, na esteira da Convenção n. 135 da OIT.

O art. 510-C, § 1º, da CLT expõe a liberdade de atuação por meio do princípio da não interferência da empresa e Sindicato, assegurando no § 3º uma garantia de emprego relativizada daquelas até então previstas no ordenamento, vedando a dispensa arbitrária desde o registro da candidatura até 1 (um) ano após o mandato, entendendo como não arbitrária a dispensa fundada em motivo: *"disciplinar, técnico, econômico ou financeiro"*.

---

(99)   Art. 510-B. A comissão de representantes dos empregados terá as seguintes atribuições:
I — representar os empregados perante a administração da empresa;
II — aprimorar o relacionamento entre a empresa e seus empregados com base nos princípios da boa-fé e do respeito mútuo;
III — promover o diálogo e o entendimento no ambiente de trabalho com o fim de prevenir conflitos;
IV — buscar soluções para os conflitos decorrentes da relação de trabalho, de forma rápida e eficaz, visando à efetiva aplicação das normas legais e contratuais;
V — assegurar tratamento justo e imparcial aos empregados, impedindo qualquer forma de discriminação por motivo de sexo, idade, religião, opinião política ou atuação sindical;
VI — encaminhar reivindicações específicas dos empregados de seu âmbito de representação;
VII — acompanhar o cumprimento das leis trabalhistas, previdenciárias e das convenções coletivas e acordos coletivos de trabalho.

CAPÍTULO IV

TERCEIRIZAÇÃO

4.1. EFICIÊNCIA ECONÔMICA E A TERCEIRIZAÇÃO

Em 1914, após a 1ª Guerra Mundial, passamos a identificar a **2ª Revolução Industrial**, com ganhos de escala e produtividade no setor industrial, suplantando os efeitos da mera **divisão do trabalho** com a adoção da linha de produção. Eis que até o começo do século XX, a atividade industrial era dominada pelos métodos artesanais, houve um novo salto de inovação promovida por Henry Ford, o fundador da *Ford Motor Company*, criador da linha de montagem móvel que viria a estabelecer um novo e universal padrão dos processos produtivos, com reflexos na regulamentação trabalhista em todo o mundo, realidade sintetizada na expressão **Fordismo**.

Para Antonio Cesar Amaru Maximiano (2009, p. 56), é possível observar no ambiente empresarial Americano um crescente movimento de aumento de **eficiência dos processos de produção** de empresas como *Ford, General Motors, Goodyer e General Eletric*, alcançando um patamar superior àquele alcançado durante a Revolução Industrial do século XVIII ocorrida na Inglaterra, representado pela busca incessante do aumento da eficiência dos trabalhadores por meio da **racionalização do trabalho**, e dentre os resultados apresentados por Frederick Winslow Taylor está o pagamento de altos salários atrelados a custo reduzido de produção, podendo ser este alcançado pela definição dos melhores meios de execução das tarefas, o que poderia ser representado pela padronização dos movimentos.

Em linhas gerais, a **racionalização do trabalho** é uma técnica específica, a partir da qual se pretende o aumento da eficiência por meio da simplificação dos movimentos e minimização do tempo necessário para a execução de determinada tarefa produtiva, uma vez que esta é estudada de forma sistemática de modo a permitir o seu aprimoramento, promovendo alterações mais racionais e eficientes, fórmulas encontradas *downsize* do **Toyotismo**, com a eliminação de estoques pelo método do *just-in-time*.

Mais uma vez, nos valemos da análise de Dorothee Susanne Rüdiger (1999, p. 22-25) sobre o contexto da 2ª Revolução Industrial, um quadro de inovações efetuadas pelo modelo de administração empresarial *'toyotista'* distinto do já disseminado modelo *'fordista'*, este último caracterizado pela produção em larga escala para o mercado, os produtos são fabricados numa **linha de montagem** em unidades fabris concentradas que, por sua vez, juntam muitos trabalhadores em torno de uma produção fragmentada, porém coletiva, existindo um rigoroso controle de tempo e uma hierarquia funcional que garante a separação funcional entre a concepção e a execução das diversas tarefas.

Já a unidade produtiva *'toyotista'* trabalha no sentido inverso, a produção é adaptada à demanda de mercado, é o consumo que determina a produção e não o contrário, uma vez que as demandas do mercado são individualizadas e só se repõe o produto após a verificação dessa demanda. Esse sistema exige uma produção flexível, uma organização do trabalho que aproveite ao máximo o tempo dos trabalhadores disponíveis, para tanto, a mão de obra fixa da empresa deve ser polivalente e organizada de maneira **horizontal** para que possa planejar e executar diversas tarefas na hora em que estas se fazem necessárias. Além dessa mão de obra fixa polivalente, a empresa contrata, conforme a demanda do mercado, trabalhadores de empresas prestadoras de serviços ou então empresas fornecedoras que complementam sua atividade, quando necessário.

Mas não devemos deixar de registrar que estes caminhos são, por vezes, deveras tortuosos, segundo o Diretor Geral da Organização Internacional do Trabalho, Juan Somovia, na Conferência realizada em 2000: *"Os métodos de trabalho mais flexíveis, os recursos cada vez mais frequentes à subcontratação (terceirização) e ao trabalho em regime de tempo parcial dificultam a organização dos trabalhadores para defenderem os seus próprios interesses"*, limitando a atuação dos próprios Sindicatos.

Discorrendo sobre a origem do *outsourcing*, Newton Saratt (2008, p. 5) destaca o aspecto estratégico da terceirização, ao permitir a **transferência a terceiro das atividades periféricas do negócio**, permitindo que a empresa possa dedicar-se ao seu *core business*, ou seja, sua verdadeira vocação que lhe garante vantagem competitiva no mercado em que atua, consentindo a eliminação de níveis hierárquicos dentro de uma estrutura horizontal e flexível, citando como exemplo o *case* da *Nike* que não consiste em uma empresa de manufatura de materiais esportivos, mas em uma empresa que se dedica à consolidação de uma marca global, no desenvolvimento de produtos sob a perspectiva do *design* e materiais (*R&D — Research and Development*).

Randev Dias, na obra *Outstanding Outsourcing: business process outsourcing trends and strategies of the professional services sector in Western Europe*, faz a distinção entre *Business Process Outsourcing*[100] (p. 10) e *Knowledge Process Outsourcing*[101] (p. 16), o primeiro estaria relacionado com o ganho

---

(100) *The interesting in outsourcing business process has seen constant growth e especially within the medium segment enterprises within Europe. This is driven trough the demand to reduce costs and resources, automate processes and have better quality and results from operations. BPO is a strategic decision. By careful outsourcing, companies can focus on their core operations and business development. Within the service sector, the knowledge process outsourcing (KPO) is closely connected to BPO. There are several important steps to be considered in the outsourcing process. The initiation stage is where a company analyzes its current operations process in order to understand its strengths and weakness. Strategic objectives should also be carefully considered. A categorization of primary (core) and secondary (non-core) processes is the then conducted. This helps to carefully plan an which processes to outsource and through which means. The best practice is to outsource secondary processes so the company can fully focus on its business* (Ernest & Young, 2013).

(101) *Business Process Outsourcing is na important contributor to a company's productivity, profitability, and operations quality. However, BPO is focused on a specific process. In order to effectively manage and develop an outsourced function, the core knowledge, expertise and insight should also be considered. This would add much greater value than merely having a process outsourced. As a result, the concept of "Knowledge Process Outsourcing" (KPO) is formed. It is continuation of BPO, where a process together with the obtained in-house knowledge and information is outsourced. The objective of KPO is to ensure improvement of process effectiveness, efficiency and cost optimization. Furthermore, anticipation from KPO is to obtain best practices of the industry, consultancy and insights from outsourcing specialists. KPO is used a preferred option when there would be the lack*

de eficiência decorrente da terceirização dos processos, transferência da sua execução para um terceiro, enquanto o último tem um viés notadamente estratégico ao agregar maior valor ao negócio a partir da adição de competências de terceiros dentro da perspectiva do negócio principal da empresa.

Sem a intenção deliberada da precarização das condições de trabalho, no Brasil, e como forma de permitir uma maior competitividade pela especialização das etapas de uma determinada cadeia produtiva, citamos o exemplo das células de produção das montadoras de automóveis instaladas no país, como a Renault em São José dos Pinhais (SP) e a Vollkswagen em Resende (RJ), permitindo a **desverticalização** e **horizontalização** das atividades a partir da idealização da cadeia de suprimentos do setor de autopeças.

Para Paulo Teixeira Manus[102], a visão negativa da terceirização pelos Juízes do Trabalho de um modo geral, deve-se a forma como a mesma foi concebida no setor sucroalcooleiro do interior de São Paulo, que por vezes os boias-frias eram flagrados pela fiscalização do trabalho em condições análogas a de escravo.

A lógica perversa da exigência crescente de produtividade, passando pela terceirização como instrumento à modernização dos negócios em áreas estratégicas da empresa, pode ser sintetizada por meio de um provérbio africano, afixado em fábrica chinesa, por um gerente com formação nos EUA: *"Todos os dias de manhã, na África, o antílope desperta. Ele sabe que terá que correr mais rápido que o mais rápido dos leões, para não ser morto. Todos os dias pela manhã, o leão desperta. Ele sabe que terá de correr mais rápido que o antílope mais lento, para não morrer de fome. Não interessa que bicho você é, se leão ou antílope. Quando amanhecer, é melhor começar a correr"*.

Deverá haver cuidados na política de relacionamento com terceiros, permitindo uma gestão proativa e eficiente, permitindo o alcance de ferramentas que permitam o controle do passivo trabalhista da empresa, identificando as vulnerabilidades, a partir de um sistema adequado de gestão de terceiros.

Inicialmente é possível constatar que a transferência das atividades periféricas em contexto de terceirização, como as atividades de transportes e vendas, consistiam na prestação de serviços fora do ambiente de trabalho e longe do alcance dos sistemas de fiscalização do tomador dos serviços, e na sequência foi possível identificar a própria internalização do procedimento com a retirada da cadeia produtiva do tomador de todas aquelas atividades que de alguma forma não agregavam valores significativos ao resultado final da operação, com a possibilidade do compartilhamento da estrutura física da empresa tomadora com os terceiros, de forma a permitir a redução de custos com estoques e transportes, o que se encaixa perfeitamente na concepção estrutural da indústria automobilística.

Como dito, a terceirização é um fenômeno contemporâneo da globalização e da exigência constante de uma maior produtividade após a crise do petróleo em 1973, que rompe com o modelo fordista hierarquizado e centralizado da linha de produção da 2ª Revolução Industrial, está alinhada com a concepção toyotista que permite uma remodelação no modelo de negócios, a fórmula importada do *outsourcing* está alinhada a uma maior especialização das etapas de produção, permitindo a concentração dos esforços da empresa, no já destacado *core business*, representados pela eliminação de vários níveis hierárquicos, com o repasse de atividades periféricas a outras empresas que notoriamente possuam maior *know-how* em relação a estas mesmas tarefas.

---

of in-house competence, knowledge or high costs related to specialists are prevalent. BPO focuses on process expertise whereas KPO focuses on business expertise (Mirean, 2007).
(102)   Disponível em: <http://m.aasp.org.br/clipping/MobileNoticia.aspx?idnot=23040>. Acesso em: 7.2.2017.

Um exemplo interessante é o da Nike, que para distinguir-se das demais concorrentes, no mercado de artigos esportivos, passou a concentrar-se não mais na manufatura destes mesmos materiais, mas em outras atividades que realmente fossem capazes de assegurar um resultado inovador, como o *design* inovador dos seus produtos, ações de *marketing*, P&D (Pesquisa e Desenvolvimento de novos materiais a serem usados na fabricação dos produtos) etc.

Devemos observar que não é nova a ideia da divisão do trabalho como proposto por Adam Smith, já à época da 1ª Revolução Industrial, uma vez que a **especialização** é concebida pela **fragmentação do próprio processo produtivo**, com a descentralização da unidade econômica empresarial.

4.2. Distinção entre outsourcing e offshoring

Neste contexto, faz-se necessário traçar a **distinção** entre o *outsourcing* e processo do *offshoring* segundo posicionamento de Thomas L. Friedman, um dos principais articulistas do jornal *New York Times*, na sua obra *O mundo é plano: uma breve história do século XXI* (2014, p. 125), consiste no seguinte ponto: "*O offshoring, que existe há décadas, difere da terceirização no seguinte sentido: uma empresa terceiriza determinada função, até então realizada por seus próprios funcionários (pesquisa, por exemplo,* Call Centers, *ou cobrança), quando contrata uma outra empresa para realizar em seu lugar exatamente a mesma função, que é em seguida reintegrada ao conjunto de suas operações como um todo. Já o* offshoring *se dá quando uma empresa pega uma de suas fábricas de Canton, Ohio, e transfere-a inteira para o exterior — para Cantão, na China, por exemplo —, onde produzirá exatamente o mesmo produto, exatamente da mesma maneira, só que com mão de obra mais barata, uma carga tributária menor, energia subsidiada e menos gastos com os planos de saúde dos funcionários*".

Na reportagem especial da revista *The Economist* com o título *Outsourcing and Offshoring: here, there and everywhere* (19th january 2013)[103] foi destacada que a origem do *offshoring* estava centrada na competitividade empresarial de escala global, como subproduto irreversível do próprio processo de globalização, na tentativa de se alcançar custos trabalhistas infinitamente menores daquele reconhecidos entre nações desenvolvidas e em desenvolvimento, uma vez que o *Welfare State* foi uma realidade vivenciada apenas nas primeiras.

Klaus Schwab (2016, p. 46), fundador e *Chairman* do Fórum Econômico Mundial, com uma visão privilegiada dos **impactos das novas tecnologias** sobre o **mercado de trabalho**, traz em sua obra *The Fourth Industrial Revolution* uma análise a respeito do efeito inverso provocado pelas inovações tecnológicas ao tratar do "*reshoring*: "*One Challenging scenario for low-income contries is if the forth industrial revolution leads to significant 're-shoring' of global manufacturing to advanced economies, something very possible if access to low-cost labor no longer drives competitiveness of firms*", ou seja, com as inovações tecnológicas, a exemplo das discussões na Alemanha a respeito da *Industry 4.0*, termo cunhado durante a feira de *Hannover* em 2011, descrevendo a revolução do processo produtivo pela introdução das *smart factories*, criando novos modelos de operação, customizados e flexíveis, acoplados a uma adequada cadeia de suprimentos (*supply chain*), e com a redução dos empregos em números absolutos, deixam de garantir a competitividade dos países periféricos atrelada ao baixo custo de suas legislações sociais.

---

(103) "*The original idea behind offshoring was Western firms with high labour costs could make huge savings by sending work to countries where wages were much lower*" (p. 2).

Esse fenômeno permitiu, ao mesmo tempo, a criação de uma massa de trabalhadores qualificados em países como a China e Índia, que por meio de treinamento passaram a alcançar níveis de produtividade próximos aos do trabalhador americano e europeu, com um salário muito inferior, capaz de induzir competitividade e eficiência, especialmente em relação aos produtos de consumo de baixo valor agregado, que não demandam grandes investimentos em novas tecnologias, hoje, também em risco, diante da disseminação do uso de processos de inteligência artificial.

Ao mesmo tempo, estes processos tiveram um custo político altíssimo, vide as tentativas do Presidente americano Donald Trump de assegurar maiores investimentos nos EUA capazes de fomentar novas e mais abrangentes vagas de trabalho no setor manufatureiro, ainda que as primeiras iniciativas, neste sentido, no início de 2017, sejam passíveis de severas críticas.

De qualquer forma, esse fenômeno propiciou a expansão de uma consistente e abrangente massa de trabalhadores qualificados ao redor do mundo, que por seu turno, passaram a exigir melhores salários para manutenção dos padrões de vida próximos àqueles cultivados entre os países desenvolvidos (*standard of living*), e com efeito inverso, o aumento de salários e custo dos fretes (marítimo, rodoviário e ferroviário), atrelados aos inconvenientes, da perda de eficiência, pela não conectividade entre os centros manufatureiros e os centros de *Research and Development* (*R&D*), passam a evidenciar a existência de um movimento consistente no sentido contrário.

Como efeitos colaterais é possível citar a intensificação dos denominados *Macjobs*, trabalhos por tempo parcial (*jobs part-time*) com salários baixos dissociados da fixação de padrões mínimos capazes de garantir a dignidade do trabalhador (*minimum wage*), vez que é ainda baixo o volume de conexão normativa de um grande contingente de trabalhadores no conceito de economia formal. Contudo, a diferença do custo vem caindo significativamente[104], não havendo mais disposição dos trabalhadores chineses pelas excessivas jornadas de trabalhos repetitivos, da forma como eram estes trabalhadores submetidos no início deste ciclo[105], fatores positivos em relação ao *offshoring*, embora estes mesmos países possam vir a ser substituídos por outros neste mesmo processo, a exemplo do Vietnã e Malásia.

Na obra *The Shift: The future of work is already here*, Lynda Gration, professora da *London Business School* faz diversas observações em relação ao trabalho, como a fragmentação das atividades decorrente da exigência crescente de profissionais flexíveis e multifuncionais, com evidente perda de qualidade uma vez que foco e concentração são indispensáveis ao alcance dos níveis de excelência *"the first shift is your conscious construction of working life is based on mastery"*; aliado ao próprio isolamento dos trabalhadores com superação dos conceitos de escritórios físicos, eis que as ferramentas tecnológicas permitem a prestação de serviço dissociado do elemento espacial, *"the second shift is the realisation that the opposite of fragmentation is not isolation. The challenge is to construct a working life in the future that has both self focus and strong relationship with others"*. Dentro desta mesma perspectiva contemporânea, a autora destaca os novos modelos de negócio, que passa a exigir atividades repetitivas de baixa qualificação, gerando um grande contingente de trabalha-

---

(104) Segundo a reportagem especial: *"When five years later Mr. Coopersmith investigated the difference between the total cost of production in China and America, including the cost of shipping, customs duties and other fees he was amazed to find that California was only about 10% more expensive than China"* (p. 6). E ainda, acrescenta: *"Foxconn Technology Group, a subsidiary on Hon Hai Precision Industries, a Taiwanese firm that does a lot of manufacturing for Apple and other complex in Shenzhen after a series of suicides. It´s labour troubles are still continuing"* (p. 8).
(105) *"Their aspirations are rising and they are less willing to work long hours in boring factory jobs"* (p. 8). *"China in no longer a low cost country"* (p. 9).

dores à margem dos sistemas sociais de proteção, mal remunerados e vinculados a empregos de tempo parcial que não asseguram o mínimo necessário a uma vida digna, não acompanhando a elevação do custo de vida de questões essenciais, como habitação e alimentação, especialmente nos grandes centros urbanos[106].

Certamente, este estado de coisas conjugado com o crescente desemprego estrutural, tem reflexos nos países em desenvolvimentos por meio da maior disposição dos seus cidadãos em engajarem-se em empregados com baixa remuneração[107], e os Sindicatos americanos admitem a queda acentuada das remunerações como forma de manter os níveis de emprego[108], sendo que o processo contrário do *reshoring* está sustentado no movimento nacionalista, a exemplo do Brexit, contrário a própria globalização que sempre beneficiou suas empresas multinacionais, passamos a vivenciar um momento de evidente contrassenso.

4.3. Histórico da terceirização no Brasil

O processo que culmina com a liberação da terceirização da atividade-fim no Brasil tem início com os debates ocorridos no transcorrer da Assembleia Nacional Constituinte de 1987, momento histórico cujo marco regulatório restringia-se ao Enunciado n. 256 do TST[109] diante do vácuo legislativo existente, restringindo as hipóteses de contrato de prestação de serviços a terceiros, àqueles disciplinados nas Leis ns. 6.019/74 e 7.102/83, que tratam respectivamente do contrato temporário e dos serviços de vigilância, respectivamente, hipóteses de terceirização relacionadas a atividade-meio, permitindo à título de penalidade o reconhecimento do vínculo de emprego diretamente com o tomador de serviço. O próprio Deputado Constituinte Augusto Carvalho, representante dos sindicatos dos bancários apresentou o Projeto de Lei n. 1.898/89 no sentido da proibição da terceirização.

Com tinturas neoliberalizantes, o Presidente Fernando Henrique Cardoso (FHC) solicitou ao Ministério do Trabalho e Emprego, que tinha a época como Secretário Executivo Antônio Anastasia[110], a apresentação do Projeto de Lei n. 4.302/98, propondo alterações na Lei do Contrato de Trabalho Temporário, durante as discussões nas Casas do Congresso Nacional, o Ministro Presidente do TST à época, Almir Pazzianotto, defendia a liberação da terceirização da atividade-fim, com a contrapartida da responsabilidade solidária do tomador do serviço.

---

(106) Na referida obra, a autora narra uma série de histórias de vida que retratam os desafios atuais com as realidades vivenciadas no mercado de trabalho, vejamos alguns trechos: "'*By 11.30 Briana is getting ready for the short walk to the local burguer bar where she has part-time job — five afternoons a week. She enjoys the work and likes the crowd she gets to spend time with. By 6.00 the evening shift are coming in and Briana leaves for home. After quick dinner with her family she does what she does many nights — tries to find more permanent work. She spends the next hour surfing the web to see if there are any jobs that might suit her*". "*Frank makes a living now working in a hardware store in Detroit, but it´s long hours an doesn´t really use his skills. As the evening closes Briana sits on the porch to chat with her grandfather. Now aged he would love to work, but like Frank is finding it tough to get work that would interest him*".
(107) "*The workforce is becoming more flexible and productivity continues to rise. High unemployment has brought a willingness to work for lower pay, especially in southern states*" (p. 9).
(108) "*Big Unions in America have sometimes been willing to let wages fall to keep jobs at home*" (p. 9).
(109) Enunciado n. 256 do TST. CONTRATO DE PRESTAÇÃO DE SERVIÇOS. LEGALIDADE. Salvo os casos de trabalho temporário e de serviço de vigilância, previstos nas Leis ns. 6.019, de 3.1.1974, e 7.102, de 20.06.1983, é ilegal a contratação de trabalhadores por empresa interposta, formando-se o vínculo empregatício diretamente com o tomador dos serviços.
(110) O hoje Senador Antônio Anastasia participou da aprovação em plenário, em 11 de julho de 2017, do texto da Reforma Trabalhista no Senado Federal.

Já em 2003, o Presidente Luiz Inácio Lula da Silva (Lula) solicita a retirada da proposição em tramitação no Congresso por meio da mensagem presidencial n. 389/03, por tratar-se de um projeto de iniciativa do Poder Executivo, recusada pela Câmara Federal sob a justificativa de que aquela altura o projeto estaria incorporado à agenda parlamentar do país, possível inconstitucionalidade forma por vício de iniciativa, o objeto da ADI n. 5.735 do Procurador Geral da República Rodrigo Janot[111], que discute outras questões de natureza substantiva diante do princípio da supremacia do texto Constitucional.

A esta altura, e diante da pressão exercida pelo movimento sindical, o Deputado Sandro Mabel apresenta novo projeto de lei a respeito da temática da terceirização, Projeto de Lei n. 4.330/04[112] (PLC n. 30/15 no Senado Federal), contudo, para Gaudêncio Torquato[113], a retomada e aprovação do Projeto anterior, que foi transformado na Lei n. 13.429/17, encontrou cenário econômico favorável a sua aprovação pela derrocada do "Petismo" e articulação das entidades patronais que intencionavam a modernização da legislação trabalhista a mais de 20 (vinte) anos, registrando o protagonismo da FIESP, FEBRABAN e CNI.

No Brasil, diante da completa ausência de regulamentação e pelo fato da terceirização ser identificada como sinônimo de precarização das condições de trabalho, o TST por meio da Súmula n. 331[114] regulamentou a matéria de modo a tornar ilegal a contratação por empresa interposta, formando-se o vínculo de emprego diretamente com o tomador, exceto na hipótese do trabalho temporário (item I) e na hipótese da "contratação de serviços de vigilância (Lei n. 7.102, de 20.6.1983) e de conservação e limpeza, bem como a de **serviços especializados ligados a atividade-meio** do tomador, **desde que inexistente a pessoalidade e a subordinação direta**" (item III), resguardando os direitos do trabalhador ao prever a responsabilidade subsidiária do tomador do serviço (item IV), com base no risco integral da atividade desenvolvida nos termos do art. 2º da CLT, ainda que no contexto do poder público, desde que nesta hipótese tenha sido evidenciada a culpa quanto à fiscalização ineficiente, independentemente do inadimplemento apresentado pela empresa de

---

(111) Por meio do Mandado de Segurança n. 34.711, impetrado pelo Senador da República Randolfe Rodrigues, distribuído ao Ministro Celso de Melo do STF, foram solicitados esclarecimentos ao Presidente da Câmara dos Deputados Rodrigo Maia, a respeito da questão procedimental.
(112) Por meio da tramitação do Projeto de Lei n. 4.330/04, de relatoria do Deputado Sandro Mabel, pretendia-se autorizar a terceirização da atividade-fim, desde que presentes os conceitos dos serviços determinados e específicos (art. 4º), sem o reconhecimento do vínculo de emprego entre os trabalhadores e sócios da empresa de prestação de serviços com a empresa contratante, a tomadora de serviços (art. 2º, § 2º), com a responsabilidade meramente subsidiária desta última (art. 10). Posteriormente, foi convertido no Projeto de Lei n. 30/15, de relatoria do Senador Paulo Paim.
(113) *Site* Migalhas, 11 de julho de 2017, Porandubas n. 523.
(114) **Súmula n. 331. CONTRATO DE PRESTAÇÃO DE SERVIÇOS. LEGALIDADE (nova redação do item IV e inseridos os itens V e VI à redação) — Res. n. 174/2011, DEJT divulgado em 27, 30 e 31.5.2011.**
I — A contratação de trabalhadores por empresa interposta é ilegal, formando-se o vínculo diretamente com o tomador dos serviços, salvo no caso de trabalho temporário (Lei n. 6.019, de 3.1.1974). II — A contratação irregular de trabalhador, mediante empresa interposta, não gera vínculo de emprego com os órgãos da Administração Pública direta, indireta ou fundacional (art. 37, II, da CF/1988). III — Não forma vínculo de emprego com o tomador a contratação de serviços de vigilância (Lei n. 7.102, de 20.6.1983) e de conservação e limpeza, bem como a de serviços especializados ligados à atividade-meio do tomador, desde que inexistente a pessoalidade e a subordinação direta. IV — O inadimplemento das obrigações trabalhistas, por parte do empregador, implica a responsabilidade subsidiária do tomador dos serviços quanto àquelas obrigações, desde que haja participado da relação processual e conste também do título executivo judicial. V — Os entes integrantes da Administração Pública direta e indireta respondem subsidiariamente, nas mesmas condições do item IV, caso evidenciada a sua conduta culposa no cumprimento das obrigações da Lei n. 8.666, de 21.6.1993, especialmente na fiscalização do cumprimento das obrigações contratuais e legais da prestadora de serviço como empregadora. A aludida responsabilidade não decorre de mero inadimplemento das obrigações trabalhistas assumidas pela empresa regularmente contratada. VI — A responsabilidade subsidiária do tomador de serviços abrange todas as verbas decorrentes da condenação referentes ao período da prestação laboral.

prestação dos serviços. A partir destes parâmetros, criou-se no Brasil o conceito de terceirização lícita e ilícita.

Regra geral, a Justiça do Trabalho sempre definiu e limitou a terceirização da seguinte forma: **i) atividade-meio de apoio:** atividade que não agrega valor à produção ou ao negócio do tomador do serviço de forma direta, trata-se de um serviço necessário, mas não essencial (advocacia, refeitório, transporte de funcionário, limpeza e vigilância); **ii) atividade-meio essencial:** serviço ligado operacionalmente ao negócio ou empreendimento, sem os quais a atividade não teria o produto final, fornecimento de insumos, ou alguma das etapas do processo produtivo, a empresa pode optar por produzir itens diretamente, contratar serviços e fornecer a matéria prima, ou adquiri-los no mercado, a exemplo dos componentes da montadora (chassi, pneu, volante etc.); e por fim; **iii) atividade vocacional/atividade-fim:** esta está relacionada diretamente com o negócio, não deveria ser terceirizada, mas sim realizada diretamente pela empresa, consiste no *know-how* que lhe franqueia um diferencial competitivo, sua razão de existir, representados pela: tecnologia, desenvolvimento da marca e montagem.

De qualquer forma, a questão ideológica perfilhada por detrás da discussão parlamentar está destacada na própria exposição de motivos do Projeto de Lei n. 4.330/04 que revela a necessidade premente da reformulação da legislação no Brasil, quanto a este procedimento de **terceirização** de parcela das atividades da empresa, de **forma segmentada e específica**, atendendo os anseios da empresa moderna em um ambiente empresarial de extrema competição, permitindo a reformulação da organização do trabalho, nos moldes até então conhecidos, para que possa estar em consonância com os conceitos modernos de administração e gestão, no que seja pertinente da organização da própria produção. Trata-se de requisito meramente formal, bastando que haja compatibilidade do serviço objeto do contrato de prestação e o objeto social da empresa, norma vazia de conteúdo, uma vez que a lei não explicita qualquer parâmetro para aferir a propalada especialização.

De qualquer forma, a comunidade jurídica foi surpreendida pela aprovação do Projeto de Lei n. 4.302/98, que tratava principalmente do Contrato Temporário, ao invés do propalada novo marco regulatório da terceirização no Brasil convergindo e sintetizado por meio do Projeto de Lei n. 4.330/04, o qual restringia a terceirização às atividades de suporte e secundária, inviabilizada no âmbito do Poder Público[115], e, com responsabilidade solidária do tomador do serviço pelas obrigações trabalhistas e previdenciárias.

4.4. Marco regulatório da terceirização

Para a perfeita compreensão do fenômeno da terceirização, nos utilizando do conceito proposto por Amauri Mascaro Nascimento (2011, p. 236), que registra a inexistência de um conceito legal, mas compreende "a contratação por uma empresa, de terceiro, pessoa física ou jurídica, para desempenhar parte de suas atividades", vislumbrando uma espécie de subcontratação da produção e dos serviços.

---

(115) Muitos sustentam diante do silêncio eloquente da Lei n. 13.429/17 a liberalização da terceirização no âmbito do Poder Público, com a vulneração frontal da regra republicana do concurso público e impessoalidade reflexa, não obstante a exigência prévia do procedimento licitatório na contratação da empresa de intermediação de mão de obra.

```
                    TOMADOR DO SERVIÇO
                           /\
                          /  \
                         /    \
                        /      \
                       /        \
                      / TERCEIRI-\
                     /   ZAÇÃO    \
     EMPRESA DE     /_____\    TRABALHADOR
    PRESTAÇÃO DE
      SERVIÇO
```

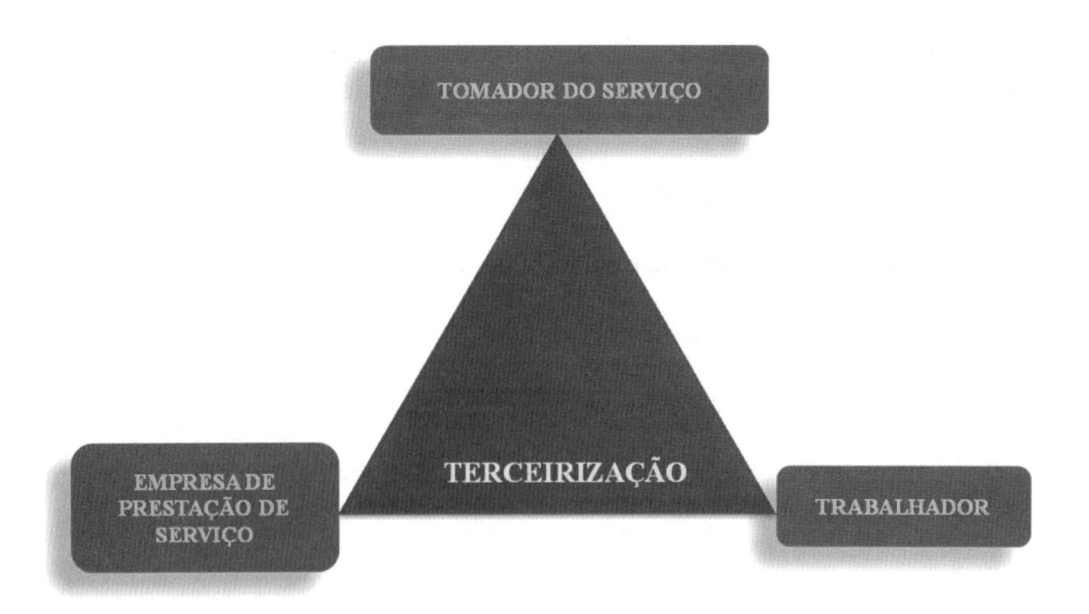

Pela completa ausência de regulamentação no Brasil até o ano de 2017, em que a terceirização passou a ser sinônimo de precarização das condições de trabalho, o TST por meio da **Súmula n. 331** sempre regulamentou a matéria, vindo a ser aprovada a Lei n. 13.429/17 (Projeto de Lei n. 4.302/98), dando nova redação a Lei n. 6.019/74, que passa a tratar da terceirização além do trabalho temporário, vejamos:

i) **Trabalho temporário da Lei n. 6.019/74 (Redação pela Lei n. 13.429/17):** autorização legal para a contratação de trabalho temporário por intermédio de empresa de trabalho temporário, por meio de contrato escrito (art. 9º) especificando os motivos legitimadores da contratação, como a **demanda complementar de serviço** (serviços imprevisíveis, intermitentes, periódicos e sazonais) e **substituição transitória de pessoal permanente** (art. 2º), contrato de natureza temporária que não poderá exceder a 180 dias (art. 10, *caput*), prorrogável por mais 90 dias nos termos do § 1º. Até então, única hipótese admitida de terceirização da atividade-fim (item I, da Súmula n. 331 do TST);

Art. 2º **Trabalho temporário** é aquele **prestado por pessoa física** contratada por uma empresa de trabalho temporário que a coloca à disposição de uma empresa tomadora de serviços, para **atender à necessidade de substituição transitória de pessoal permanente** ou à **demanda complementar de serviços**.

[...]

§ 2º Considera-se **complementar a demanda de serviços** que seja oriunda de **fatores imprevisíveis** ou, quando decorrente de **previsíveis, tenha natureza intermitente, periódica ou sazonal**.

Art. 9º O **contrato entre a empresa de trabalho temporário e a empresa tomadora de serviço** ou cliente deverá ser **obrigatoriamente escrito** e dele deverá **constar expressamente o motivo justificador da demanda** de trabalho temporário, assim como as modalidades de remuneração da prestação de serviço.

Art. 9º O **contrato celebrado pela empresa de trabalho temporário e a tomadora de serviços** será por **escrito**, ficará à disposição da autoridade fiscalizadora no estabelecimento da tomadora de serviços e conterá:

I — qualificação das partes;

II — motivo justificador da demanda de trabalho temporário;

III — prazo da prestação de serviços;

IV — valor da prestação de serviços;

V — disposições sobre a segurança e a saúde do trabalhador, independentemente do local de realização do trabalho.

[...]

§ 3º O contrato de trabalho temporário pode versar sobre o desenvolvimento de **atividades-meio e atividades-fim** a serem **executadas na empresa tomadora de serviços**.

Art. 10. Qualquer que seja o ramo da empresa tomadora de serviços, **não existe vínculo de emprego entre ela e os trabalhadores contratados pelas empresas de trabalho temporário**.

§ 1º O contrato de trabalho temporário, **com relação ao mesmo empregador, não poderá exceder ao prazo de cento e oitenta dias**, consecutivos ou não.

§ 2º O contrato poderá ser **prorrogado por até noventa dias**, consecutivos ou não, além do prazo estabelecido no § 1º deste artigo, quando **comprovada a manutenção das condições que o ensejaram**.

> **Qual o entendimento do TST sobre o assunto? OJ n. 383 da SDI-1 do TST. TERCEIRIZAÇÃO. EMPREGADOS DA EMPRESA PRESTADORA DE SERVIÇOS E DA TOMADORA. ISONOMIA. ART. 12, "A", DA LEI N. 6.019, DE 3.1.1974.** A contratação irregular de trabalhador, mediante empresa interposta, não gera vínculo de emprego com ente da Administração Pública, não afastando, contudo, pelo princípio da isonomia, o direito dos empregados terceirizados às mesmas verbas trabalhistas legais e normativas asseguradas àqueles contratados pelo tomador dos serviços, desde que presente a igualdade de funções. Aplicação analógica do art. 12, "a", da Lei n. 6.019, de 3.1.1974.

§ 3º O prazo previsto neste artigo poderá ser alterado mediante acordo ou convenção coletiva.

> ➢ **Súmula n. 8, do TRT da 8ª Região: ISONOMIA SALARIAL ENTRE EMPREGADO DE EMPRESA TERCEIRIZADA E OS INTEGRANTES DA CATEGORIA PROFISSIONAL DA TOMADORA DOS SERVIÇOS. EMPRESAS PÚBLICAS**

OU SOCIEDADE DE ECONOMIA MISTA. A contratação irregular de trabalhador, mediante empresa interposta, não gera vínculo de emprego com a empresa pública ou sociedade de economia mista, porém a impossibilidade de se formar a relação empregatícia não afasta o direito do trabalhador terceirizado às mesmas verbas trabalhistas legais e normativas asseguradas ao empregado que cumpre função idêntica nas tomadoras.

> TJP N. 3 do TRT da 18ª Região: **TERCEIRIZAÇÃO. ISONOMIA SALARIAL. IGUALDADE DE FUNÇÕES.** A igualdade de funções para fins de reconhecimento da isonomia salarial, nos casos de terceirização, não pressupõe o exercício de todas as atribuições dentre as inúmeras que compõem as atividades próprias do cargo, bastando que estejam nestas inseridas.

ii) Terceirização de serviços determinados e específicos: com a nova redação do art. 4º-A e seguintes da Lei n. 6.019/74, pela Lei n. 13.429/17, foi supostamente autorizada a terceirização da atividade-fim no Brasil desde que relacionada aos **serviços determinados** e **específicos** previstos em contrato escrito, com a vedação expressa do desvio de função daqueles empregados terceirizados, uma vez que suas atividades restringir-se-ão aquelas discriminadas no contrato em questão, observada, inclusive, a especialidade da empresa prestadora do serviço. Para o relator da matéria na Câmara, para o cumprimento do requisito da especialização é suficiente *"foco da empresa contratada"* em determinado segmento da atividade econômica explorada, sem a necessidade efetiva que contratação de pessoal técnico reconhecido pela profissão regulamentada, ou seja, basta o objeto social único, empresa devidamente constituída com o intuito da prestação de um determinado tipo de serviço. A exigência de capital social mínimo das empresas de intermediação de mão de obra consiste em um pretenso obstáculo a disseminação da **"pejotização"** no Brasil.

Art. 4º-A **Empresa prestadora de serviços a terceiros** é a pessoa jurídica de direito privado destinada a **prestar à contratante serviços determinados e específicos**.

§ 1º A empresa prestadora de serviços contrata, remunera e dirige o trabalho realizado por seus trabalhadores, ou **subcontrata outras empresas para realização desses serviços**. (Quarteirização)

§ 2º Não se configura vínculo empregatício entre os trabalhadores, ou sócios das empresas prestadoras de serviços, qualquer que seja o seu ramo, e a empresa contratante.

Art. 5º-A Contratante é a pessoa física ou jurídica que celebra contrato com empresa de **prestação de serviços determinados e específicos**.

§ 1º É **vedada** à **contratante** a **utilização dos trabalhadores em atividades distintas daquelas que foram objeto do contrato** com a empresa prestadora de serviços.

§ 2º Os serviços contratados poderão ser executados nas instalações físicas da empresa contratante ou em outro local, de comum acordo entre as partes.

[...]

Art. 5º-B O **contrato de prestação de serviços** conterá:

I — qualificação das partes;

II — **especificação do serviço a ser prestado**;

III — prazo para realização do serviço, quando for o caso;

IV — valor.

Obs.: Ilicitude da terceirização da atividade-fim: antes da inserção do art. 4º-A e seguintes da Lei n. 6.019/74, pela Lei n. 13.429/17, a Súmula n. 331 do TST autoriza apenas a terceirização de atividade especializada relacionada com a **atividade-meio** do tomador do serviço (limpeza, vigilância e conservação), sem a existência de pessoalidade ou subordinação, na hipótese de terceirização da atividade-fim admite-se o reconhecimento do vínculo de emprego diretamente com o tomador do serviço (item III);

➢ SÚMULA n. 49 TRT da 3ª Região: TERCEIRIZAÇÃO DE SERVIÇO DE *TELEMARKETING*. INSTITUIÇÃO BANCÁRIA. ILICITUDE. RESPONSABILIDADE. I — O serviço de *telemarketing* prestado por empresa interposta configura terceirização ilícita, pois se insere na atividade-fim de instituição bancária (art. 17 da Lei n. 4.595/64). II — Reconhecida a nulidade do contrato de trabalho firmado com a prestadora de serviços (arts. 9º da CLT e 942 do CC), forma-se o vínculo de emprego diretamente com o tomador, pessoa jurídica de direito privado, que responde pela quitação das verbas legais e normativas asseguradas aos seus empregados, com responsabilidade solidária da empresa prestadora.

➢ TJP n. 5 do TRT da 3ª Região: CONCESSIONÁRIA DE ENERGIA ELÉTRICA. INSTALAÇÃO E REPARAÇÃO DE REDES, CABOS, LINHAS ELÉTRICAS E OUTRAS ATIVIDADES AFINS. ATIVIDADE-FIM. TERCEIRIZAÇÃO ILÍCITA. RESPONSABILIDADE. I — É ilícita a terceirização de serviços de instalação e reparação de redes, cabos e linhas elétricas, o que inclui a ligação e a religação na unidade consumidora, instalação, reforço, reparo ou manutenção de ramais, alimentadores, transformadores, postes, equipamentos de segurança e cabos, pois constituem atividade-fim ao desenvolvimento das empresas distribuidoras de energia. Diante da nulidade do contrato de trabalho firmado com a prestadora de serviços, pessoa jurídica de direito privado, forma-se o vínculo de emprego diretamente com a tomadora, responsável solidária pelo pagamento das verbas trabalhistas devidas ao empregado. Inaplicável, nessa hipótese, o § 1º do art. 25 da Lei n. 8.987/95. II — O óbice ao reconhecimento de vínculo empregatício com a tomadora de serviços integrante da Administração Pública Indireta (inciso II e § 2º do art. 37 da CR/88) não a isenta de, com base no princípio constitucional da isonomia, responder subsidiariamente pelos direitos assegurados aos empregados da empresa prestadora, por força da aplicação da OJ n. 383 da SBDI — I do C. TST e ante a configuração de sua conduta ilícita. Inteligência do art. 927 do Código Civil, da OJ n. 383 da SBDI — I e do item IV da Súmula n. 331, ambos do TST.

➢ SÚMULA N. 18 TRT da 6ª Região: EMPRESA DE TELECOMUNICAÇÃO. *CALL CENTER*. ATIVIDADE-FIM. TERCEIRIZAÇÃO. ILICITUDE. A contratação de empregados por meio de empresa interposta, para prestação de serviços de *Call*

Center, promovida por empresa de telecomunicação, é ilícita, por envolver atividade-fim e de caráter permanente, formando-se o contrato de trabalho diretamente com a contratante. Inaplicável à espécie a regra inserta no art. 94, inciso II, da Lei n. 9.472/97, que autoriza a terceirização, apenas, nas atividades inerentes, acessórias ou complementares à finalidade do empreendimento econômico.

> ➢ **Enunciado n. 10 da 1ª Jornada de Direito do Trabalho. TERCEIRIZAÇÃO. LIMITES. RESPONSABILIDADE SOLIDÁRIA. A terceirização somente será admitida na prestação de serviços especializados, de caráter transitório, desvinculados das necessidades permanentes da empresa, mantendo-se, de todo modo, a responsabilidade solidária entre as empresas.**

Art. 942 do CC. Os **bens do responsável pela ofensa ou violação do direito** de outrem ficam **sujeitos à reparação do dano causado**; e, se a ofensa tiver mais de um autor, todos responderão solidariamente pela reparação.

iii) Responsabilidade subsidiária: o tomador de serviço no contexto de terceirização regular será responsável subsidiário pelos eventuais créditos trabalhistas, em cenário de contratação regular, desde que participe do título executivo judicial (previsão do item IV, da Súmula n. 331 do TST), por força dos arts. 4º-A e seguintes da Lei n. 6.019/74, nova redação pela Lei n. 13.429/17, que prevê no § 5º: "*A empresa contratante é subsidiariamente responsável pelas por obrigações trabalhistas referentes ao período em que ocorrer a prestação de serviços, e o recolhimento das contribuições previdenciárias observará o disposto no art. 31 da Lei n. 8.212, de 24 de julho de 1991.*", devendo observar a regra de retenção das contribuições sociais nos termos do art. 31 da Lei n. 8.212/91, vejamos: "*Art. 31. A empresa contratante de serviços executados mediante cessão de mão de obra, inclusive em regime de trabalho temporário, deverá reter 11% (onze por cento) do valor bruto da nota fiscal ou fatura de prestação de serviços e recolher, em nome da empresa cedente da mão de obra, a importância retida até o dia 20 (vinte) do mês subsequente ao da emissão da respectiva nota fiscal ou fatura, ou até o dia útil imediatamente anterior se não houver expediente bancário naquele dia, observado o disposto no § 5º do art. 33 desta Lei*". A responsabilidade subsidiária do tomador do serviço decorre do próprio art. 2º da CLT, uma vez que o mesmo não pode se eximir ou repassar a terceiro o risco da atividade que lhe é inerente, ainda que tenha feito a opção por terceirizar parcela de suas atividades empresariais, com a finalidade de alcançar maior produtividade e eficiência econômica.

Qual o entendimento do STF sobre o assunto? RE n. 760.931 do STF. 30.3.2017. O Supremo Tribunal Federal confirma o entendimento do item V da Súmula n. 331 do TST, a responsabilidade subsidiária do Poder Público no contexto da terceirização não decorre do mero inadimplemento da empresa de prestação de serviço, inclusive no âmbito da concessão de serviço público, deve restar caracterizada a omissão pela fiscalização ineficiente, reafirmando o entendimento da ADC n. 16, que trata da constitucionalidade do art. 71, da Lei n. 8.666/93, não há que se falar em culpa *in eligendo* por força da sistemática do processo licitatório, mas persiste a culpa *in vigilando*, afastando qualquer tipo de responsabilidade objetiva, neste sentido.

Não obstante a constitucionalidade do art. 71 da Lei n. 8.666/93, a responsabilidade do poder público pelos serviços prestados decorre fiscalização deficiente, reconhecimento da culpa na modalidade? *in vigilando* e *in eligendo*.

Art. 71. O **contratado é responsável pelos encargos trabalhistas**, previdenciários, fiscais e comerciais resultantes da execução do contrato.

§ 1º A **inadimplência do contratado**, com referência aos **encargos trabalhistas**, fiscais e comerciais **não transfere à Administração Pública a responsabilidade por seu pagamento**, nem poderá onerar o objeto do contrato ou restringir a regularização e o uso das obras e edificações, inclusive perante o Registro de Imóveis.

§ 2º A **Administração Pública responde solidariamente** com o contratado pelos **encargos previdenciários resultantes da execução do contrato**, nos termos do art. 31 da Lei n. 8.212, de 24 de julho de 1991.

> **SÚMULA N. 16 do TRT da 11ª Região: RESPONSABILIDADE SUBSIDIÁRIA DA ADMINISTRAÇÃO PÚBLICA. CULPA *IN VIGILANDO*. A constitucionalidade do art. 71, § 1º, da Lei n. 8.666/93, declarada pelo STF na ADC n. 16, não obsta o reconhecimento da responsabilidade de ente público quando este não comprova o cumprimento de seu dever de fiscalização do prestador de serviços.**

> **Súmula n. 37 do TST da 13ª Região: ADMINISTRAÇÃO PÚBLICA. PRINCÍPIO DA APTIDÃO PARA A PROVA. CONTRATO DE PRESTAÇÃO DE SERVIÇOS. EMPRESAS TERCEIRIZADAS. OBRIGAÇÕES TRABALHISTAS E FISCAIS. DEVER DE FISCALIZAÇÃO. ÔNUS DA PROVA DO ENTE PÚBLICO.** Compete à Administração Pública, por força do princípio da aptidão para prova, o ônus de comprovar a efetiva fiscalização quanto ao cumprimento das obrigações trabalhistas e fiscais por parte das empresas terceirizadas por ela contratada.

> **TJP n. 1 do TRT da 13ª Região: TERCEIRIZAÇÃO. RESPONSABILIDADE DO ENTE PÚBLICO. FALHA NO DEVER DE FISCALIZAR. SÚMULA N. 331 DO TST.** Revelando o litígio que houve falha do ente público na gestão do contrato firmado, na medida em que não cuidou de fiscalizar, com a necessária vigilância, o cumprimento das obrigações trabalhistas relativas aos serviços de que era beneficiário, deverá responder subsidiariamente pelos débitos trabalhistas decorrentes.

Qual o entendimento do STF sobre o assunto? RE n. 760.931. Com o placar de 5 x 5 a STF aguarda o Voto do Ministro Alexandre de Morais para decidir a respeito da responsabilidade da Administração Pública pelos débitos dos direitos trabalhistas no âmbito da terceirização.

Qual o entendimento do TST sobre o assunto? Súmula n. 331 do TST. CONTRATO DE PRESTAÇÃO DE SERVIÇOS. LEGALIDADE. I — A contratação de trabalhadores por empresa interposta é ilegal, formando-se o vínculo diretamente com o tomador dos serviços, salvo no caso de trabalho temporário (Lei

n. 6.019, de 3.1.1974). II — A contratação irregular de trabalhador, mediante empresa interposta, não gera vínculo de emprego com os órgãos da Administração Pública direta, indireta ou fundacional (art. 37, II, da CF/1988). III — Não forma vínculo de emprego com o tomador a contratação de serviços de vigilância (Lei n. 7.102, de 20.6.1983) e de conservação e limpeza, bem como a de serviços especializados ligados à atividade-meio do tomador, desde que inexistente a pessoalidade e a subordinação direta. IV — O inadimplemento das obrigações trabalhistas, por parte do empregador, implica a responsabilidade subsidiária do tomador dos serviços quanto àquelas obrigações, desde que haja participado da relação processual e conste também do título executivo judicial. V — Os entes integrantes da Administração Pública direta e indireta respondem subsidiariamente, nas mesmas condições do item IV, caso evidenciada a sua conduta culposa no cumprimento das obrigações da Lei n. 8.666, de 21.6.1993, especialmente na fiscalização do cumprimento das obrigações contratuais e legais da prestadora de serviço como empregadora. A aludida responsabilidade não decorre de mero inadimplemento das obrigações trabalhistas assumidas pela empresa regularmente contratada. VI — A responsabilidade subsidiária do tomador de serviços abrange todas as verbas decorrentes da condenação referentes ao período da prestação laboral da terceirização.

4.5. Liberação da atividade-fim?

Como no Brasil, a doutrina e jurisprudência sempre debateram a respeito dos contornos da atividade-meio e atividade-fim, o que não é muito simples diante dos métodos avançados de organização empresarial, é necessária trazer alguns argumentos que possam identificar com uma mínima exatidão cada uma destas situações jurídicas, bem como indagar se a mesma foi efetivamente autorizada com a promulgação da Lei n. 13.429/17.

Diante da perspectiva, ou por meio da dinâmica do próprio processo produtivo a **atividade-meio** deve ser identificada como toda aquela que não seja indispensável à obtenção do resultado esperado, do produto ou serviço almejado, conceito ultrapassado diante da liberação da terceirização da atividade-fim no Brasil.

Devemos destacar, até então, a inexistência de um marco legal que venha autorizar a terceirização da atividade-fim da empresa, ou ainda de delinear os limites objetivos da sua distinção com a atividade-meio, o que sempre foi considerado como fonte inesgotável de insegurança jurídica, considerando a possibilidade do tomador do serviço vir a ser condenado em danos morais coletivos, ressaltando por oportuno a decisão do Tribunal Regional do Trabalho da 15ª Região, exarada na Ação Civil Pública n. 01161.2006.003.14.00-7, firmando entendimento no sentido de que o mero descumprimento da legislação trabalhista pelo empregador não gera por si só dano moral coletivo, deve ser considerado de igual forma: má-fé do empregador, gravidade do ato ilícito, repercussão na coletividade e reiteração do ato.

Na reportagem especial da revista *The Economist*, com o título *Outsourcing and Offshoring: here, there and everywhere* (19th january 2013), é possível identificar a necessidade de alteração de alguns aspectos para efeito da definição do próprio conceito interno do *core business* para efeito de manter algumas atividades internas que agregam efetivamente valor a empresa, permitindo a preservação de sua eficiência e competitividade, adaptações que devem ser feitas ao longo do tempo, a partir de uma nova percepção a respeito do modelo de negócio[116], demonstrando a própria imprecisão do que possa a vir a ser considerado como atividade-fim de uma empresa, conceito relativo que talvez deva passar ao largo da normatização pela sua própria relativização.

Interessante o conceito de atividade-fim, analisada pela perspectiva, da atividade da agroindústria da cana-de-açúcar na ACP n. 0000994-89.2013.5.15.0079, pelo Juiz José Antônio Ribeiro de Oliveira Silva da 6ª Vara do Trabalho de Ribeirão Preto, para quem: "Destarte, ainda que interessante o engenhoso método de dissociar atividade principal de atividades secundárias, empreendido pela ré em sua defesa, no caso concreto essa distinção não se aplica. É dizer, dadas as peculiaridades do processo produtivo de açúcar e álcool, não há como dissociar as atividades de plantio, colheita, carregamento e inclusive transporte da cana-de-açúcar, da atividade de fabricação dos produtos industrializados. Com efeito, a primeira **noção conceitual** de **"empresa"** provém da **teoria econômica**, sendo maciça a corrente doutrinária de referida ciência que assevera tratar-se da **entidade responsável por organizar os fatores de produção (grosso modo, capital, trabalho ou mão de obra e tecnologia) com o desiderato de realizar uma atividade produtiva ou econômica. Não se concebe, portanto, a empresa como unidade gestora de um ou somente parte dos fatores de produção (em suma, capital, trabalho e tecnologia), pois o processo produtivo não se completa, não se alcançam os fins de produção, distribuição e consumo de bens e serviços se tão somente empregarmos somente um ou uma parte dos fatores de produção.** Por conseguinte, empresa só pode ser como tal considerada se tiver atuação íntegra, unitária, ou seja, responsabilizar-se pela integralidade do processo produtivo, controlando de alguma forma todos os fatores de produção. [...] Ninguém seria contra a terceirização ou a simples contratação de pessoa ou empresa interposta se a intenção da contratante fosse única e singelamente transferir parte de seu processo produtivo a terceiros mais especializados, como falaciosamente, *data venia*, pregam os que defendem a terceirização".

Como contraponto a todos os estratagemas empresariais no sentido de atenuar a distinção entre atividade-meio e atividade-fim, com intuito fraudulento de afastar a responsabilização trabalhista, subvertendo por meios abusivos, na acepção jurídica, a finalidade social presente na legislação protetiva, a doutrina e jurisprudência passaram a admitir a hipótese da subordinação estrutural, que perde força diante da liberalização da terceirização da atividade-fim, ou poderá ser revitalizada nas hipóteses e situações de flagrante abusividade, atenuando o rigor normativo, ou sua desconexão com os fatos sociais envolvidos, e certamente, como fortalecimento do próprio princípio da primazia da realidade.

A **responsabilidade estrutural** permite o reconhecimento do vínculo de emprego diretamente com a empresa responsável por **todas as etapas da atividade econômica, vinculadas ou inseridas de forma permanente e integrativa a atividade principal do tomador do serviço**, que gera a necessidade da contratação das demais empresas de prestação de serviço, o que perde força com a autorização legal da terceirização da atividade-fim, a tese tem lastro na própria subordinação objetiva, em que a intensidade das ordens recebidas pelo empregado perde força diante da concepção da integração da sua prestação de serviço nos fins da empresa.

---

(116) *"There has been widespread disappointment with outsourcing information technology and the routine back-office tasks that used to be considered peripheral to a company's profit, such as data management are non seen as essential, so they are less likely to be entrusted to a third-party supplier thousand of miles away"* (p. 3).

> **Qual o entendimento do TRT da 3ª Região sobre o assunto?** *Leading case* — **Processo n. RO 00059-2007-011-03-00-0.** Nova corrente que propõe a **concepção estruturalista da subordinação**, vista pela perspectiva objetiva e não meramente subjetiva, considerando como empregado todo aquele que esteja inserido na dinâmica econômica do tomador do serviço, introduzindo os conceitos de colaboração e integração permanente, gerando o reconhecimento do vínculo, independentemente de subordinação direta e licitude da terceirização.

Art. 4º-A **Empresa prestadora de serviços a terceiros** é a pessoa jurídica de direito privado destinada a **prestar à contratante serviços determinados e específicos**.

[...]

§ 2º Não se configura vínculo empregatício entre os trabalhadores, ou sócios das empresas prestadoras de serviços, qualquer que seja o seu ramo, e a empresa contratante.

Mauricio Godinho Delgado (2014, p. 305) traça um paralelo entre a dimensão clássica da subordinação, que enaltece o aspecto meramente subjetivo, com a pretensa **objetivação** desta mesma **subordinação**, e conforme já debatido, a distinção estaria na *"intensidade das ordens do tomador de serviços"*, ou mesmo, na *"integração do trabalhador nos fins e objetivos do empreendimento do tomador dos serviços"*, razão pela qual formula concepção da subordinação estrutural na hipótese de captar no campo da discricionariedade normativa a criação de uma realidade artificial com a única intenção de fraudar a proteção decorrente da aplicação do modelo de normatização justrabalhista. A inserção do trabalhador na dinâmica do tomador de seus serviços, independentemente de receber (ou não) suas ordens diretas, mas acolhendo, estruturalmente, sua dinâmica de organização e funcionamento, em uma dimensão própria da subordinação, não importa que o trabalhador se harmonize (ou não) aos objetivos do empreendimento, nem que receba ordens diretas das específicas chefias deste, o fundamental é que esteja estruturalmente vinculado à dinâmica operativa da atividade do tomador de serviços. O trabalhador pode realizar tanto atividade-meio como atividade-fim do tomador de serviços, será, porém, subordinado caso se ajuste, estruturalmente, ao sistema organizacional e operativo da entidade tomador de serviços, absorvendo sua cultura e sua lógica empresarial durante o ciclo de prestação de seu labor e, na medida dessa aculturação, seu poder direcionador e dirigente.

Devemos observar que não é nova a ideia da divisão do trabalho proposta por Adam Smith à época da 1ª Revolução Industrial, ganhos de eficiência com a especialização decorrente da fragmentação do próprio processo produtivo, descentralização da unidade econômica empresarial.

Na própria petição inicial da ADI n. 5.735 de autoria da PGR, questionando a inconstitucionalidade material da Lei n. 13.429/17 que supostamente autoriza a terceirização da atividade-fim no Brasil, o Procurador Geral da República Rodrigo Janot questiona a própria interpretação sistemática dos arts. 4º-A e 5º-A que apenas admite a contratação de *"serviços determinados e específicos"*, positivação que não permite a conclusão de que a nova legislação aboliu os limites à terceirização, permitindo a ampla subcontratação dos serviços empresariais, norma polissêmica decorrente da predileção a um termo vago, que no mínimo passa a exigir uma interpretação conforme a Constituição.

Mesmo porque, ao disciplinar o trabalho temporário de forma específica no art. 9º, § 3º, expressamente autoriza *"desenvolvimento de atividade-meio e atividade-fim"* da empresa tomadora do serviço, interpretação sistemática que sugere soluções distintas para cada uma das situações jurídicas com dinâmica própria, tanto que esta possibilidade já constava da construção jurisprudencial do item I da Súmula n. 331 do TST, distinção da locação de serviço submetida ao poder diretivo do tomador do serviço no trabalho temporário, com o objeto da terceirização propriamente dito, revelado pela prestação de serviço a empresa interposta com a possibilidade de transposição do resultado útil, via objeto do contrato de prestação de serviço, ao tomador do serviço contratante.

Desta forma, há dúvidas reais de que a Lei n. 13.429/17 tenha efetivamente autorizado a terceirização da atividade-fim de forma deliberada, motivo pelo qual esta matéria foi retomada por meio do substitutivo apresentado pelo Deputado Rogério Marinho ao Projeto de Lei n. 6.787/16 que trata da Reforma Trabalhista, o que será abordado em tópico próprio.

4.6. Princípio da livre-iniciativa e a posição do STF

A questão da liberalização da terceirização da atividade-fim não se encerra com a promulgação da Lei n. 13.429/17, ou mesmo, com a sanção Presidencial da Reforma Trabalhista, uma vez que os requisitos formais exigidos pela nova lei não foram observado nas situações jurídicas constituídas, ou seja, como fato gerador anterior a sua entrada em vigor, ficando em aberto a questão relativa irretroatividade dos efeitos da lei nova, diante da aplicação do art. 5º, XXXVI, da CF c/c art. 6º da LINDB, já que o texto da Súmula n. 331 do TST era claro quanto a sua vedação.

Devemos registrar que a possibilidade da terceirização da atividade-fim, antes da vigência do novo marco regulatório, encontra-se *sub judice* no STF, por meio do ARE n. 713.211 de relatoria do Ministro Luiz Fux, e ADPF n. 324 de relatoria do Ministro Luiz Roberto Barroso, atacando a validade da Súmula n. 331 do TST, para o Ex-Ministro do TST Paulo Teixeira Manus[117] há uma expectativa de decisão no STF que acabe com a restrição da terceirização apenas da atividade-meio, mesmo porque por meio de decisão cautelar do Ministro Dias Toffoli na Reclamação n. 11.275, foi suspensa decisão do TRT da 14ª Região[118] que declarou a inconstitucionalidade do art. 25,

---

(117) Disponível em: <http://www.conjur.com.br/2016-nov-10/stf-adia-julgamento-constitucionalidade-terceirizacao>. Acesso em: 7.2.2017.
(118) Posição majoritária nos Tribunais Regionais do Trabalho: Súmula n. 49 do TRT da 3ª Região: "TERCEIRIZAÇÃO DE SERVIÇO DE *TELEMARKETING*. INSTITUIÇÃO BANCÁRIA. ILICITUDE. RESPONSABILIDADE. I — O serviço de *telemarketing* prestado por empresa interposta configura terceirização ilícita, pois se insere na atividade-fim de instituição bancária (art. 17 da Lei n. 4.595/64).
II — Reconhecida a nulidade do contrato de trabalho firmado com a prestadora de serviços (arts. 9º da CLT e 942 do CC), forma-se o vínculo de emprego diretamente com o tomador, pessoa jurídica de direito privado, que responde pela quitação das verbas legais e normativas asseguradas aos seus empregados, com responsabilidade solidária da empresa prestadora. III — A terceirização dos serviços de *telemarketing* não gera vínculo empregatício com instituição bancária pertencente à Administração Pública Indireta, por força do disposto no art. 37, inciso II e § 2º, da Constituição Federal, remanescendo, contudo, sua responsabilidade subsidiária pela quitação das verbas legais e normativas asseguradas aos empregados da tomadora, integrantes da categoria dos bancários, em respeito ao princípio da isonomia"; TJP n. 5 do TRT da 3ª Região: "CONCESSIONÁRIA DE ENERGIA ELÉTRICA. INSTALAÇÃO E REPARAÇÃO DE REDES, CABOS, LINHAS ELÉTRICAS E OUTRAS ATIVIDADES AFINS. ATIVIDADE-FIM. TERCEIRIZAÇÃO ILÍCITA. RESPONSABILIDADE. I — É ilícita a terceirização de serviços de instalação e reparação de redes, cabos e linhas elétricas, o que inclui a ligação e a religação na unidade consumidora, instalação, reforço, reparo ou manutenção de ramais, alimentadores, transformadores, postes, equipamentos de segurança e cabos, pois constituem atividade-fim ao desenvolvimento das empresas distribuidoras de energia. Diante da nulidade do contrato de trabalho firmado com a prestadora de serviços, pessoa jurídica de direito privado, forma-se o vínculo de emprego diretamente com a tomadora, responsável solidária pelo pagamento das verbas trabalhistas devidas ao empregado. Inaplicável, nessa hipótese, o § 1º do art. 25 da Lei n.

§ 1º, da Lei n. 8.987/95 que permite a terceirização de *atividade inerente* no âmbito da concessão de serviço público, devendo nas palavras do Regional, ser observadas as mesmas regras do regime de direito privado, pela violação da cláusula da reserva de plenário do art. 97 da CF (Súmula Vinculante n. 10 do STF).

> **Qual o entendimento do STF sobre o assunto? ARE n. 713.211 — Relator Ministro Luiz Fux — repercussão geral.** Discute-se a legalidade da terceirização da atividade--fim, sob o fundamento da livre-iniciativa (art. 170 da CF), princípio da legalidade, segundo o qual ninguém é obrigado a fazer ou deixar de fazer algo sem previsão legal (art. 5º, II, da CF), o contrato de prestação de serviços poderá a abranger toda e qualquer atividade lícita (art. 104, II, c/c art. 594 do CC), e com a promulgação do Projeto de Lei n. 4.302/98 em 2017, não haveria propriamente a perda do objeto da ação, diante da necessidade de ser esclarecidas as questões de direito intertemporal pela irretroatividade da lei nova, que autoriza a terceirização da atividade-fim.

Discute-se a legalidade da terceirização da atividade-fim, sob o fundamento da livre-iniciativa (art. 170 da CF), princípio da legalidade, segundo o qual ninguém é obrigado a fazer ou deixar de fazer algo sem previsão legal (art. 5º, II, da CF), o contrato de prestação de serviços poderá a abranger toda e qualquer atividade lícita (art. 104, II c/c art. 594 do CC).

Ao restringir as hipóteses de terceirização em relação à atividade-fim do tomador do serviço, estar-se-á por interferir no direito fundamental da livre-iniciativa, na liberdade de contratar do art. 5º, II, da CF, uma vez que é capaz de esvaziar a liberdade do empreendedor de organizar sua atividade empresarial de forma lícita e da maneira que entenda ser a mais eficiente.

Contudo, vale o alerta feito pelo próprio Daniel Sarmento (2009, p. 209) a respeito da construção da eficácia horizontal dos direitos fundamentais, não sendo correta a **solução simplista de transplantar o particular para a posição de sujeito passivo dos direitos fundamentais**, equiparando o seu regime jurídico ao dos Poderes Públicos, pois o indivíduo diversamente do Estado também é titular de direitos fundamentais, e está investido pela própria constituição em um **poder de autodeterminação** dos seus interesses privados.

Em princípio, não há qualquer ilegalidade na prática da terceirização, especialmente, diante do próprio conteúdo do princípio da legalidade previsto no art. 5º, II, da CF, segundo o qual na seara privada *"ninguém será obrigado a fazer ou deixar de fazer alguma coisa senão em virtude de lei"*, a próprio princípio fundamental da livre-iniciativa assegura como direito igualmente fundamental

---

8.987/95. II — O óbice ao reconhecimento de vínculo empregatício com a tomadora de serviços integrante da Administração Pública Indireta (inciso II e § 2º do art. 37 da CR/88) não a isenta de, com base no princípio constitucional da isonomia, responder subsidiariamente pelos direitos assegurados aos empregados da empresa prestadora, por força da aplicação da OJ n. 383 da SBDI — I do C. TST e ante a configuração de sua conduta ilícita. Inteligência do art. 927 do Código Civil, da OJ n. 383 da SBDI — I e do item IV da Súmula n. 331, ambos do TST"; Súmula n. 18 do TRT da 6ª Região: **"EMPRESA DE TELECOMUNICAÇÃO. *CALL CENTER*. ATIVIDADE-FIM. TERCEIRIZAÇÃO. ILICITUDE.** A contratação de empregados por meio de empresa interposta, para prestação de serviços de *Call Center*, promovida por empresa de telecomunicação, é ilícita, por envolver atividade-fim e de caráter permanente, formando-se o contrato de trabalho diretamente com a contratante. Inaplicável à espécie a regra inserta no art. 94, inciso II, da Lei n. 9.472/97, que autoriza a terceirização, apenas, nas atividades inerentes, acessórias ou complementares à finalidade do empreendimento econômico".

a autodeterminação dos agentes privado no mercado de bens e serviços (autonomia da vontade), e o art. 594 do CC admite a contratação de qualquer *"espécie de serviço ou trabalho lícito"*.

> Art. 594. **Toda a espécie de serviço** ou trabalho **lícito**, material ou imaterial, **pode ser contratada mediante retribuição**.

Para Leonardo Vizeu Figueiredo (2014, p. 73), o princípio da livre-iniciativa impede que o Estado venha a restringir o exercício da atividade econômica, salvo nos casos indispensáveis a proteção do consumidor e da **própria sociedade**. O mesmo deve ser considerado como corolário do liberalismo econômico de Adam Smith, devidamente mitigados pelos próprios textos constitucionais, haverá então a liberdade de ingresso e exclusão do mercado, sem quaisquer interferências externas, não havendo mais espaço à máxima do *Laissez-faire, laissez-passer*, o Estado passa a atuar como agente normativo e regulador de sua Ordem Econômica (política antitruste americana).

Pelo princípio da subsidiariedade, a intervenção Estatal somente se fará presente onde for necessária, havendo a autorregulação do mercado nos nichos da economia onde sua presença não se faça necessária. Nas **constituições de cunho social**, sejam estas de caráter intervencionista (social) ou neoliberal (reguladora), haverá a **possibilidade de limitar o campo de atuação dos direitos e garantias individuais** (aplicabilidade imediata) no plano infraconstitucional, quando evidenciado o interesse da coletividade, ou seja, não significa que o Estado não possa regular a atividade econômica, impondo requisitos para o seu exercício racional, interpretação sistemática do texto constitucional, de forma a garantir a efetividade das medidas tomadas no contexto do poder de polícia administrativa.

Diante das perspectivas contemporâneas no sentido da relativização do princípio da legalidade, seja pelo protagonismo do Poder Judiciário ao extrair normas de conduta do próprio texto constitucional por meio do ativismo judicial, seja pela oxigenação dos códigos por meio dos preceitos jurídicos indeterminados, com a inserção do elemento ético no plano da normatização, vale notar a necessidade da revalorização do valor segurança jurídica, que decorre da densidade normativa imposta pela legalidade, como forma de permitir a viabilidade das relações sociais, preservando, segundo Fábio Pallaretti Calcini (2016, p. 178), os aspectos da i) cognoscibilidade, o conhecimento da regra pelo seu destinatário, um Estado que venha permitir a exata compreensão de sua estrutura, procedimentos e conteúdo; ii) confiabilidade, Estado que permita a compreensão das mudanças a serem feitas e quais aqueles que não podem ser realizadas; e, iii) calculabilidade, possibilidade de identificar como e quando as mudanças podem ser feitas, evitando o efeito surpresa.

Neste contexto, haverá a necessidade de discutir os contornos da nova legalidade que permita a revitalização do princípio no sentido de estabelecer os limites da sua pretensa flexibilização, e para Humberto Teodoro Junior[119] atento a estas mudanças, a lei representa a garantia máxima de liberdade e independência do indivíduo perante a própria sociedade, e na esteira do pensamento pós-moderno não há uma exata preocupação com a garantia fundamental da legalidade, pois *"advoga-se ostensivamente a supremacia de valores abstratos, por engenhosas e enigmáticas fórmulas puramente verbais, que simplesmente anulam a importância do direito legislado"*, permitindo a predominância de *"tendenciosas posições ideológicas, sem preceitos claros e precisos que a demonstram genericamente"*.

Em complemento, Humberto Ávila, dissertando a respeito do *Neoconstiucionalismo*[120], afirma que a pluralidade da nossa sociedade atual admite uma pluralidade de concepções de mundo e valores, gerando uma enorme divergência quanto ao modo de sua realização, independentemente

---

(119) No ensaio A onda reformista do direito positivo e suas implicações com o princípio da segurança jurídica. *Revista da EMERJ*, Rio de Janeiro: EMERJ, v. 9, 2006.
(120) *Neoconstiucionalismo*: entre a "ciência do direito" e o "direito da ciência". *Revista Eletrônica de Direito do Estado (REDE)*, Salvador: Instituto Brasileiro de Direito Público, n. 17, 2009.

da justiça abstrata da decisão, necessidade de uma solução que ponha fim aos infindáveis conflitos de interesse, o que para nós permite a reafirmação do contrato social de Rousseau como elemento de coesão do tecido social, reservando espaço ao Poder Legislativo no próprio texto constitucional à medida que nada poderá ser exigido senão em virtude de lei, independentemente de sua crise de legitimidade.

4.7. Princípio do não retrocesso social e o regime constitucional do emprego socialmente protegido

Por meio da nota técnica n. 3, de 23 de janeiro de 2017, o Ministério Público do Trabalho manifestou-se no plano institucional, no sentido da inconstitucionalidade da terceirização da atividade finalística do tomador do serviço, uma vez que além da imoralidade da intermediação da mão de obra, a sua viabilidade econômica estaria intrinsecamente ligada a sonegação de direitos trabalhistas, uma vez que o valor final do contrato celebrado deve embutir o lucro da empresa de intermediação do serviço, um arranjo artificial que viola a regra do art. 7º, *caput*, da CF que veda o retrocesso social a partir da garantia de melhores condições sociais ao trabalhador, e que o trabalho não deve ser visto como uma mercadoria[121], havendo a negação da função social do contrato e da propriedade.

Ainda nas palavras do MPT, o projeto transforma o trabalho humano em mera mercadoria, ao permitir a *quarteirização*, uma cadeia infindável de subcontratações que subverte a lógica disseminada da especialização, e contratação de trabalhadores como pessoa jurídica, no caso empresa individual, representa a legalização do fenômeno conhecido como "pejotização".

Não assegurando tratamento isonômico entre os empregados da empresa prestadora e tomadora dos serviços, o projeto de lei retrocede em relação ao posicionamento jurisprudencial já sedimentado por meio do texto da OJ n. 383 da SDI-1 do TST, isonomia das disposições legais e normativas asseguradas aos trabalhadores da empresa tomadora do serviço, desde que possa ser caracterizada no caso concreto a "igualdade de funções", práticas que estimulam um regime concorrencial predatório, inibindo a formação de um mercado interno saudável.

Ademais, a responsabilidade solidária, extremamente limitada a um conjunto restrito de matérias, é regra que se infirma a partir da interpretação dos arts. 932, III, 933 e 942 do CC, em matéria relativa ao meio ambiente do trabalho decorre do art. 200, inciso VIII, da CF c/c art. 17 da Convenção n. 155 da OIT (ratificada pelo Decreto n. 1.254/94).

Com ajuizamento da ADIN n. 5.735 pelo Procurador Geral da República Rodrigo Janot, em 27 de junho de 2.017, questionando a inconstitucionalidade material da Lei n. 13.429/17, ressalta que a relação de emprego no contexto da triangulação da terceirização imprime profunda fragilidade jurídica e social, diante da previsão no art. 7º, inciso I, da CF de uma *"relação de emprego protegida"*, fazendo um prognóstico da intenção deliberada da precarização dos direitos trabalhistas, regra constitucional que deve ser analisada conjuntamente com o *caput* que enuncia a existência de um rol mínimo de direitos fundamentais, sem exclusão de outros que visem a *"melhoria de sua condição social"*, permitindo a progressividade da proteção social, o que a *contrário sensu* permite a conclusão a respeito da **vedação do retrocesso social** (princípio do não retrocesso social), tudo isso, sem negar a realidade histórico-cultural da construção da doutrina social ao longo do século XX. Logo, estamos diante de um **regime constitucional de emprego socialmente protegido**.

---

(121) Conceito consagrado no Tratado de Versalhes (1919) e reafirmado com a Constituição da Filadélfia de 1944, o trabalho não deve ser visto como mera mercadoria, sobrelevando a dignidade da pessoa humana (art. 1º, III, da CF) e o valor social do trabalho (art. 1º, IV, da CF).

É possível citar a Recomendação n. 198 da OIT, relevante fonte material de direito do trabalho nas palavras de Arnaldo Süssekind, que perfilha entendimento no sentido do combate as relações de emprego dissimuladas no contexto empresarial moderno, utilizando-se de uma estruturação contratual complexa que promova a supressão do *status* legal revelado pelo conceito de ordem pública (item 4.3), com o fomento do conceito de trabalho que promova a efetiva integração do trabalhador na organização da empresa (13-A).

José Affonso Dallegrave Neto, no artigo *Proibição do retrocesso social e sistema jurídico. Inconstitucionalidade dos projetos de lei que visam permitir a terceirização da atividade-fim da empresa*[122], ressalta que o princípio do não retrocesso social é igualmente direcionado ao interprete e legislador, com densidade estruturada a partir da aplicabilidade imediata (art. 5º, § 1º, da CF) das disposições constitucionais fundamentais e pela disposição de um catálogo de proteção progressiva (arts. 1º ao 3º da CF), a supressão de disposição trabalhista de caráter fundamental, leia-se revogação pelo legislador infraconstitucional, não deve ser feita sem qualquer forma de compensação, não obstante as justificativas lançadas na exposição de motivos do substitutivo apresentado a Reforma Trabalhista na Câmara dos deputados.

Neste sentido, o referido autor destaca a posição do jurista português J. J. Gomes Canotilho: "O princípio da **proibição de retrocesso social** pode formular-se assim: o núcleo essencial dos **direitos sociais já realizado e efetivado por meio de medidas legislativas** deve considerar-se **constitucionalmente garantido**, sendo **inconstitucionais** quaisquer medidas que, sem a **criação de esquemas alternativos ou compensatórios,** se traduzam na prática em uma anulação, revogação ou aniquilação pura e simples desse núcleo essencial. **A liberdade do legislador tem como limite o núcleo essencial já realizado**".

Assim, devemos aguardar qual será o posicionamento dos Tribunais em relação à inconstitucionalidade de alguns pontos da lei de terceirização, sem descuidarmos da atenção necessária à segurança jurídica e legalidade diante de uma intervenção tardia do Poder Judiciário, pela sua própria morosidade, diante dos impactos sociais da vivência da terceirização da atividade-fim, o que seria resolvido de forma incompleta pelo instrumento da modulação dos efeitos decisórios.

4.8. Terceirização e a reforma trabalhista

O efetivo alcance da terceirização da atividade-fim, no plano da legalidade, somente foi alcançado com a Reforma Trabalhista, uma vez que o Deputado Rogério Marinho, constatando a interpretação dúbia das disposições legais inseridas no texto da Lei n. 13.429/17, propõe nova redação ao art. 4º-A para permitir a contratação em quaisquer atividades da empresa, incluindo aqui, a sua atividade principal.

> **Observação:** diante das dúvidas decorrentes da efetiva liberação da terceirização da atividade fim pela Lei n. 13.429/17, diante dos termos vagos utilizados pelo legislador naquela oportunidade, remetendo-se aos *serviços determinados e específicos*, a Lei n. 13.467/17 que trata da Reforma Trabalhista promove a alteração do art. 4º-A da Lei n. 6.019/74 para deixar semanticamente evidente a possibilidade da terceirização da **atividade principal**, vejamos: *"Art. 4º-A. Considera-se prestação de serviços a terceiros a **transferência feita pela contratante da execução de quaisquer de suas atividades, inclusive sua atividade principal**, à pessoa jurídica de direito privado prestadora de serviços que possua capacidade econômica compatível com a sua execução".*

---

(122) Disponível em: <http://dallegrave.com/proibicao-do-retrocesso-social-e-sistema-juridico-inconstitucionalidade-dos-projetos-de-lei-que-visam-permitir-a-terceirizacao-da-atividade-fim-da-empresa/>. Acesso em: 13.7.2017.

REFERÊNCIAS BIBLIOGRÁFICAS

ADAMS, Charles. *For good and evil:* the impact of taxes on the course of civilization. 2. ed. Maryland: Madison, 1999.

ALVES, Amauri César. *Novo contrato de emprego:* parassubordinação trabalhista. São Paulo: LTr, 2004.

AMARAL NETO, Francisco dos Santos. *Direito civil:* introdução. 5. ed. Rio de Janeiro: Renovar, 2003.

BALEEIRO, Aliomar. *Uma introdução à ciência das finanças.* 18. ed. Rio de Janeiro: Forense, 2012.

BALERA, Wagner. *O capitalismo humanista.* Petrópolis: KBR, 2012.

BARROS, Alice Monteiro de. *Curso de direito do trabalho.* 10. ed. São Paulo: LTr, 2016.

BARROSO, Luis Roberto. *Interpretação e aplicação da constituição fundamentos de uma dogmática constitucional transformadora.* 4. ed. São Paulo: Saraiva, 2010.

BICHARA, Saulo Mendonça. Função social da empresa. *Revista de Estudos Jurídicos UNESP,* v. 16, n. 23, 2012.

BOMFIM, Vólia Cassar. *Direito do trabalho.* 11. ed. São Paulo: Método, 2015.

BONAVIDES, Paulo. *Curso de direito constitucional.* 27. ed. São Paulo: Malheiros, 2012.

BUENO, Cássio Scarpinella. *Manual de direito processual civil:* inteiramente estruturado à luz do novo CPC. São Paulo: Saraiva, 2015.

CAHALI, Yussef Said. *Dano moral.* 4. ed. São Paulo: Revista dos Tribunais, 2011.

CALCINI, Fábio Pallaretti. *Princípio da legalidade:* reserva legal e densidade normativa. Rio de Janeiro: Lumen Juris, 2016.

CAPRA, Fritjof. *O ponto de mutação.* 20. ed. São Paulo: Cultrix, 1997.

CARPENA, Heloísa. *Abuso do direito nos contratos de consumo.* Rio de Janeiro: Renovar, 2001.

CESARINO JUNIOR, Antônio Ferreira. *Direito social brasileiro.* 4. ed. Rio de Janeiro: Freitas Bastos, 1957. v. 1.

COMPARATO, Fábio Konder. *Direito empresarial:* estudos e pareceres. São Paulo: Saraiva, 1995.

DELGADO, Mauricio Godinho. *Curso de direito do trabalho.* 13. ed. São Paulo: LTr, 2014.

DINIZ, Maria Helena. *Compêndio de introdução à ciência do direito.* 10. ed. São Paulo: Saraiva, 1998.

DUGUIT, Léon. *Fundamentos do direito.* 2. ed. São Paulo: Ícone, 2006.

_____. *Las transformaciones de derecho público y privado*. Buenos Aires: Heliasta SRL, 1975.

DWORKIN, Ronald. *Levando os direitos a sério*. São Paulo: Martins Fontes, 2011.

FERRAZ JUNIOR, Tercio Sampaio. *Introdução ao estudo do direito:* técnica, decisão, dominação. 4. ed. São Paulo: Atlas, 2003.

FREEMAN, R. Edward. *Stakeholder theory the state of the art*. New York: Cambridge University, 1984.

FRIEDMAN, Thomas L. *O mundo é plano:* uma breve história do século XXI. 3. ed. São Paulo: Companhia das Letras, 2014.

FUKUYAMA, Francis. *Political order and political decay:* from the industrial revolution to the globalization of democracy. New York: FSG, 2014.

FURTADO, Celso. *Formação econômica do Brasil*. São Paulo: Cia. das Letras, 2006.

GAMA, Guilherme Calmon Nogueira da. *Função social no direito civil*. 2. ed. São Paulo: Atlas, 2008.

GARCIA, Gustavo Filipe Barbosa. *Curso de direito do trabalho*. 10. ed. Rio de Janeiro: Forense, 2016.

_____. *Reforma trabalhista:* com análise do Projeto n. 6.787/16. Salvador: JusPodivm, 2017.

GRAU, Eros Roberto. *A ordem econômica na Constituição de 1988*. 16. ed. São Paulo: Malheiros, 2013.

HABERMAS, Juergen. *A crise de legitimação no capitalismo tardio*. 2. ed. Rio de Janeiro: Tempo Brasileiro, 2002.

HESSE, Konrad. *A força normativa da constituição*. Porto Alegre: Fabris, 2009.

HÄBERLE, Peter. *Hermenêutica constitucional* — a sociedade aberta dos intérpretes da constituição. Porto Alegre: Fabris, 1997.

IBRAHIM, Fábio Zambbitte. *A previdência social no estado contemporâneo*. Rio de Janeiro: Impetus, 2011.

_____. *Curso de direito previdenciário*. 14. ed. Rio de Janeiro: Impetus, 2009.

KRUGMAN, Paul. *A crise de 2008 e a economia da depressão*. Rio de Janeiro: Elsevier, 2009.

MACHADO, Antônio Alberto. *Ensino jurídico e mudança social*. 2. ed. São Paulo: Expressão Popular, 2009.

MACKAAY, Ejan. *Análise econômica do direito*. 2. ed. São Paulo: Atlas, 2015.

MAGANO, Octavio Bueno. *Manual de direito do trabalho. Parte geral*. 2. ed. São Paulo: LTr, 1980.

MANNRICH, Nelson. *A reforma do mercado de trabalho:* a experiência italiana. São Paulo: LTr, 2010.

_____. *A modernização do contrato de trabalho*. São Paulo: LTr, 1998.

_____. *Autonomia, parassubordinação e subordinação:* os diversos níveis de proteção do trabalhador e do teletrabalhador. Disponível em: <http://www.mackenzie.br/fileadmin/Graduacao/FDir/Artigos/nelson_manrich.pdf>. Acesso em: 15.11.2016.

MARANHÃO, Délio. *Direito do trabalho*. 16. ed. Rio de Janeiro: FGV, 1992.

MARTINS, Sergio Pinto. *Direito do trabalho*. 30. ed. São Paulo: Atlas, 2014.

_____. *Contribuições sindicais:* direito comparado e internacional. 4. ed. São Paulo: Atlas, 2004.

MARTINS-COSTA, Judith. *Diretrizes teóricas do novo código civil brasileiro*. São Paulo: Saraiva, 2002.

MAZZUOLI, Valério de Oliveira. *Direito internacional público*. 5. ed. São Paulo: Revista dos Tribunais, 2011.

MORAES FILHO, Evaristo de. *Introdução ao direito do trabalho*. São Paulo: LTr, 1978.

NASCIMENTO, Amauri Mascaro. *Iniciação ao direito do trabalho*. 39. ed. São Paulo: LTr, 2014.

_____ . *Curso de direito do trabalho*. 29. ed. São Paulo: Saraiva, 2014.

_____ . *Compêndio de direito sindical*. 8. ed. São Paulo: LTr, 2015.

_____ . *Direito contemporâneo do trabalho*. São Paulo: Saraiva, 2011.

PEREIRA, Leone. *Pejotização:* o trabalhador como pessoa jurídica. São Paulo: Saraiva, 2013.

PIOVESAN, Flávia. *Direitos humanos e direito constitucional internacional*. 8. ed. São Paulo: Saraiva, 2008.

PLÁ RODRIGUEZ, Américo. *Princípios de direito do trabalho*. 3. ed. São Paulo: LTr, 2015.

PLEYERS, Geoffrey. *Alter globalization:* becoming actors in the global age. 1. ed. Cambridge: Polity, 2013.

PORTO, Lorena Vasconcelos. *A subordinação no contrato de trabalho*. São Paulo: LTr, 2009.

ROBINSON, James A. *Why nations fail:* the origins of power, posperity, and poverty. New York: Crown Business, 2012.

ROBORTELLA, Luiz Carlos Amorim. *O moderno direito do trabalho*. São Paulo: LTr, 1994.

_____ . *O direito do trabalho na empresa e na sociedade contemporânea*. São Paulo: LTr, 2010.

RODRIGUEZ, José Rodrigo. *O novo direito e desenvolvimento*. São Paulo: Saraiva, 2009.

ROMITA, Arion Sayão. *Direitos fundamentais nas relações de trabalho*. São Paulo: LTr, 2014.

RÜDGER, Dorothee S. *Tendências do direito do trabalho para o século XXI:* globalização, descentralização produtiva e novo contratualismo. São Paulo: LTr, 1999.

RUSSOMANO, Mozart Victor. *Curso de direito do trabalho*. 6. ed. Curitiba: Juruá, 1997.

SARATT, Newton. *Gestão plena da terceirização:* o diferencial estratégico. Rio de Janeiro: Qualitymark, 2008.

SARLET, Ingo Wolfgang. *Dignidade da pessoa humana e direitos fundamentais na Constituição Federal de 1988*. Porto Alegre: Livraria do Advogado, 2001.

SARMENTO, Daniel. *Direitos fundamentais e relações privadas*. 2. ed. Rio de Janeiro: Lumen Juris, 2008.

SAYEG, Ricardo. *O capitalismo humanista*. Petrópolis: KBR, 2012.

SCHWAB, Klaus. *The fourth industrial revolution*. New York: Crown Business, 2016.

SCHIAVI, Mauro. *Manual de direito processual do trabalho*. 9. ed. São Paulo: LTr, 2015.

SEN, Amartya. *Desenvolvimento como liberdade*. São Paulo: Companhia das Letras, 2010.

SHOUERI, Luis Eduardo. *Normas tributárias indutoras e intervenção econômica*. 1. ed. Rio de Janeiro: Forense, 2005.

SILVA, José Afonso da. *Curso de direito constitucional positivo*. 38. ed. São Paulo: Malheiros, 2015.

SIMÃO FILHO, Adalberto. *Direito empresarial contemporâneo*. 2. ed. São Paulo: Juarez de Oliveira, 2004.

_____. A nova empresarialidade. *Revista do Curso de Direito do Centro Universitário Faculdades Metropolitanas Unidas — UniFMU*, São Paulo, a. 17, n. 25, 2003.

_____. Nova empresarialidade aplicada à recuperação judicial de empresas. *Revista Paradigma*, Ribeirão Preto, n. 18, p. 31-53, 2009. Disponível em: <http://www.unaerp.br/revistas/index.php/paradigma/article/view/41/48>. Acesso em: 3.3.2013.

_____. A nova empresarialidade. *Revista do Instituto dos Advogados de São Paulo*, São Paulo, v. 9, n. 18, jul./dez. 2006.

_____. Automediação: uma proposta para a solução ética de conflitos. *Revista da Faculdade de Direito da FMU*, São Paulo, ano XVIII, n. 26, 2004.

SMITH, Adam. *A riqueza das nações*. 2. ed. São Paulo: WMF Martins Fontes, 2013.

SOUTO MAIOR, Jorge Luiz. *O direito do trabalho como instrumento de justiça social*. São Paulo: LTr, 2000.

_____. *Dumping social nas relações de trabalho*. 2. ed. São Paulo: LTr, 2014.

SÜSSEKIND, Arnaldo. *Curso de direito do trabalho*. 2. ed. Rio de Janeiro: Renovar, 2004.

_____. *Direito internacional do trabalho*. 3. ed. São Paulo: LTr, 2000.

TARTUCE, Flávio. *Manual de direito civil*. São Paulo: Saraiva, 2014. v. 1.

_____. *Manual de direito civil*. São Paulo: Saraiva, 2014. v. 3.

_____. *O novo CPC e o direito civil:* impactos, diálogos e interações. 2. ed. São Paulo: Método, 2016.

TELLES JÚNIOR, Goffredo. *Iniciação na ciência do direito*. 4. ed. São Paulo: Saraiva, 2008.

THE ECONOMIST. *Special report:* outsourcing and offshoring. Here, there and everywhere, 8th sept. and 14th dec. 2012.

_____. *Special report:* lifelong education: learning and earning, 14th jan. 2017.

TOURAINE, Alain. *Um novo paradigma para compreender o mundo de hoje*. 4. ed. Petrópolis: Vozes, 2011.

VENOSA, Sílvio de Salvo. *Direito civil:* teoria das obrigações e teoria geral dos contratos. 5. ed. São Paulo: Atlas, 2005. v. 2.

VIANNA, Segadas *et al*. *Instituições de direito do trabalho*. 17. ed. São Paulo: LTr, 1997. v. 1.

VIANNA. Claudia Salles Vilela. *Manual prático das relações trabalhistas*. 9. ed. São Paulo: LTr, 2008.

WINTER, Vera Regina Loureiro. *Teletrabalho:* uma forma alternativa de emprego. São Paulo: LTr, 2005.

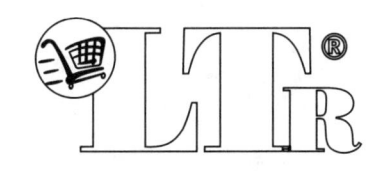

LOJA VIRTUAL
www.ltr.com.br

E-BOOKS
www.ltr.com.br